José Frèches

# Il était une fois La Chine

4 500 ans d'histoire

XO EDITIONS

## DU MÊME AUTEUR

LA SINOLOGIE, Presses universitaires de France, coll. « Que sais-je ? », 1975.

LES MUSÉES DE FRANCE : GESTION ET MISE EN VALEUR, La Documentation française, 1980.

L'ENA, VOYAGE AU CENTRE DE L'ÉTAT, éditions Conti, 1981.

LA FRANCE SOCIALISTE, Hachette Littérature, coll. « Pluriel », 1983.

LE COÛT D'ÉTAT PERMANENT, La Table Ronde, 1984.

LA TÉLÉVISION PAR CÂBLE, Presses universitaires de France, coll. « Que sais-je ? », 1985.

LA GUERRE DES IMAGES, éditions Denoël, 1985.

MODERNISSIMOTS : LE DICTIONNAIRE DU TEMPS PRÉSENT, écrit en collaboration avec Alain Dupas, Jean-Claude Lattès, 1987.

VOYAGE AU CENTRE DU POUVOIR : LA VIE QUOTIDIENNE À MATIGNON AU TEMPS DE LA COHABITATION, Odile Jacob, 1989.

TOULOUSE-LAUTREC, LES LUMIÈRES DE LA NUIT, écrit en collaboration avec Claire Frèches, Gallimard, coll. « Découvertes », 1991.

LE POISSON POURRIT PAR LA TÊTE, écrit en collaboration avec Denis Jeambar, Le Seuil, 1992.

LE CARAVAGE, PEINTRE ET ASSASSIN, Gallimard, coll. « Découvertes », 1995.

LE DISQUE DE JADE :

- I. *Les Chevaux célestes*, XO Éditions, 2002.
- II. *Poisson d'Or*, XO Éditions, 2002.
- III. *Les Îles Immortelles*, XO Éditions, 2003.

L'IMPÉRATRICE DE LA SOIE :

- I. *Le Toit du monde*, XO Éditions, 2003.
- II. *Les Yeux de Bouddha*, XO Éditions, 2004.
- III. *L'Usurpatrice*, XO Éditions, 2004.

MOI, BOUDDHA, XO Éditions, 2004.

Conception graphique : Françoise Pham


ISBN : 2-84563-248-7

À Pierre Fabre

# Introduction au monde chinois

80°
100°
120°
40°
20°
RUSSIE
Lac Baïkal
Amour
Mandchourie
Harbin
Changchun
Shenyang
Anshan
Dalian
CORÉE DU NORD
CORÉE DU SUD
KAZAKHSTAN
Lac BalKach
MONGOLIE
KIRGHIZISTAN
Tian Shan
Turfan
Désert de Gobi
Grande Muraille
Beijing (Pékin)
Tianjin
Bohai
MER JAUNE
Zibo
Jinan
Qingdao
Pamir
Désert de Takla Makan
Altun Shan
Nan Shan
Huang He
Fl. Jaune
Zhengzhou
Lanzhou
Xi'an
Mts Kunlun
Suzhou
Nanjing
Shanghaï
Hangzhou
CHINE INTÉRIEURE
CHINE EXTÉRIEURE
Wuhan
Fl. Bleu
Yangzijiang
Himalaya
TIBET
Chengdu
Barrage des Trois Gorges
Chongqing
NÉPAL
BHOUTAN
TAIWAN
Guilin
Guangzhou (Canton)
Kunming
Xi Jiang
Hong Kong
INDE
BANGLADESH
MYANMAR
VIETNAM
LAOS
Haïnan
MER DE CHINE
PHILIPPINES
0
1 000 km

## UN MONDE EN SOI...

La Chine d'hier, tout comme celle d'aujourd'hui, a toujours été un « monde en soi », un monde immense, à la fois très proche et très différent du nôtre, celui des Occidentaux... Un monde complexe, et qui ne se laisse découvrir que si l'on veut bien se doter des outils pour le comprendre.

La civilisation chinoise est assurément l'une des plus anciennes et des plus riches de la planète. Mais à la différence de l'ancienne Égypte ou des grandes monarchies mésopotamiennes, elle continue à exister et à se développer.

Depuis cinq mille ans avant Jésus-Christ, la Chine est toujours là, à la fois immuable et formidablement mobile puisque, après des décennies de fermeture et de repli sur elle-même, elle est en train de devenir une superpuissance parfaitement articulée à la globalisation du monde sur laquelle elle pèse d'ailleurs de plus en plus.

En somme, un monde en soi... mais toujours là !

## 真 Le passé doit servir le présent

À ce mot d'ordre du président *Mao*, il conviendrait d'ajouter celui-ci : « *Le passé sert à comprendre le présent.* »

Pour comprendre la Chine d'aujourd'hui, il est indispensable de connaître les grands facteurs géographiques, historiques, sociaux et culturels qui façonnèrent la mentalité chinoise depuis les origines car ils continuent, même si cela n'est pas toujours perceptible au premier regard, surtout pour un néophyte, à marquer profondément les us et coutumes de ses habitants.

## 真 Divin et humain : même combat !



On ne retrouve pas, en Chine, l'opposition entre le divin et l'humain cultivée par tant d'autres civilisations, pas plus que la conception rituelle ou religieuse de la création du monde. En revanche, tout Chinois est persuadé que la réalité telle qu'il la perçoit n'est que l'infime partie d'un tout beaucoup plus important où ce qui est irrationnel, voire irréel, garde toute sa place. Le monde est mystérieux et sa part de mystère n'a pas – comme c'est le cas avec le rationalisme occidental – à être forcément expliquée. Ce qui est de l'ordre du « surnaturel » paraît, par conséquent, « normal ». L'étrangeté ou l'incongru, en particulier, ne choquent pas.

La religion, pour un Chinois, se doit avant tout d'être efficace : qu'il s'agisse du culte des ancêtres impériaux, lesquels permirent aux dynasties de se perpétuer lorsque les choses allaient mal pour elles, ou encore du culte des parents et des lignées familiales qui ne doit jamais être interrompu. Ce pragmatisme explique la facilité avec laquelle le bouddhisme, originaire de l'Inde, n'a cessé de se développer depuis son introduction en Chine par la Route de la Soie, dans les premières années de l'ère chrétienne, pour devenir, sous la dynastie des *Tang* (VII$^{e}$-IX$^{e}$ siècle apr. J.-C.), la principale religion du pays.

### 真 À la pagode ou au temple, le surnaturel reste omniprésent

Aussi ne s'étonnera-t-on pas de voir aujourd'hui les fidèles, téléphone portable collé à l'oreille, aller se prosterner indifféremment dans une pagode bouddhique ou un temple taoïste ou confucéen !

Dans le monde moderne où la science et la technique repoussent si loin les frontières du merveilleux, pareille attitude ne manquera pas de surprendre un esprit occidental.

Elle témoigne toutefois de l'attachement des Chinois aux grands concepts qui marquèrent les premières étapes de leur culture plurimillénaire ; des concepts qui ont traversé les siècles presque sans bouger, tout simplement parce qu'ils concernent ce que l'être humain possède de plus intime : la relation à la nature et à la mort, le souci de soi et le rapport à l'autre.

### 真 Le pays le plus peuplé du monde, le foyer d'une civilisation brillante



La Chine, immense mosaïque de peuples très divers dont l'histoire fédéra peu à peu l'unité culturelle et politique, a toujours été le pays le plus peuplé de la planète. Même s'il n'y a rien de similaire, sur le plan morphologique, entre un Chinois du Nord, souvent de grande taille et à la peau claire, et un habitant des provinces du Sud, à la stature plus menue et au teint presque basané, les habitants de la Chine eurent très tôt conscience qu'ils appartenaient à une entité spécifique où les particularismes ethniques, écologiques et culturels sont transcendés par un large fonds commun forgé au fil des siècles.

## LES *HAN*, TRÈS NOMBREUX DEPUIS TOUJOURS

Issus du groupe racial dit mongoloïde, les *Han*, ou Chinois proprement dits, qui représentent actuellement plus de 90 % de la population chinoise, ont toujours formé le groupe humain le plus nombreux, après avoir essaimé hors de leur région d'origine, la plaine de la Chine centrale, traversée par le majestueux fleuve Jaune.

Les incessantes incursions des barbares des steppes ainsi que la colonisation par lesdits *Han* des contrées méridionales de la Chine ne tardèrent pas à provoquer un important métissage au sein de leur groupe ethnique. Aussi est-il possible d'affirmer que les différences, au sein des populations constitutives de la Chine, sont davantage d'essence culturelle que raciale.

Ni les Tibétains, ni les Tibéto-Birmans, ni les Turco-Mongols de la région du Baïkal et du Turkestan, pas plus que les ethnies aborigènes des côtes méridionales ne se rattachent au groupe mongoloïde des *Han*.

## 真 Un « monde plein »



La démographie est donc la principale clé d'explication du monde chinois : la Chine a toujours été un « monde plein », alors qu'en comparaison l'Europe aura été, du moins jusqu'au début du XXe siècle, un « continent vide ». La Chine compte aujourd'hui près d'un milliard quatre cents millions d'habitants, ce qui en fait le pays le plus peuplé du monde, devant l'Inde (un milliard d'habitants). Cette suprématie démographique ne date pas d'hier. On peut même dire qu'elle date de l'apparition sur terre des premiers hominidés. Ainsi, contrairement au reste de la planète, la Chine n'a jamais cessé de connaître les innombrables tensions auxquelles sont soumises les sociétés obligées de s'adapter en permanence pour survivre, en raison du poids de leur démographie.

## 真 Depuis les origines, le pays le plus peuplé du monde

Cette densité démographique unique de la Chine constitue, depuis les origines, sa caractéristique essentielle. Elle explique son

histoire, le mode de pensée de ses habitants, leur organisation sociale et, en un mot, leur façon d'être.

Dès dix mille ans avant notre ère vivait, dans la boucle du fleuve Jaune, une population nombreuse. Ses lointains ancêtres hominidés, pour des raisons qui tiennent à la fois à des facteurs objectifs (climat, alimentation, environnement, etc.) et à des causes plus mystérieuses – certains diront au hasard –, réussirent à se reproduire dans des proportions plus importantes que sur le reste de la planète.

## 真 Il y a plus de cent vingt-cinq mille ans, une fécondité déjà exceptionnelle



Ce qui est sûr, puisque le résultat est là, c'est qu'un beau jour de la période néolithique, il y a de ça environ 125 000 ans, des jeunes femmes d'origine *Han* réussirent à garder en vie deux ou trois de leurs enfants parmi la dizaine qu'elles avaient enfantée… ce qui fit bondir le taux de croissance démographique de leur groupe. Peut-être, tout simplement parce que la terrible glaciation qui affecta notre planète au début de l'ère quaternaire fut moins forte sur les bords du fleuve Jaune… ou encore parce que ses habitants surent mieux s'en protéger. Et c'est cette formidable avance que la Chine a gardée depuis ce moment-là.

Imaginons une de ces jeunes femmes, au milieu de la petite tribu de ses semblables qui vivent de cueillette et de chasse, s'habillent de peaux de tigre, d'ours ou d'antilope et dorment, à l'abri du froid polaire de la nuit, au fond des grottes creusées dans les falaises au bord du majestueux fleuve Jaune : sept ou huit enfants, filles et garçons, jouent aux osselets en poussant des cris ; dans quelques mois, trois ou quatre d'entre eux procréeront à leur tour ; dans moins de dix ans la petite centaine de ces hommes et de ces femmes dont l'espérance de vie ne dépasse pas trente ans seront un bon millier… et cent vingt-cinq mille ans plus tard, plus d'un milliard quatre cents millions !

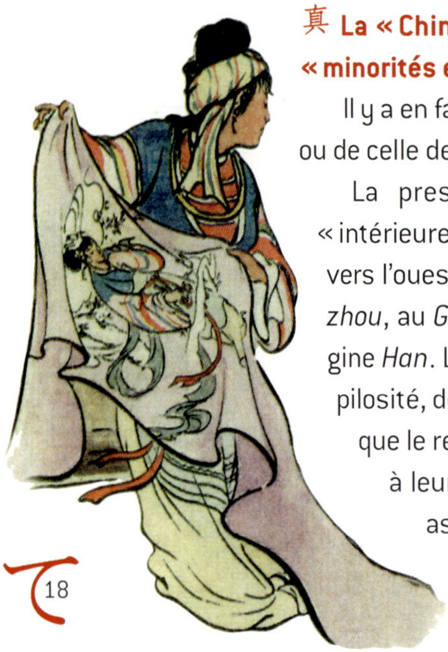

### La « Chine intérieure » des *Han* ; la « Chine extérieure » des « minorités ethniques »

Il y a en fait deux Chines, selon que l'on parle de la Chine des *Han* ou de celle des minorités ethniques.

La presque totalité de la population de la Chine dite « intérieure » (bordée à l'est par la façade maritime et s'étendant vers l'ouest jusqu'à une ligne reliant *Chengdu*, au *Sichuan*, à *Lanzhou*, au *Gansu*), où se pratique l'agriculture intensive, est d'origine *Han*. La morphologie des *Han* est caractérisée par une faible pilosité, des cheveux noirs et un teint jaune ou brun jaune, tandis que le repli caractéristique de leur paupière supérieure confère à leurs yeux brun foncé cette impavidité apparente parfois assimilée, à tort, à de la froideur.



C'est grâce au dynamisme démographique des *Han*, lesquels colonisèrent très tôt les régions méridionales, que la Chine est le pays le plus peuplé de notre planète.

La Chine dite « extérieure », ensemble de régions plus élevées et peu habitées et qui s'étend à l'ouest de cette ligne *Chengdu-Lanzhou,* où se pratique l'élevage extensif, est peuplée par des populations d'origine turque, tibétaine et mongole, bien moins nombreuses. D'ailleurs, les autorités chinoises continuent à parler à leur sujet de « minorités ethniques ».

### Le « je », ennemi mortel du « nous »

Là où les hommes étaient si nombreux, la société et l'État, très tôt, durent s'organiser. La crainte du chaos économique et social a toujours hanté les dirigeants de ce pays, les amenant, dès l'époque archaïque, à mettre en place un système où l'individu est invité à s'incliner devant la collectivité.

Pour un *Han*, le « je » est donc l'ennemi mortel du « nous »...

Dès le cinquième millénaire av. J.-C., dans la boucle du fleuve Jaune et sur les bords du fleuve Bleu, endroits où apparaissent les premières traces matérielles de la culture chinoise proprement dite, la société chinoise n'eut de cesse de mettre en place une organisation économique, sociale et militaire capable de satisfaire les besoins essentiels de la population.

Pour nourrir des bouches sans cesse plus nombreuses, il fallut organiser les campagnes afin d'y implanter une agriculture intensive, défendre les greniers, préserver des incursions des « pillards barbares » les premières bourgades puis les villes, où les individus se rassemblaient pour échanger des biens et s'adonner au commerce. D'ailleurs, la présence de cauris, ces minuscules coquillages qui servaient de monnaie, puis de copies de cauris en terre cuite – une forme monétaire plus évoluée –, est attestée dès la fin du néolithique dans les zones où les premiers Chinois se sont établis.

Il fallut aussi mettre en place des moyens de défense militaire et surtout organiser la vie en commun de tant d'hommes et de femmes : une tâche immense, qui fut celle de l'État.



## LE PREMIER ÉTAT, OU COMMENT FAIRE RÉGNER L'ORDRE

À la fois totalitaire et providentiel, le premier État avait pour tâche essentielle d'éviter que le chaos ne s'installe dans la société.

Les Chinois furent ainsi les premiers à inventer les notions qui fondent l'État : la loi (règle applicable à tous), l'administration (somme des institutions collectives devant lesquelles l'individu doit s'incliner), la conscription obligatoire (selon laquelle tout enfant mâle issu d'une famille paysanne est appelé à devenir un soldat) et le prélèvement fiscal ou en nature (impôt et corvée), lequel est destiné à assurer le financement des institutions publiques, civiles et militaires. Très tôt, les dirigeants chinois s'employèrent à convaincre leur peuple que le collectif devait absolument primer sur l'individuel. Et comme l'explication, en l'espèce, bien souvent ne suffit pas, ils ne se privèrent d'employer tous les moyens coercitifs possibles pour parvenir à leurs fins.

### 真 La crainte du chaos

« Éviter que le chaos ne s'installe » est, depuis toujours, l'obsession des dirigeants chinois.

La recherche de l'ordre absolu qui permet à des millions d'hommes et de femmes de subvenir à leurs besoins de façon « organisée », même s'il confine à un idéal totalitaire, est au cœur de la pensée politique en Chine : de même que la nature doit suivre l'ordre du Tao (voir p. 28), la société, pour survivre, doit suivre la loi d'État.

Aussi la Chine est-elle le pays des codes et des rites, où tout est censé être prévu et presque écrit à l'avance, où le moindre geste du souverain doit être réglé au millimètre, comme si, rouage ultime de la « grande horloge », c'était sur lui que reposait la bonne « marche du temps »...



### 真 Le légisme, philosophie totalitaire de la loi

La notion de « loi obligatoire pour tous devant laquelle chacun est prié de s'incliner, au besoin par la contrainte, pour éviter que le chaos ne s'installe », est le fondement du légisme, un courant philosophique d'essence totalitaire sur lequel s'appuient les autorités chinoises pour mener à bien l'unification des « Royaumes Combattants » (VIe-IIIe siècle av. J.-C.) et qui débouche sur l'instauration, en 221 av. J.-C., de l'Empire chinois.

Du légisme naît donc l'empire, un système politique centralisé à l'extrême et incarné par un empereur « Fils du Ciel » ; une pyramide strictement hiérarchisée qui survit tout au long des siècles, y compris lorsque des non-Chinois (Mongols sous les *Yuan* et Mandchous sous les Qing) occupent le pouvoir suprême ;

| -5000 | -221 | 220 | 589 | 960 | 1206 |
|---|---|---|---|---|---|
| La Chine archaïque | Le Premier Empire et la dynastie des *Han* | Le Moyen Age chinois : la Chine divisée | Un âge d'or : l'empire des *Sui* et des *Tang* | L'empire mandarinal des *Song* | Le prem mong |

une organisation institutionnelle totalitaire dont l'avènement de la république de Chine, le 1er janvier 1912, ne modifie guère les fondements, tant elle est ancrée dans les mentalités... *Mao Zedong* lui-même apparaît, à bien des égards, comme le dernier empereur de Chine !

### 真 Le « mandat céleste » peut être rompu à tout moment par le Ciel

Le « mandat céleste », ce contrat politique suprême passé entre le peuple chinois et l'empereur Fils du Ciel, d'où ce dernier tire sa légitimité, peut être retiré à l'intéressé à tout moment, dès lors qu'il n'en paraît plus digne. L'empereur de Chine, y compris le plus despotique, est donc un souverain sous haute surveillance. Puisqu'il est garant de l'« ordre », tout « désordre » lui est imputé.



Les signes de l'indignité impériale peuvent être aussi bien une catastrophe naturelle (inondation ou tremblement de terre) qu'une famine dévastatrice ou encore une défaite militaire particulièrement humiliante. La plupart des révolutions et des coups d'État, en Chine, ont été précédés par des événements tragiques laissant à penser au peuple que le dirigeant suprême du pays avait définitivement perdu la confiance du Ciel...

### 真 Comme en mer, le calme plat peut très vite se changer en tempête...

L'histoire de la Chine est tout sauf un long fleuve tranquille ; elle est une alternance ininterrompue entre ordre et chaos, stabilité et révolution, centralisation et émiettement du pouvoir politique. Le plus frappant reste la capacité de cette société à revenir des situations les plus noires, grâce à l'énergie dont les Chinois ont toujours su faire preuve, y compris pendant les périodes les plus tragiques de leur histoire, ainsi qu'à l'optimisme jovial qui les caractérise. À de nombreuses reprises, le pays bascula dans l'anarchie, sombra dans la guerre civile et subit le joug de ses envahisseurs. Les chroniques anciennes

font état de catastrophes naturelles qui occasionnèrent plusieurs centaines de milliers de morts : sécheresses provoquant des famines, ruptures des digues des deux grands fleuves entraînant de terribles inondations, incendies dévastateurs dans les mines de sel, tremblements de terre détruisant des villes entières : les désordres qui affectent parfois la nature n'épargnèrent pas la Chine, engendrant des soubresauts politiques et des changements dynastiques.

## L'empire du Milieu, le « pays du centre »...

*Zhongguo*, mot par lequel les Chinois désignent leur pays, signifie « Pays du milieu (ou du centre) ».

À mesure que la société chinoise affine ses modalités d'organisation se fait jour, progressivement, ce sentiment diffus que la Chine est le « pays du centre », c'est-à-dire le centre du monde. Le centre est considéré en Chine comme la cinquième direction après celles marquées par les points cardinaux (voir p. 57).



Cette donnée explique l'attitude qui a toujours été celle de la Chine vis-à-vis de ses voisins. L'« ailleurs », pour un Chinois, est si lointain qu'il en deviendrait presque inexistant... et si la Chine a toujours fait rêver les Occidentaux, il n'en fut pas de même pour les Chinois qui ne pouvaient imaginer qu'il existait, ailleurs, des mondes différents du leur. Pendant des siècles, très peu de Chinois eurent l'occasion de se rendre hors de leur pays et il a fallu attendre le troisième millénaire et les débuts du développement d'un tourisme de masse en Chine pour que ses habitants commencent à s'intéresser à ce qui se passe au-delà de leurs frontières...

## La Grande Muraille : une protection à double sens...

La construction, dès la fin du deuxième millénaire av. J.-C., de la Grande Muraille, dont les fragments finiront par être reliés un à un par le Premier empereur *Qin Shihuangdi*, illustre parfaitement ce rapport que la Chine, pays

| -5000 | -221 | 220 | 589 | 960 | 1206 |
|---|---|---|---|---|---|
| La Chine archaïque | Le Premier Empire et la dynastie des *Han* | Le Moyen Age chinois : la Chine divisée | Un âge d'or : l'empire des *Sui* et des *Tang* | L'empire mandarinal des *Song* | Le premie mongo |

du centre, entretient avec « le monde extérieur », celui de la périphérie. Ce grand mur de plus de six mille kilomètres a certes contribué à sanctuariser le territoire chinois en tant que « centre du monde » d'où on ne sort et où on ne rentre que si l'on montre patte blanche. Mais la Grande Muraille témoigne également de l'absence de visée impérialiste de cet immense empire qui a toujours considéré ne pas avoir besoin de conquérir d'autres territoires, parce que le sien lui suffisait amplement… Car ce mur, s'il était avant tout destiné à empêcher les « barbares » de venir goûter aux délices de la Chine, doit être également perçu comme le signe que le pays n'a pas intérêt à épuiser son énergie en partant à la conquête des territoires périphériques. Si les Chinois, à certaines époques, et notamment sous les *Tang*, annexèrent des royaumes d'Asie centrale, c'était moins par volonté d'étendre leur emprise que pour mieux se protéger des invasions venues de la steppe ou des déserts.



## 真 Dedans et dehors

La Grande Muraille, même si elle symbolise l'étanchéité, dans les deux sens, du territoire du pays du centre, n'a pas empêché, loin de là, les échanges économiques, démographiques, culturels et religieux entre la Chine et le reste du monde. Mais c'est plus par capillarité et par petites touches quasiment indétectables que de tels échanges eurent lieu, soutenus il est vrai par le fantastique instinct commercial dont le peuple chinois fait preuve depuis des millénaires et qui le porte très naturellement vers l'échange avec autrui.

De fait, la Chine a toujours su faire preuve d'une puissante capacité d'assimilation des cultures étrangères, au point que lorsque les Mandchous – pourtant ennemis héréditaires des *Han* depuis des siècles – annexent le pays en 1644 pour fonder la dynastie des *Qing*, ils adoptent le chinois comme langue officielle et n'ont de cesse de siniser leur propre culture et leurs propres institutions !

## LE TEMPS CHINOIS

Le mental d'un Chinois est très différent du mental d'un Européen ou d'un Américain.

Si la quintessence de la civilisation chinoise a réussi à traverser les siècles en se jouant des événements extérieurs, c'est parce qu'elle repose sur des notions extrêmement profondes ayant trait à la conception de l'Homme et de l'Univers, qui sont fort différentes des nôtres et au premier rang desquelles on placera le rapport au temps.

### 真 Chez nous, le sablier se vide ; là-bas, la roue tourne



Pour un Occidental, le temps est linéaire : le temps perdu ne se rattrape jamais et nous percevons notre vie comme un compte à rebours qui s'achèvera définitivement le jour de notre mort. Cette vision du temps est parfaitement symbolisée par le sablier qui se vide, au fur et à mesure que le temps passe.

Pour un Chinois, le temps est cyclique : le temps repasse, de même que les jours succèdent aux nuits, de même que les saisons reviennent et que la pluie finit toujours par venir après le soleil ; en d'autres termes, en Chine, le temps ne se perd pas car, à l'instar d'une roue qui tourne, un « moment donné » finit toujours par revenir. Les états initiaux et finaux de chaque « moment donné » sont donc appelés à se succéder puisqu'ils ne sont que le début ou que la fin d'un cycle qui se renouvelle sans discontinuer. C'est le bouddhisme qui théorisera le mieux cette conception cyclique des choses en l'appliquant notamment aux êtres, appelés à renaître après la mort.

### 真 Pas de chronologie universelle

Les Chinois n'ont jamais éprouvé le besoin d'établir une chronologie universelle destinée à comptabiliser le temps depuis les origines. À la mort de l'empereur, on ajoute sa tablette funéraire dans le Temple des Ancêtres en

| -5000 | -221 | 220 | 589 | 960 | 1206 |
|---|---|---|---|---|---|
| La Chine archaïque | Le Premier Empire et la dynastie des *Han* | Le Moyen Age chinois : la Chine divisée | Un âge d'or : l'empire des *Sui* et des *Tang* | L'empire mandarinal des *Song* | Le premi mongc |

même temps qu'on retire celle de son cinquième ancêtre, comme s'il était vain de vouloir garder les souvenirs d'événements qui se sont déroulés dans un laps de temps dépassant l'échelle d'une vie humaine. Cette notion cyclique du temps va d'ailleurs impliquer une notion cyclique des choses. On passe d'un élément à un autre, comme d'une couleur ou d'une saison à une autre, ou d'un état physique à un autre, de façon progressive et sans solution de continuité.

## 真 Le calendrier astrologique, compagnon de tous les jours des Chinois

Le premier acte officiel du Fils du Ciel, qu'il renouvelait au début de chaque année, consistait à promulguer un calendrier astrologique à l'usage de ses sujets. Il était donc le « maître du Temps ».

Ce document, dit aussi « livre journalier » (*rishu*), et qui avait une valeur sacrée, mettait en relation les saisons, les mois, les jours et les heures avec les Cinq Éléments (voir p. 56) ; il constituait un véritable guide strictement codifié de la vie quotidienne des sujets de l'empereur. Dans un almanach datant du IVe siècle av. J.-C. et retrouvé au *Hunan*, il est précisé : « Si vous faites tailler vos vêtements le 14e jour du mois, ils plairont à autrui... » et encore : « Si vous vous couvrez les mains le 56e jour du 9e mois, vous risquez de mourir... ».

### Les dix moments de la journée d'un Chinois selon le calendrier traditionnel

1- le matin ; 2- avant que le soleil n'arrive au zénith ; 3- midi ; 4- le moment où le soleil penche vers l'ouest ; 5- le moment entre le coucher du soleil et l'obscurité ; 6- le moment du coucher ; 7- minuit ; 8- le cri du coq ; 9- la pointe du jour ; 10- le lever du soleil.

Dans l'Antiquité, la journée était divisée en douze parties égales qui portaient chacune le nom de l'animal correspondant à l'un des « rameaux terrestres ».

Avec de telles précisions, on comprend à quel point les Chinois anciens avaient à cœur de respecter à la lettre les préceptes des astrologues et des devins.

Aujourd'hui encore, de nombreuses familles chinoises possèdent un almanach qui permet de déterminer pour chaque jour les activités fastes auxquelles on peut procéder et les activités néfastes qu'il convient d'éviter.

### 真 Le treizième mois

Au départ accordé au cycle des saisons et des travaux agraires, le calendrier commença par diviser l'année en quatre parties, délimitées par le jour le plus court (*riduanzhi*) et le jour le plus long (*riyong*), puis en vingt-quatre sections respectivement de quatorze, quinze ou seize jours. Comme il s'agit de surcroît d'un calendrier lunisolaire (tenant compte à la fois des douze mois et des phases de la lune), pour compenser le décalage existant entre les vingt-huit jours du mois lunaire et la durée du mois solaire, les Chinois ajoutent périodiquement (sept fois tous les dix-sept ans) aux douze mois lunaires un treizième mois, dit mois intercalaire, de même que nous ajoutons un vingt-neuvième jour au mois de février lors des années bissextiles. C'est pourquoi la date du Nouvel An chinois n'est jamais la même d'une année à l'autre. Chaque année est divisée en douze mois lunisolaires soit de vingt-neuf jours (mois courts), soit de trente jours (mois longs) ; chaque mois à son tour est divisé en trois décades et chaque journée en douze parties égales (*shichen*).

Avec ses quatre saisons, ses douze lunes et ses vingt-quatre périodes, le calendrier traditionnel chinois est donc sensiblement différent du calendrier occidental.

### 真 Soixante ans, en Chine, c'est l'équivalent d'un siècle, en Occident

Comme ils avaient remarqué que la planète Jupiter met douze ans à parcourir les divisions du zodiaque, alors que le soleil fait la même chose en un an, les Chinois ont déterminé un cycle sexagésimal (soixante années) résultant de la combinaison de deux séries de signes : les « douze rameaux terrestres » (*dizhi*) et les dix « troncs célestes » (*tiangan*). Un cycle complet de soixante années correspond donc, en Chine, à ce qu'est un siècle, chez nous.

Le système sexagésimal permet aussi de numéroter chaque jour de l'année, par la combinaison des troncs célestes (qui servaient, avant l'adoption de la semaine de sept jours, à désigner les jours) et des rameaux terrestres (par lesquels on désignait les douze mois de l'année mais également les directions de la rose des vents ainsi que les divisions de la journée).

Ce mode de calcul sexagésimal fut inauguré en 2697 avant notre ère. La période où nous nous trouvons, qui va de 1984 à 2044, constitue donc le soixante-dix-neuvième de ces cycles de soixante ans.

### 真 Les douze animaux du calendrier servent à désigner l'année en cours



À chaque « rameau terrestre » correspond un animal emblématique de l'année en cours.

Ce sont, dans l'ordre, le rat, le bœuf, le tigre, le lièvre, le dragon, le serpent, le cheval, le bélier, le singe, le coq, le chien et le cochon. Tous les Chinois leur accordent une importance considérable, chaque animal étant censé produire

**Les trois grandes fêtes chinoises sont liées au temps**

En Chine, trois fêtes sont incontournables.

Toujours fixées par le calendrier traditionnel (appelé aussi « calendrier agricole » !), il s'agit, par ordre d'apparition dans l'année, de : la Fête du Printemps (le Nouvel An chinois ou *Guonian*) qui a lieu le premier jour du premier mois lunaire ; la Fête du Double Cinq (*Duanwu Jie*), appelée aussi Fête des Bateaux Dragons, qui a lieu, comme son nom l'indique, le cinquième jour du cinquième mois lunaire ; la Fête de la Mi-Automne (*Zhongjiu Jie*), appelée aussi Fête de la Lune, qui a lieu le quinzième jour du huitième mois lunaire.

des inconvénients et des avantages sur la vie des gens, et avoir une influence sur le caractère des individus nés sous leurs auspices. C'est ainsi, par exemple, qu'à la fin de l'année du Singe on assiste toujours à une explosion du nombre des mariages, car le Coq est un animal peu propice aux unions entre les hommes et les femmes !

## LE TAO ET LE QI

Le Tao (*Dao* en chinois signifie « voie » ) est le principe d'ordre qui régit le monde, l'homme et le cosmos. Ce concept profondément original, car à la fois très abstrait et très pratique, est au cœur de la mentalité chinoise depuis la plus haute Antiquité. Il découle de la conception cyclique du temps, appliquée cette fois à l'univers. Si la « roue du temps » tourne si régulièrement, c'est qu'elle obéit à un « ordre universel », lequel est régi par le Tao. Suivre le Tao revient donc à suivre la voie de l'harmonie universelle, où chaque élément est à sa place, selon un schéma parfaitement illustré par le *Yin* et le *Yang* (voir p. 55).



### L'heure chinoise compte double

Dès la dynastie des *Han* (-206-+220), les Chinois étaient capables de construire des horloges mécaniques à échappement à chaînes qui leur permirent de donner une définition précise de la division de la journée en douze heures (une heure chinoise représentant donc le double d'une des nôtres).

Chaque heure du jour est placée sous le signe des animaux emblématiques, toujours énumérés dans le même ordre et qui servent à désigner les années. C'est ainsi que la journée commence par l'heure du Rat (23 h-1 h) et s'achève par celle du Cochon (21 h-23 h).

| -5000 | -221 | 220 | 589 | 960 | 1206 |
|---|---|---|---|---|---|
| La Chine archaïque | Le Premier Empire et la dynastie des *Han* | Le Moyen Age chinois : la Chine divisée | Un âge d'or : l'empire des *Sui* et des *Tang* | L'empire mandarinal des *Song* | Le prem… mong… |

La notion de Tao a donné lieu à la philosophie et à la religion taoïstes.

### 真 Dans la grande bibliothèque de l'univers, chaque livre doit être rangé à sa juste place

Le strict respect du Tao, ce « grand ordre » auquel obéit la nature, est la condition de l'harmonie, laquelle reste la clé du bonheur pour les hommes dont l'ennemi principal a pour nom le chaos. Pour un Chinois, le monde est une vaste bibliothèque dont les livres doivent être rangés sur l'étagère qui leur est réservée, et le mode d'emploi consigné dans l'Almanach que chacun consulte lorsque c'est nécessaire.

Pour un Chinois, aujourd'hui comme hier, le bien-être de l'individu passe donc par la vérification constante que son corps et ses actes sont en adéquation avec le ciel (divination, astrologie) et avec la terre (*fengshui*, géomancie) et que les Cinq Éléments (bois, terre, fer, eau et feu, voir p. 56) constitutifs de toutes choses sont correctement appariés avec leurs correspondants, qu'il s'agisse des couleurs, des odeurs, des saveurs, des directions ou des vents.

Être en harmonie avec ce qui vous entoure, absorber la dose de nourriture juste, se poser dans l'espace sans gêner ce qui est autour restent, pour de nombreux Chinois, des préoccupations premières.



### 真 Le Tao a besoin du *Qi* ou « souffle », c'est-à-dire d'énergie vitale

Pour les Chinois, c'est le *Qi*, ou souffle vital originel, qui est à l'origine du dynamisme de l'univers. C'est lui qui impulse le mécanisme initial de la « grande horloge universelle ». Le *Qi est* créateur de toute chose. À certains égards, la notion de *Qi* est assez proche de celle de la mécanique quantique définie par Max Planck avec le concept d'unité élémentaire (quantum) d'énergie qui permet d'expliquer tous les phénomènes physiques. De même que, sans énergie, rien n'est vraiment possible, sans *Qi* il n'y aurait pas d'univers ni de création.

La notion de *Qi* est donc aussi importante que celle de Tao.

La matière, qu'elle soit ou non vivante, qu'elle soit solide ou liquide, résulte de la « coagulation » des souffles originels et des énergies vitales sans lesquels elle n'existerait pas. C'est la configuration énergétique (*Qi*) de chaque chose qui détermine sa place dans l'univers et son propre cycle de vie et de mort, c'est-à-dire de passage du *Yin* au *Yang*, car dès qu'un de ces principes atteint son apogée, il se change en son contraire. Ces changements sont réversibles.

### 真 Les exercices du *Qi*

Retrouver son *Qi*, le régénérer pour l'utiliser à de bonnes fins, constitue donc une préoccupation de base chez tout individu ; aussi l'exercice physique dans la nature – le lieu de rencontre de tous les souffles vitaux – reste-t-il le meilleur moyen de commencer sa journée. C'est pourquoi, quand on se promène tôt le matin dans les parcs et les avenues des grandes villes chinoises, on peut voir quantité d'hommes et de femmes de tous âges s'adonner aux arts martiaux, aux exercices respiratoires ou tout simplement à la contemplation des arbres aux branches desquels on suspend la cage de son oiseau domestique pour le faire chanter.



Laisser faire les énergies et les souffles de la nature est également un précepte requis par les taoïstes qui l'ont défini grâce au principe du « non-agir » ou de la « non-intervention » (*wuwei* en chinois) que certains commentateurs occidentaux passablement égarés ont pu confondre avec la passivité ou avec la soumission !

Or, retenir son envie d'agir, n'est-ce pas, au contraire, faire la preuve de sa force ?

## LE CORPS HUMAIN EST COMME UN PAYSAGE

Cette recherche permanente de la fusion et de l'harmonie – on pourrait parler d'homothétie – avec la nature, qui ne signifie pas pour autant, hélas !, que la Chine soit aujourd'hui le pays du monde le plus préoccupé d'écologie, s'explique par la conception taoïste du corps humain. Le corps humain est un microcosme parfaitement identique au macrocosme universel, et comparable à un « pays » avec son ciel rond comme la tête, sa terre, à l'instar du torse, qui

**Le Livre de la Voie et de la Vertu du Vieux Sage *Laozi* : pratiquer le Tao, c'est pratiquer la Vertu**

Attribué par la tradition au philosophe taoïste *Laoz*i (« le Vieux Sage »), dont on ne connaît la vie que par la légende, le Livre de la Voie et de la Vertu, ou *Daodejing*, est le livre majeur du taoïsme. Son auteur en aurait dicté les cinq mille caractères juste avant sa mort, quand il arrivait, juché sur son buffle, à la frontière qui sépare le monde des vivants de celui des morts. Depuis lors, il est vénéré comme un dieu.

L'idée force de son livre, constitué d'aphorismes qui peuvent être pris au sens propre comme au figuré est le Tao (*Dao* en chinois), le principe d'ordre qui gouverne toutes les choses et tous les êtres et, par extension, le principe de perfection totale et d'harmonie absolue. C'est en s'inscrivant le mieux possible dans ce principe d'ordre que l'homme atteint sa plénitude, en appliquant notamment le principe du « non-agir » (*wuwei*), et peut prétendre à l'immortalité, à condition de se soumettre au régime alimentaire et à la discipline corporelle appropriés.

Malgré son caractère parfois ésotérique, le *Daodejing* reste une tentative unique indépassable de définition littéraire et poétique du Tao.

supporte le ciel, les quatre membres étant assimilés aux quatre saisons, le souffle de l'homme au vent, son sang à la pluie et ainsi de suite. Le corps humain communique avec l'extérieur par ses multiples orifices. S'il y a accord entre l'intérieur et l'extérieur, l'être est en paix, car en communion parfaite avec la nature qui l'entoure, et donc avec lui-même. Dans le cas contraire, l'homme souffre et dépérit. Pour guérir, l'homme a besoin de la nature, de son harmonie mais également de ses plantes et de ses substances biologiques animales ou minérales.

## 真 La plus ancienne médecine du monde

Ce rapport essentiel du corps humain à la nature, qui conditionne sa bonne santé physique et mentale, est à la base de la médecine chinoise, l'une des plus

## Le casse-tête de l'établissement d'un diagnostic pour une femme

Les rituels anciens interdisant aux femmes de dévoiler leur corps devant quelqu'un d'autre que leur époux ou leur concubin, les médecins chinois mirent au point le diagnostic mimétique. Le praticien présentait à sa patiente une statuette en bois ou en ivoire représentant un corps féminin sur lequel la malade était invitée à indiquer l'endroit où elle éprouvait des douleurs. Puis il la questionnait longuement pour lui faire préciser les symptômes de son mal, et surtout lequel de ses six viscères *yang* ou entrailles (*liufu*) – estomac, intestin grêle, côlon, urètre, vésicule biliaire et vessie – et de ses cinq viscères *ying* ou organes (*wuzang*) – cœur, foie, poumons, rate et reins – était précisément affecté. Une fois son diagnostic ainsi établi, le médecin administrait à sa patiente un traitement par acupuncture ou par moxibustion (procédé consistant à brûler sur la peau de la poudre d'armoise), essentiellement sur les épaules, le cou, la tête, les pieds et les mains.



vénérables et élaborées du monde. Le premier traité de médecine et de pharmacologie fut rédigé vers 2000 av. J.-C. par l'empereur mythique *Shennong,* dit le Laboureur, et comportait pas moins de trois cent soixante-cinq remèdes. Un peu plus tard, son successeur *Huangdi*, l'Empereur Jaune mythique, dont s'inspirera *Qin Shihuangdi*, le premier empereur de Chine (voir p. 110), écrivit le *Classique de l'Interne de l'Empereur Jaune*, qui demeure l'ouvrage fondamental de la médecine traditionnelle chinoise. *Bianqiu*, le médecin le plus célèbre de l'Antiquité, vécut au v^e^ siècle avant notre ère ; capable de faire des diagnostics par l'examen du pouls – plus tard, un ouvrage du médecin *Wang Shuhe* (III^e^ siècle) alla même jusqu'à distinguer vingt-quatre sortes de pouls – et l'écoute des souffles, il fut également l'auteur d'un autre célèbre manuel de médecine, le *Classique des Difficultés*, dans lequel il recensa un grand nombre de plantes aux vertus thérapeutiques avérées.

La pharmacopée chinoise est l'une des plus complexes et des plus efficaces qui soit. Quant aux procédés plus mécaniques de la médecine chinoise (acupuncture, prise du pouls, massages et autres exercices respiratoires), ils ont été peu à peu adoptés à leur tour par la médecine occidentale et témoignent des intuitions fort justes qui furent celles des premiers médecins chinois à l'époque où la médecine occidentale n'en était encore qu'à ses balbutiements.

Le premier traité d'acupuncture, ou *Classique de l'Acupuncture*, écrit par *Huangfu Mi* (215-283), reste l'ouvrage de référence de cette pratique aussi bien en Chine qu'au Japon.



### Le *Livre de la Fille sombre* et le *Livre de la Fille claire*, manuels d'éducation sexuelle de l'Empereur Jaune

Le riche érudit *Ye Dehui* (1864-1927) entreprit la collecte des fragments de tous les textes anciens érotiques et aboutit à la conclusion qu'ils provenaient de deux manuels érotiques, le *Livre de la Fille sombre* et le *Livre de la Fille claire*, dont les auteures avaient été chargées d'apprendre à l'Empereur Jaune les bonnes techniques pour faire l'amour. Ces ouvrages fourmillent de descriptions physiologiques (Comment sait-on qu'une femme éprouve du désir ? Quelles sont les cinq sortes de désir ?) sur les mécanismes sexuels chez la femme et l'homme. Surtout, y sont décrites les « Neuf Méthodes » pour bien faire l'amour, positions baptisées le « Dragon renversé » ; l'« Approche du Tigre » ; les « Singes combattants »... sans oublier le « Criquet grimpeur », la « Tortue escaladeuse », le « Phénix en Vol », le « Lapin Suçant les Poils », l'« Écaille de Poisson » et enfin les « Grues entrelaçant leurs Cous ».

## Les montagnes sacrées

L'amour des plantes et des arbres, la contemplation des paysages, la connivence avec les hautes montagnes péniblement gravies, au cours d'escalades qui sont autant de parcours initiatiques pour les intéressés, ont également traversé les siècles. Les preuves en sont manifestes dans la Chine contemporaine, que ce soit dans les parcs urbains, les jardins d'agrément et, surtout, les montagnes sacrées – c'est ainsi qu'on désigne notamment les monts *Hengshan* et *Song Shan* (*Hunan*), *Taishan* (*Shandong*) *Emei Shan* (*Sichuan*) et *Huang Shan* (*Anhui*) – qui continuent à recevoir chaque année des millions de visiteurs désireux, une fois arrivés au sommet après avoir gravi des milliers de marches, de faire le vœu qui leur donnera la prospérité, la santé et la longévité.



### Quelques autres empereurs obsédés par « les nuages et la pluie »

*Song Yu*, le grand poète de l'époque *Han*, fut le premier à employer l'expression « les nuages et la pluie » pour désigner l'union sexuelle entre un homme et une femme. De nombreux écrits historiques (et pas seulement la littérature érotique) font état de pratiques sexuelles débridées de la part de certains empereurs chinois.

Dans ses *Mémoires historiques*, le grand historien *Sima Qian* fait état du cas de l'empereur *Zhou* (1154-1122 av. J.-C.) qui avait organisé dans son palais une véritable orgie en faisant plonger nus des hommes et de femmes dans une mare remplie de vin ; plus tard, l'empereur *Yangdi* (605-617) des *Sui*, réputé pour aimer faire l'amour avec plusieurs femmes, avait mis au point une charrette aux roues irrégulières dans laquelle il emmenait promener ses concubines : les cahots de la route devaient décupler les sensations ; l'empereur *Minghuang* (712-755) des *Tang* tomba amoureux de la très belle danseuse *Yang Yuhuan* qu'il nomma concubine de premier rang, avant de lui abandonner le pouvoir. On dit qu'elle provoqua la rébellion du général *An Lushan* (voir p. 184) qui allait faire trembler le régime impérial sur ses bases.

## 真 Pratiques sexuelles et énergie vitale

Nourrir l'essence vitale et prolonger indéfiniment la vie ont toujours été les buts recherchés par les adeptes du taoïsme, certains manuels comme le *Classique de la Fille simple* allant même jusqu'à préconiser aux hommes de faire l'amour successivement avec plusieurs femmes afin de capter leur *Yin* à travers leurs sécrétions, tout en se gardant bien de toute éjaculation, le tout pour permettre à l'énergie vitale de rester à l'intérieur de leur corps et de remonter jusqu'à leur cerveau par la colonne vertébrale ! Quant à l'alchimiste *Ge Hong* (281-343), auteur du célèbre traité ésotérique du *Maître qui embrasse la Simplicité* (*Bao puzi*), il préconisait l'absorption de pilules à base d'or liquide et de cinabre (oxyde de mercure).



## 真 Vivre en harmonie avec la nature

Pour être bien dans son corps, il faut vivre en harmonie avec la nature : la respecter, savoir la contempler et l'écouter, et y passer le temps nécessaire, un peu comme si le diapason humain et celui de la nature devaient être parfaitement « accordés ».

L'art des jardins, que les Chinois désignent joliment par l'expression « montagnes et eaux » (*shanshui*), témoigne de cette conception des rapports entre l'homme et la nature qui caractérise la mentalité chinoise depuis les origines.

L'aménagement de jardins d'agrément (*Yuan*) – en fait, des paysages artificiels – est attestéedepuis la plus haute Antiquité. C'est ainsi que le premier empereur historique *Qin Shihuangdi* avait fait aménager à la périphérie de sa capitale *Xianyang* un immense parc de près de cent cinquante kilomètres de circonférence où il avait fait creuser un lac de trois cents hectares.

Au fil du temps, les riches particuliers s'adonnent aussi à l'art des jardins, en s'efforçant de reconstituer – quel que soit l'espace disponible – un monde

**Pour les Chinois, le *fengshui* est à la nature ce que l'acupuncture est au corps humain**

Littéralement « le vent et l'eau », le *fengshui*, ou géomancie, fut pratiqué dès la plus haute Antiquité. Les souverains avaient alors recours à des géomanciens quand ils faisaient construire des édifices ou procédaient à la création de nouvelles villes. Sous les *Han* apparaissent les premiers exemplaires de *shipan*, ces planches divinatoires (composées de deux parties, l'une carrée représentant la Terre et l'autre ronde représentant le Ciel) qui préfigurent le compas magnétique à trois anneaux *luopan*, ultérieurement utilisé par les géomanciens.

Sous les *Song*, où le *fengshui* avait une importance déterminante, on assista à un affrontement entre deux écoles : celle du Compas (ou école des Directions et des Positions) et celle des Formes (ou école de la Configuration). La première se voulait « scientifique » et ses adeptes ne juraient que par le compas de géomancie ; la seconde, plus intuitive, prônait l'observation des courbes du sol afin de déterminer les lieux de passage des « veines de dragon » empruntées par les courants telluriques et qu'il convenait donc de ne toucher sous aucun prétexte.

En somme, parce qu'il s'agit d'analyser les courants énergétiques qui parcourent le sous-sol, il n'est pas faux de dire que, pour les Chinois, le *fengshui* est à la nature ce qu'est l'acupuncture au corps humain.



en miniature avec ses montagnes (des rochers érodés et troués artificiellement), ses fleuves et ses plaines. De nombreux textes font état de noms d'architectes spécialisés dans les jardins miniatures en tant qu'« œuvres de l'esprit ». Sous les *Song*, la ville de *Suzhou* en comptait un grand nombre et était déjà célèbre pour la qualité de leurs réalisations.

## EN CHINE, TOUT CE QUI EST IMPORTANT DOIT ÊTRE ÉCRIT

En Chine, ce qui est écrit possède une valeur symbolique sans équivalent ailleurs. L'écrit y est respecté, vénéré.

L'écriture chinoise n'est pas alphabétique. Elle est constituée par des caractères (idéogrammes) associés entre eux pour former des phrases. Au départ, l'écriture chinoise était un langage visuel, qui ne se comprenait qu'à la lecture. Elle était réservée aux élites, à ceux qui savaient écrire – et donc lire –, d'où l'importance quasiment sacrée de tout ce qui est « écrit ».

Aussi parle-t-on, à son sujet, de langue chinoise « écrite ou graphique ».

Ce type d'écriture fut un puissant élément fédérateur dans un pays où les dialectes voire les langages différents ont, de tout temps, pullulé. L'extrême simplicité de la grammaire compense la difficulté de l'apprentissage des caractères, pourtant indispensable pour qui veut pénétrer dans les arcanes d'une langue extraordinaire peu accessible à l'art oratoire.

Les livres, donc, sont des objets sacrés et intangibles ; c'est à l'aune de cette constatation qu'il faut apprécier le degré de folie mégalomaniaque du Premier Empereur lorsqu'il décréta, quelque temps avant sa mort, en 213 av. J.-C., le grand incendie des livres, assorti du terrible slogan, sacrilège en Chine, « Du passé faisons table rase ! », lequel sera repris, deux mille deux cents ans plus tard, au cours de la « Grande Révolution culturelle prolétarienne » par *Mao Zedong* en personne.

Quant aux célèbres *dazibao*, ces slogans écrits sur les murs de la Cité interdite de Pékin par les Gardes Rouges qui étaient à la pointe de ce mouvement, ils témoignent du caractère intangible de l'écriture, dans un contexte où chacun était pourtant invité à détruire les symboles du passé...

### 真 Une langue aux origines divinatoires

La première langue écrite avait un caractère essentiellement divinatoire. Elle était utilisée par les devins pour annoter les craquelures des ossements et des carapaces chauffés sur les flammes. Les craquelures ainsi obtenues (*jiagu wen*) étaient considérées comme des signes écrits déchiffrables, susceptibles de prédire l'avenir. C'est à partir de cette langue divinatoire, qui consista à écrire, en regard des *jiagu wen*, les commentaires adéquats, que se constitue la langue graphique chinoise. Les premiers signes sont des dessins représentant l'objet signifié : un petit bonhomme pour l'homme, un bonhomme dont la tête disparaît dans deux barres pour le ciel, un reptile à grosse tête pour le dragon et ainsi de suite.

Ces dessins sont extrêmement précis et codifiés, déjà standardisés en données pertinentes, selon les exigences de la science divinatoire.

Les origines divinatoires, et donc particulièrement sacrées (c'est le mythique Empereur Jaune qui est censé avoir donné au peuple chinois l'écriture !), de l'écriture chinoise archaïque expliquent les caractéristiques syntaxiques de la langue chinoise classique : la grande économie des liaisons syntaxiques y est contrebalancée par la puissance sémantique des idéogrammes.



Les mots sont juxtaposés et l'ordre dans lequel ils sont utilisés sert de grammaire à la phrase constituée.

## 真 L'écriture rituelle

De divinatoire, l'écriture devint peu à peu rituelle, les extraordinaires vases de bronze à usage cultuel que les artisans chinois réussirent à fondre plusieurs milliers d'années avant notre ère, grâce à l'emploi de techniques que l'Occident ne maîtrisera qu'à la fin du Moyen Âge, servant, en quelque sorte, de cahiers pour les scribes. Ces vases sont gravés aux noms des ancêtres dédicataires, ou enregistrent l'acte princier ayant autorisé leur fabrication par le forgeron bronzier, ou encore font état de stipulations diverses, d'ordre juridique ou religieux.

Peu à peu, au fil du temps, la prononciation des idéogrammes n'eut plus pour fonction que de désigner leurs graphies, ce qui permit de les utiliser comme des signes à part entière, signifiant autre chose que l'objet représenté.

La langue comme moyen d'expression – et non plus de simple description – était née.

## Le premier livre

C'est à partir du VIIIe siècle av. J.-C., soit sous la dynastie des Zhou, que la langue graphique parvient à son stade de maturité avec un type de graphie particulier (*da zhuan*) très facile à déchiffrer. Les caractères commencent à être assemblés les uns aux autres, dans des combinaisons infinies, et les graphies sont reportées sur des lattes de bambou encordées : la langue classique chinoise et le livre chinois étaient nés.

## Les deux langues : la langue écrite et la langue parlée

Il y a donc, en Chine, deux langues distinctes, et pour ainsi dire indépendantes l'une de l'autre : la première, la langue écrite ou graphique (*wenyan*) nécessitait, avant son abolition officielle au profit d'une langue unique « nationale » ou « commune » (*guoyu* ou *putonghua*) par les autorités républicaines dans la foulée du Mouvement réformiste du 4 mai 1919 (voir p. 324), un très long apprentissage. Elle était par conséquent exclusivement accessible aux élites. La seconde, la langue parlée (*baihua*), était pratiquée par tous ceux qui ne savaient pas écrire, c'est-à-dire l'immense majorité de la population. Pendant des siècles, écriture et langage furent donc séparés.

Cette caractéristique explique la difficulté de l'apprentissage du chinois qui exige autant de la mémoire visuelle que de la mémoire auditive. Pareille dichotomie est le principal obstacle à la connaissance de la civilisation et de la pensée chinoises.

## Le mandarin, langue principale de la Chine

Le mandarin, la langue chinoise proprement dite, telle qu'elle s'écrit et se prononce à Pékin, est un peu à la Chine ce que l'anglais est à la planète. Pour qui voudrait s'adresser à toutes les ethnies qui peuplent la Chine, au-delà du « mandarin », il faudrait apprendre des langues dont les racines sont éloignées

## COMMENT LES CHINOIS INVENTÈRENT L'ÉCRITURE

*La petite fiction qui suit a pour objet de faire comprendre au lecteur en quoi la langue chinoise, à cause notamment de son système d'écriture, diffère profondément des langues occidentales.*

**1715 av. J.-C., au bord du fleuve Jaune.**

Devant la tente en peau de mouton sous laquelle le trône royal avait été installé, telle une longue bannière de soie exposée aux souffles du vent, le majestueux fleuve Jaune charriait ses eaux gorgées de limon. Tout autour de l'endroit depuis lequel le souverain donnait ses ordres et rendait la justice, les champs labourés, où le millet avait été semé quelques semaines plus tôt, donneraient à coup sûr de bonnes récoltes.

— *Yinshao*, tu es un bon devin. Tu avais prévu qu'il pleuvrait, en amont de ce Fleuve. Ce sont nos fermiers qui vont être contents. Leurs semailles ne seront pas inutiles, murmura le roi des *Han*, sourire aux lèvres.

— Il y avait pourtant de quoi s'inquiéter, Majesté, hier, à cet endroit, l'eau arrivait à peine aux mollets d'un homme, soupira le chambellan du roi des *Han*.

— Majesté, je me suis contenté de regarder ce qui était inscrit sur cette carapace de tortue, répondit modestement *Yinshao* en baissant la tête.

*Yinshao* le devin tendit au roi la carapace de tortue qu'il avait exposée aux flammes trois jours plus tôt. Elle était noirâtre, fendillée, et comme parsemée de minuscules traces de pattes d'insectes.

— Je savais que tu lisais dans le ciel et dans les courbures du sol, j'ignorais que tu savais lire la carapace de la tortue, s'écria le roi, sarcastique.

— J'y ai vu l'eau à plusieurs reprises, Majesté. Je vous l'assure !

— Comment est-il possible de voir l'eau sur une carapace de tortue brûlée par les flammes ? Sais-tu ce qu'il en coûte, de mentir au roi des *Han* ? tonna le souverain, au bord de la furie.

— Je vous jure, Majesté, qu'il y a l'eau, sur la carapace de la tortue ! *Fong* le Dessinateur pourrait vous le confirmer... gémit *Yinshao* le devin

— Qu'on fasse venir *Fong* le dessinateur ! Et malheur à toi si tu me mens ! lâcha le roi, pas mécontent de remettre le mage à sa place, avant d'avaler une gorgée de l'alcool de sorgho que le chambellan venait de verser dans son gobelet de bronze en forme de tête de dragon.

Il n'était pas bon que les devins se croient importants. Déjà, le peuple n'avait que trop tendance à les suivre, au détriment des princes feudataires, qui assuraient pourtant sa protection contre les envahisseurs de la steppe. Il ne manquerait plus qu'ils finissent par prendre le pas sur les autorités administratives officielles !

*Fong* le dessinateur apparut. Il ne se séparait jamais du stylet effilé avec lequel il dessinait, sur le sable ou sur les lamelles de bambou, toutes sortes de figures : depuis les ustensiles rituels de bronze jusqu'aux Cinq Éléments (l'eau, le bois, le feu, le métal et la terre), sans oublier le Ciel et les Cinq Directions (le nord, le sud, l'est, l'ouest et le centre).

— Le roi veut savoir s'il y a de l'eau sur la carapace de tortue de *Yinshao* le devin, lança le chambellan au dessinateur.

— Majesté, c'est indubitable, je vois le mot « *shui* » à plusieurs endroits ! confirma le dessinateur en indiquant au moins trois éléments de craquelures qui ressemblaient à s'y méprendre au dessin de l'eau, lequel se prononçait « *shui* ».

— À compter de ce jour, toi, *Yinshao* le devin, et toi, *Fong* le dessinateur, vous assumerez auprès de moi la fonction de scribe ! décréta le roi des *Han*, la voix tremblante d'émotion.

— Scribe ? Qu'est-ce à dire, Votre Très Haute Majesté ? s'exclamèrent en chœur les intéressés, qui se demandaient si le roi plaisantait ou non.

— Ces dessins et ces craquelures, je décide qu'ils sont une unique et même chose : l'écriture à l'usage de notre peuple ! conclut le souverain, avant d'aller tremper sa main, l'air satisfait, dans les eaux du fleuve Jaune et de murmurer « *shui* » en fermant les yeux.

Ce récit de pure fiction n'est pas très éloigné de la réalité, puisque tous les témoignages archéologiques permettent de déterminer que la langue graphique codifiée (et en cela bien plus élaborée que les premières traces d'un langage humain telles qu'elles apparaissent sur des tessons d'argile rouge datant de plus de six mille ans) existait en Chine dès le deuxième millénaire av. J.-C.

les unes des autres au point d'en être totalement différentes : les parlers mongol, ouïgour, turkmène, tibétain, môn-khmer, Miao ou Yao, par exemple, n'ont pas plus de points communs que l'italien et l'allemand.

L'un des vecteurs de l'expansion des *Han* consista d'ailleurs à exporter la langue écrite en faisant des concessions à la prononciation orale, ce qui fait qu'aujourd'hui, par exemple, le shanghaïen et le cantonais s'écrivent de la même façon que le mandarin, tout en se prononçant différemment.

## 真 L'obsession de l'unification linguistique

L'unification linguistique constitua très tôt une préoccupation des autorités chinoises, et alla de pair avec l'organisation politique du pays. Le Premier Empereur *Qin Shihuangdi* procéda à la première tentative officielle de contrôle et de codification du langage. Avant lui, Confucius (551-479 av. J.-C.) prônait déjà la « rectification des noms », qui consistait à vérifier que chaque idéogramme correspondait bien à son véritable objet et à son sens, la « pensée correcte » supposant, selon ses propres termes, l'emploi d'une « langue correcte ».

## 真 Écrire est un art : la calligraphie

Les origines rituelles de l'écriture expliquent l'importance de l'acte d'écrire et la place essentielle de la calligraphie, véritable discipline du corps tout entier ainsi que de l'esprit, promue au rang d'art majeur par les Chinois.

Peinture, poésie et calligraphie sont inextricablement mêlées. Les plus grands poètes furent toujours d'immenses calligraphes ; de même que les peintres. La calligraphie s'affirmera comme un art à part entière, mais qui complétera utilement une peinture et relatera souvent un poème. L'acte de calligraphier, dans le bouddhisme *Chan*, s'apparente à une méditation transcendantale. *Mao Zedong* lui-même n'hésitait pas à faire la démonstration à

**_Nizai_, le calligraphe virtuose de Bagdad**

Un ouvrage rédigé à Bagdad vers l'an mil fait état de la présence d'un calligraphe chinois du nom de *Nizai* capable d'écrire sous la dictée les œuvres du grand médecin grec Galien... Ainsi cet homme dessinait-il des milliers de caractères à une vitesse hallucinante tout en traduisant le texte du grec au chinois. Il devait utiliser des caractères chinois de style cursif, un peu à la façon des sténographes, même si l'exercice était autrement plus compliqué que celui qui consiste transformer les sons d'une langue alphabétique en signes...



ses visiteurs de ses talents de calligraphe, de même que les élites chinoises, depuis l'Antiquité, n'ont jamais cessé de pratiquer cette discipline avec constance et acharnement.

Le développement de la calligraphie ira de pair avec l'émergence de la classe des « lettrés-fonctionnaires » qui formeront pendant des siècles la principale armature des institutions politiques chinoises.

## 真 Différents styles d'écriture

Au fur et à mesure de la centralisation politique qui mènera à l'empire, les scribes favorisent l'émergence d'un style d'écriture plus commode à manier et, surtout, plus adapté aux contraintes du pinceau qui remplace peu à peu le stylet. Ce style calligraphique nouveau, appelé aussi « style des chancelleries » (*li shu*), marque un tournant décisif par rapport à l'écriture archaïque et rituelle. C'est de ce type de calligraphie que naissent les trois grands styles d'écriture encore en usage de nos jours : le style dit « régulier » (*kai shu*), le style semi-cursif (*xing shu*) où affleure déjà une grande préoccupation esthétique, et enfin le style cursif (*cao shu*), lequel se rapproche le plus du dessin libre et dont la maîtrise suppose une très longue pratique, un grand

sens du contrôle de soi et une connaissance intime de la langue.

Les plus grands maîtres calligraphes sont ceux qui, tout en respectant les conventions de l'écriture, réussissent à s'en affranchir suffisamment pour créer un style propre, fait d'élégance et d'équilibre et d'une perfection quasi surnaturelle.

### 真 Des dictionnaires à apprendre par cœur

À la base de chaque caractère chinois, du plus simple au plus complexe, on trouve six sortes de traits fondamentaux, dont l'association permet de calligraphier les idéogrammes. La codification de la langue écrite, de nature à favoriser son apprentissage et sa transmission, fut l'une des obsessions du pouvoir centralisé chinois. Initiée en 221 av. J.-C. par le Premier Empereur *Qin Shihuangdi*, qui fit établir le premier catalogue officiel des caractères dont l'usage était obligatoire, elle aboutit à déterminer des « clés » dont l'association formait un caractère proprement dit.



Qui a appris le chinois sait d'ailleurs que le véritable obstacle de la langue tient dans la complexité et l'infinie variété des idéogrammes, que les lettrés n'ont pas cessé d'inventer, puisque le dictionnaire de *Xuzhen*, publié en 121 apr. J.-C., comportait 10 516 caractères regroupés sous 540 clés, tandis que celui de l'empereur *Kangxi* des *Qing*, édité en 1717, en comptait plus de 40 000 assortis à 214 clés !

Le Dictionnaire de la Chine Nouvelle, publié en 1976, véritable bible de l'écriture chinoise voulue par les autorités actuelles, dénombre, quant à lui, 227 « clés » et 2 252 caractères simplifiés.

### 真 Gutenberg n'est pas l'inventeur de l'imprimerie

À partir des *Zhou*, la nécessité de diffuser des textes plus longs amena les scribes à utiliser des lamelles de bambou coupées dans le sens de la hauteur et reliées entre elles par des cordonnets de soie, sur lesquelles on pouvait écrire des textes au stylet ou au pinceau. C'est la raison pour laquelle on écrit toujours de haut en bas. À l'époque des *Han*, l'invention du papier permit la rédaction de livres manuscrits, en même temps que l'usage de l'estampage (grâce à l'application d'une feuille mouillée sur une pierre) qui entraîna une diffusion beaucoup plus grande de l'écrit. C'est au VIII^e siècle, sous les *Tang*, que les moines bouddhistes, désireux de répandre la parole du Bouddha dans

**Abandonner le « bol à riz en fer » : certains lettrés-fonctionnaires préféraient devenir des rebelles…**

Certains lettrés-fonctionnaires refusaient le système du « bol à riz en fer », expression par laquelle on désignait l'emploi stable du fonctionnaire obtenu à l'issue du rigide système des concours et des charges publiques. Renonçant de leur plein gré aux privilèges de leur fonction, ils devenaient des marginaux et des rebelles. Les plus doués gardaient l'estime de leurs congénères. Parmi ces génies qui firent le choix de se consacrer pleinement à la littérature, à la poésie ou à la peinture, on citera *Li Bo* (701-762), le grand poète de la dynastie des *Tang*, qui quitta l'Académie impériale à laquelle il était attaché ainsi que l'entourage de l'empereur *Xuanzong*, pour mener une vie d'errance et d'aventures ; son ami *Du Fu* (712-770), considéré comme le Dante ou le Shakespeare chinois, refusa d'exploiter ses dons poétiques, pourtant reconnus, pour devenir fonctionnaire, et mourut dans une extrême pauvreté après avoir dépeint la chaleur de l'amitié et la souffrance des pauvres avec des mots inoubliables ; *Li Yu* (1611-1680) fut l'un des esprits les plus libres (et libertins) de son temps. Il quitta son poste de mandarin, pour écrire des pièces de théâtre et un célèbre roman érotique interdit dès sa parution : « La chair comme tapis de prière » (*Rouputuan*), qui relate les aventures du jeune intellectuel *Weiyangshen* (Le Lettré d'avant Minuit) et de sa jeune femme *Yuxiang* (Parfum de Jade) que sa stricte éducation confucéenne avait rendue frigide.

toutes les couches sociales, inventèrent l'imprimerie par xylographie (les caractères sont préalablement sculptés à l'envers sur une planche de poirier, de buis ou de robinier). Le *Sutra du Diamant*, sorte de bible du bouddhisme chinois, fut le premier livre à être xylographié. Sa première édition, datée de 868, est actuellement conservée au British Museum de Londres.

La xylographie fut apportée en Occident par des missionnaires avant d'être reprise par Gutenberg, qui n'est donc pas l'inventeur de l'imprimerie.

### 真 Un intellectuel doublé d'un technocrate : la figure du lettré chinois

Derrière l'écrivain, le poète, le calligraphe et le peintre se cache en réalité un seul et même individu : le lettré, dont le pinceau et l'encre sont le principal moyen d'expression.

Le lettré chinois est à la fois un contemplatif et un homme de pouvoir. Capable de passer des heures à siroter un verre de thé vert sous un pavillon, au bord d'un lac à la surface duquel il admirera les carpes tourner, une fois rentré chez lui, il s'enfermera dans sa bibliothèque et déroulera une longue peinture de paysage dont il savourera la contemplation comme on déguste un plat. Formé aux six arts libéraux confucéens que sont la musique, les rites, le tir à l'arc, la conduite des chars, l'écriture et le calcul, il est apte à aider l'Empereur à diriger son peuple.



À partir des *Tang* (618-907) et surtout des *Song* (960-1279), le lettré-fonctionnaire recruté par concours incarne cette élite si particulière à la Chine, mélange plutôt étonnant entre le technocrate capable de rédiger des règlements administratifs et l'intellectuel féru de poésie.

## LA FASCINATION DES CHINOIS POUR LA NUMÉROLOGIE

En même temps que l'écriture pictographique faisait son apparition sur les carapaces de tortues et les os d'animaux, les Chinois inventaient la numérisation décimale. Les nombres ont une signification propre, qui va bien au-delà de

### Le stress de l'incroyable parcours d'obstacles des candidats aux concours administratifs

L'organisation des concours administratifs était calquée sur celle du territoire. Pour être admis à concourir à l'examen d'État, il fallait au préalable avoir passé successivement les examens de district (*xianshi*), puis ceux de préfecture (*yuanshi*) dont les jurys étaient composés de fonctionnaires spécialisés (*xuedao*). Après quoi, on devenait boursier, ce qui permettait de consacrer tout son temps à la redoutable course d'obstacles vers les concours d'État.

On imagine aisément le stress qui devait être celui des candidats obligés de sauter les obstacles les uns après les autres, après avoir réussi l'examen suprême (*huishi*) supervisé par un jury présidé par le ministre des Rites. Une fois admis, on devenait « lettré-sélectionné » (*gongshi*). Les plus brillants pouvaient encore devenir « lauréats palatins » (*jianshi*). Mais il fallait pour cela subir deux tests supplémentaires, dont le second (*zhaokao*) – qui voyait l'élimination d'environ 70 % des intéressés ! – se déroulait en présence de l'Empereur en personne.



leur usage arithmétique. Dans ses célèbres *Notes sur l'Art des nombres* rédigées au IIIe siècle apr. J.-C., qui sont un véritable traité de numérologie, *Xu Yue* associe déjà les nombres aux couleurs et aux formes.

Pour les Chinois, 3 (*san*) est le nombre fondamental et parfait à partir duquel, selon le *Livre du Dao*, les êtres vivants furent créés. Aussi parle-t-on communément des « 3 Empereurs Fondateurs » (*Fuxi, Shennong et Huangdi*), des « 3 Pensées » (le confucianisme, le taoïsme et le bouddhisme), des « 3 Royaumes » (*Shu*, *Wei* et *Wu*) qui se partagèrent la Chine au IIIe siècle apr. J.-C. et qui firent l'objet d'un des plus célèbres romans chinois, la *Chronique des Trois Royaumes* (voir p. 142), des « 3 Inventions » (la poudre, la boussole et l'imprimerie) qui révolutionnèrent les conditions de vie des Chinois, et même des « 3 Principes du Peuple » (nationalisme, démocratie et solidarité) du dirigeant moderne Sun Yat-sen (voir p. 323).

4 est un chiffre moins fortuné (comme chez nous le chiffre 13, il porte malchance et certains hôtels continuent à ne pas faire figurer ce chiffre sur les boutons de l'ascenseur ; il évoque la mort), même s'il donne lieu à quelques classifications plus flatteuses telles que les « 4 Livres » confucéens (voir p. 94) ou les « 4 Trésors du Lettré » (l'encre, le pinceau, l'encrier et le papier). *Deng Xiaoping* dont le slogan des « 4 Modernisations » fit florès, ne semble pas avoir considéré ce chiffre comme néfaste.

5 fut toujours un chiffre fétiche. Pêle-mêle, on citera les « 5 Bonheurs » (santé, richesse, prospérité, vertu, longévité), les « 5 Éléments » (voir p. 56), les « 5 Directions » (nord, sud, est, ouest, centre), les « 5 Classiques » (voir p. 91), les « 5 Animaux Domestiques » (bœuf, mouton, porc, poule et chien), les « 5 Viscères » de la médecine (voir p. 57) etc.



## 真 Des chiffres et des concepts

L'énumération des autres nombres associés à des concepts serait très longue. On se bornera ici à indiquer que le 7 était considéré comme le nombre *Yang* le plus « parfait » tandis que le 9 – parce qu'il était le plus « complet » – symbolisait l'empereur (la plupart des palais impériaux comportaient d'ailleurs 9 cours successives). Le 8 portait bonheur, probablement parce qu'il y a « 8 Trigrammes » (voir p. 58), et le 10 représentait l'« étape ultime » puisque c'était là que se rejoignaient les « 10 Troncs Célestes » du cycle calendaire lunaire traditionnel (voir p. 27)

Quant au nombre 100 (*bai*), il est synonyme de profusion et d'abondance (ce n'est pas par hasard que *Mao* lança la « Campagne des 100 fleurs »). Le *Livre des 100 noms de famille* édité sous les *Song* (en fait, une compilation des 430 patronymes les plus courants en Chine) devait être appris par cœur par tous les écoliers chinois.

Enfin, le nombre 10 000 (*wan*) symbolise la quantité infinie. « 10 000 années de Longévité » (*wan sui*) n'est rien

**les sources littéraires et historiques de la mythologie chinoise**

Plusieurs textes revêtent une importance capitale pour comprendre la façon dont les Chinois appréhendent leur passé. Ce sont notamment le *Zhouli* ou Rituel des *Zhou*, dont les premières éditions datent du IVe siècle av. J.-C. et qui constitue une description idéale des rituels bureaucratiques des *Zhou* ; le *Shujing* ou Livre des Documents (élaboré au VIIe siècle av. J.-C.) qui rassemble une grande partie des récits mythologiques relatant les origines du monde ; le *Liji* ou Mémoire sur les Bienséances et les Cérémonies (rédigé au Ier siècle av. J.-C.) qui traite du mariage, de la musique, des sacrifices, des rituels funéraires et religieux ; le *Shijing* ou Livre des Odes, anthologie poétique rédigée vers le IIIe siècle avant notre ère, qui reconstitue la vie chinoise dans les campagnes ; le Petit Calendrier des Xia, tel qu'il figure dans le *Dadai Liji* (écrits de Dadai l'Aîné) ; le *Lushi Chunqiu* ou Annales de monsieur Lu, œuvre de *Lübuwei* (mort en - 235) qui fut Premier ministre du royaume de *Qin*, sorte d'anthologie portant sur tout le savoir de son époque ; on citera enfin le *Shanhaijing* ou Classique des Montagnes et des Mers (rédigé entre le Ve et le IIIe siècle av. J.-C.) qui décrit à la fois la géographie et les créatures surnaturelles propres à la mythologie chinoise.



d'autre que l'immortalité. C'était ce que scandait à l'intention de *Mao Zedong* la foule lorsqu'elle défilait le 1er mai, place *Tian Anmen*, devant le vieux leader.

## LA CRÉATION DU MONDE SELON LES CHINOIS

Pour les Chinois, à l'aube des temps, il y a les Trois Augustes (*San Huang*), génies créateurs de l'univers, qui séparèrent hommes et dieux puis hommes et bêtes en mettant fin au chaos originel (*Hundun*). Les deux premiers Augustes, personnification du *Yin* et du *Yang*, forment le couple incestueux (frère et sœur) de *Fuxi*, qui tient à la main une équerre ou un soleil contenant un oiseau, et de *Nüwa*, porteuse d'un compas ou d'une lune contenant un crapaud. Leurs corps d'apparence humaine à partir de la taille, souvent représentés entrelacés, sont prolongés par une queue de serpent ou de dragon. Lorsque *Fuxi* et *Nüwa* finissent par s'unir, le monde est en état de marche. *Fuxi* est l'inventeur des 8 trigrammes (voir p. 58). Quant au troisième Auguste, le Divin Laboureur (*Shennong*) appelé aussi l'Empereur Rouge (*Yangdi*), au corps d'homme et à la tête de bœuf, il apprit aux hommes à cuire leurs aliments grâce à l'usage du foret à feu et à cultiver les céréales grâce à la charrue. Ce bienfaiteur de l'humanité fut aussi le premier à faire l'inventaire des plantes médicinales et à élaborer les 64 hexagrammes à partir des 8 trigrammes inventés par *Fuxi*.



### 真 *Pangu* le géant

Selon une autre légende, le monde aurait été formé par la créature géante *Pangu* qui, tel un oiseau avec son bec, aurait fendu au moyen de sa hache la coquille du chaos originel qui avait la forme d'un œuf. Ayant vécu plus de dix-huit mille ans, *Pangu*, en se déployant, aurait accru la distance entre le ciel et la terre puis serait mort au moment où ils auraient chacun atteint leur position fixe ; de son souffle seraient nés les nuages et le vent ; de sa voix, le tonnerre ; de son œil gauche, le soleil ; de son œil droit, la lune ; de ses membres, les montagnes ; de son sang, les fleuves ; de sa peau et ses poils, les plantes, et de sa barbe les étoiles.

Un autre mythe de *Pangu* en fait l'ancêtre du premier homme sur terre : la femme d'un empereur céleste aurait éprouvé une violente douleur à l'oreille pendant trois ans jusqu'à ce que sorte de son conduit auditif un ver qu'elle plaça dans une gourde bouchée par une assiette. Le ver s'étant transformé en chien prit le nom de *Pangu* (« né dans une gourde avec une assiette »), lequel, après avoir été mis sous cloche pendant six jours par la fille d'un empereur céleste, finit par convoler avec elle et par engendrer le premier couple humain.

## 真 La terre et le ciel

Un char dont le fond – carré – forme la terre et le dais – rond – forme le ciel. Telle était l'image que les anciens Chinois avaient de la terre et du ciel. Entre le fond et le dais, point de parois pleines mais quatre piliers qui, à l'origine, étaient de même hauteur, ce qui rendait le ciel et la terre parfaitement parallèles. Mais le pilier du nord-ouest (la colonne cosmique du mont *Buzhou*) ayant été ébranlé par le monstre *Gonggong*, furieux d'avoir échoué dans son ambition de régner sur le monde, il s'ensuivit une inclinaison du ciel (lequel penche

### Les Immortels, presque à l'égal des Dieux

À la différence des Dieux (*Shen*), les Immortels (*Xian*) sont des personnages historiques et humains qui ont réussi à se hisser jusqu'à l'immortalité, un concept d'essence taoïste.

Les Immortels étaient censés habiter sur trois Îles Immortelles de la mer de Chine (*Penglai*, *Yinzhou* et *Fanghu*), où les animaux et les oiseaux étaient blancs, les maisons en or et les ponts en jade et les branches des arbres couvertes de perles et de fruits de jade... Pour éviter que ces îles, qui flottaient sur la mer, ne tombent dans le gouffre du Nord, l'Empereur du Ciel avait ordonné à trois tortues géantes de les soutenir.

Parmi les plus célèbres Immortels, qui jouaient un double rôle d'intercesseur et d'exemple pour les humains, outre *He Xiangu*, la seule femme du lot, née avec six cheveux dorés et qui était capable de voler de nuage en nuage, on citera *Zhong Liquan*, un fils de fonctionnaire de la dynastie des *Han* initié à la connaissance du Tao, *Zhan Guolao*, né sous les *Tang* et qui chevauchait un âne blanc lui permettant de franchir chaque jour des milliers de kilomètres, *Yan Zhengqing*, l'un des plus importants calligraphes chinois (VIIIe siècle) et *Lü Dongbin*, qui naquit en 798 et prétendait que la vie n'était qu'un songe.

vers le nord-ouest tandis que la terre penche vers le sud-est) et un déluge dont les effets dévastateurs furent réparés par *Nüwa* qui eut la bonne idée d'assembler les pierres de cinq couleurs pour former le ciel azuré, de couper les pattes d'une tortue géante pour fixer les quatre points cardinaux et de colmater les brèches des digues des fleuves qui débordaient avec de la cendre de roseau.

### 真 Les neuf étages du ciel

Le ciel comportait neuf étages ou « neuf cieux », dont les portes étaient gardées par des tigres et des panthères. La terre comprenait neuf provinces, au-delà desquelles il y avait les « huit lointains », eux-mêmes prolongés par les « huit extrémités ». Quatre mers, enfin, entouraient le monde habité. À l'Est, les habitants avaient une petite taille, un nez proéminent et une grande bouche, et étaient censés vivre peu longtemps, tandis qu'au Sud ils étaient grands et mouraient jeunes ; au Nord, ils étaient trapus, avaient la nuque courte et vivaient vieux, tandis qu'à l'Ouest, si leur durée de vie excédait la moyenne, les hommes avaient un long cou et une face tordue…

### 真 *Huangdi*, l'Empereur Jaune, modèle de tous les empereurs de Chine

L'Empereur Jaune *Huangdi*, associé au centre et à la terre, est le plus important des Empereurs des Cinq Directions (*Yandi*, associé au sud et au soleil ; *Shaoshao*, associé à l'ouest et au métal ; *Zhuanxu*, associé au nord et à l'eau ; *Taihao*, associé à l'est et au bois). *Huangdi*, qui régnait sur le Ciel, du haut du mont *Kunlun*, est considéré par les Chinois comme leur Premier Empereur Fondateur. Le grand historien *Sima Qian* (env. 146 - 86 av. J.-C., voir p. 134), qui lui consacra un long chapitre de son histoire, fait

remonter son règne au troisième millénaire ; il aurait été porté par sa mère pendant vingt ans, aurait vécu cent ans… avant d'avoir vingt-cinq fils.

Pour asseoir son pouvoir, *Huangdi* aurait commencé par éliminer ses frères *Yangdi* puis *Shennong*, dont la décadence faisait le malheur de l'humanité. Mais son combat le plus illustre et qui symbolise la victoire des tribus *Han* sur les peuplades méridionales, reste celui contre son vassal et ministre *Chiyou*, créature d'aspect diabolique à la tête hérissée de cornes et aux huit pattes terminées par des sabots de buffle qui se nourrissait de sable, de pierres et de fer. Il le tua d'un coup d'épée qui provoqua une coulure de sang de plus de cent kilomètres de long…



## 真 L'empereur mythique et civilisateur

Ses ennemis réduits en miettes, il fut enfin possible à l'Empereur Jaune de se consacrer à sa mission civilisatrice : sa femme apporta aux Chinois la technique de l'élevage du ver à soie, tandis que son ministre *Cangjie*, dont les deux paires d'yeux lui permettaient de voir à la fois le ciel et la terre, inventa les caractères de l'écriture basés sur l'observation des traces de pattes d'oiseaux et d'animaux sur le sol ; l'empereur procéda lui-même à l'élaboration du *Classique de l'Interne de l'Empereur Jaune*, considéré comme le livre fondateur de la médecine chinoise, non sans avoir appris à son peuple l'art de la fonte du bronze.

## 真 Les premiers empereurs humains : *Yao, Shun, Yu et Qi*

Les livres d'histoire ancienne permettent d'établir la liste des premiers empereurs humains qui succédèrent à *Huangdi*.

Même s'il est peu probable qu'ils existèrent, ces souverains mythiques ont, aux yeux des Chinois, une importance considérable.

Le premier d'entre eux, *Yao*, vécut misérablement à la campagne ; il était assisté de *Qie* le Soldat, considéré comme le fondateur de la dynastie des

*Shang*, et de *Houji*, le Prince du Millet, considéré comme l'ancêtre de la dynastie des *Zhou*.

*Shun*, le gendre de *Yao*, succéda à celui-ci, qui avait refusé de transmettre le pouvoir à son fils indigne. Réputé pour sa piété filiale et ses qualités morales, l'empereur *Shun* eut pour successeur *Yu* le Pacificateur, qui réussit à calmer le fleuve Jaune et le fleuve Bleu en creusant leurs lits aux endroits où ils débordaient. Les travaux de *Yu* durèrent treize ans, si bien que sa peau était noircie par le soleil et qu'il avait la peau des pieds usée ; lors de son avènement, cet empereur fit venir du bronze des neuf provinces et forgea autant de tripodes qu'il plaça à l'entrée de son palais ; ils devinrent un inestimable trésor impérial que tous les empereurs historiques rêvèrent, par la suite, de posséder.



À la mort de *Yu*, son fils *Qi* lui succéda et fonda la dynastie des *Xia*, première dynastie attestée par les sources historiques.

## 真 Le fabuleux bestiaire des Chinois

Derrière chaque animal de la création, que les Chinois divisent en quatre catégories, selon qu'ils sont à plume, à poil, à écailles ou à carapace, se cache le symbole particulier d'une caractéristique physique, morale, ou purement conceptuelle. Dans l'imaginaire chinois, ce fabuleux bestiaire joue un rôle capital, qui va bien au-delà de celui consistant à nommer les années du cycle calendaire (voir p. 27).

Dans une liste fort longue, on se bornera ici à citer, pêle-mêle et selon leurs enveloppes charnelles, le bœuf (*niu*), associé à la bonté, au calme et à la force ; le cerf (*lu*), symbole de richesse et de longévité dont les bois sont toujours utilisés dans la pharmacopée chinoise ; le cheval (*ma*) est l'emblème de sagesse, de vitesse et d'endurance ; le chien (*gou*) est le meilleur compagnon des Immortels (voir p. 51), aussi faut-il ménager sa confiance et son soutien... même s'il est un mets particulièrement recherché ; le renard (*hu*) est l'animal capable de vous jouer tous les tours, y compris celui de vivre le plus vieux ; le singe (*hou*) est associé au sage (et à la ruse) qui cache soigneusement ses apparences sous des airs ridiculement bonhommes ; le tigre (*hu*), animal roi (dont la légende prétend qu'il devient blanc à l'âge de cinq cents ans révolus...), est le symbole de la férocité et de la puissance ; la grue (*he*), qui tient toujours dans son bec le champignon d'Immortalité *lingzhi*, est l'oiseau le plus bienfaisant ; le phénix (*feng* lorsqu'il s'agit d'un mâle et *huang* lorsqu'il s'agit d'une femelle) est le chef suprême des oiseaux et le symbole de l'empereur qu'il vient féliciter lorsque celui-ci reçoit le mandat du Ciel ; le poisson (*yu*) est, par homophonie, synonyme d'abondance et de richesse ; la carpe (*liyu*), qui a pour ancêtre un guerrier vêtu de sa cuirasse, est capable de remonter le fleuve Jaune jusqu'aux Portes du Dragon et, là, de se transformer en cet animal fabuleux (voir p. 86) ; la tortue (*gui*), tantôt surnommée « messager en habit vert » ou « sombre guerrier » ou encore « soutien du monde », est l'animal bienfaiteur de l'humanité, en raison de son soutien aux Îles Immortelles (voir p. 51) et de sa fabuleuse carapace, sur laquelle les devins pouvaient lire l'avenir des hommes...



## AU CŒUR DE LA PENSÉE CHINOISE : LE *YIN* ET LE *YANG*

Le *Yin* et le *Yang* (qu'il ne faut surtout pas confondre avec le Bien et le Mal) constituent les deux principes antagonistes et complémentaires qui, pour un Chinois, caractérisent tous les êtres et toutes les choses. Tout a un contraire, qui est aussi son complément. C'est par le *Yin* (dont participent les notions d'obscurité, de froid et de passivité) et par le *Yang* (dont participent les notions de lumière, de chaleur et d'activité) que se manifeste le Tao, ce principe d'ordre qui gouverne l'univers tout entier.

Le monde dans lequel nous vivons s'inscrit donc dans un code binaire : froid/chaud ; brillant/terne ; obscur/clair ; soleil/lune ; homme/femme ; plein/vide ; mort/vivant ; haut/bas ; lourd/léger ; faible/fort, etc., lequel est déclinable presque à l'infini.

Dans la conception taoïste de l'Univers, tout procède du *Yin* ou du *Yang* : le ciel et le soleil, par exemple, sont *Yang*, alors que la terre et la lune sont *Yin*. Le *Yang* est associé à tout ce qui est masculin et le *Yin* à tout ce qui est féminin. Complémentaires, le Yin et le *Yang* sont faits pour être associés. De leur union (ou fusion) naît l'harmonie suprême qui est le but ultime recherché par tout taoïste.

### 真 Cinq Éléments

Au-delà de la bipartition de l'univers en *Yin* et en *Yang*, les Chinois ont également coutume de diviser toutes les choses en cinq parties, ou catégories :

**Le Livre des Mutations, un schéma de la transformation des choses**

Par l'examen divinatoire d'une plante appelée achillée, le *Yijing*, ou Livre des Mutations, analyse, pour chaque ligne de chacun des 64 hexagrammes, la carte symbolique des divers états de la matière.

À l'origine simple manuel de divination, le *Yijing* fut complété sous les Zhou orientaux par un Grand Commentaire (*Da Zhuan*) qui lui apporta une logique philosophique et en fit le livre emblématique de la vision taoïste du monde.

Entre le premier et le dernier des hexagrammes du *Yijing*, c'est toute l'évolution dynamique de l'univers, ainsi que le passage du principe femelle Yin au principe mâle Yang, qui apparaît, sous la forme d'une étonnante cartographie encore familière à la plupart des Chinois. Dans ce vaste schéma circulaire du monde, les mutations sont liées au temps et évoluent selon un processus dynamique que seule l'obtention d'un « juste milieu » d'une situation donnée est susceptible d'arrêter. À cet égard, le *Yijing* constitue sans nul doute la plus ancienne tentative de codification graphique de l'univers.

Au fil des siècles, d'ailleurs, le *Yijing* n'a cessé de faire l'objet de gloses et de commentaires, destinés à expliciter le mystère de sa composition.

ce sont les Cinq Phases ou Cinq Éléments, appelés aussi Cinq Agents (*Wuxing*). Ces cinq énergies naturelles ou souffles (*Qi*) résultent de l'adjonction, au IIIe siècle, de la cinquième direction (celle du centre) à la catégorisation traditionnelle associant les quatre saisons et les quatre directions à quatre animaux et à quatre couleurs (dragon bleu, printemps, est ; tigre blanc, automne, ouest ; oiseau rouge, été, sud ; tortue noire, hiver, nord). Symboliquement, ces catégories sont disposées en quinconce ; elles constituent les « diversifications du Tao » et permettent de classer les choses selon la nomenclature des Cinq Éléments qui donne le tableau suivant :

| | **Bois** | **Feu** | **Terre** | **Métal** | **Eau** |
|---|---|---|---|---|---|
| **Saisons** | Printemps | Été | | Automne | Hiver |
| **Directions** | Est | Sud | Centre | Ouest | Nord |
| **Goûts** | Aigre | Amer | Doux | Acre | Salé |
| **Odeurs** | Bouc | Brûlé | Parfumé | Fétide | Pourri |
| **Nombres** | 8 | 7 | 5 | 9 | 6 |
| **Planètes** | Jupiter | Mars | Saturne | Vénus | Mercure |
| **Météo** | Vent | Chaleur | Tonnerre | Froid | Pluie |
| **Couleurs** | Vert | Rouge | Jaune | Blanc | Noir |
| **Animaux** | Poisson | Oiseau | Homme | Mammifère | Insecte |
| **Graines** | Froment | Haricot | Millet | Chanvre | Orge |
| **Notes musicales** | jue | zhi | gong | shang | yu |
| **Viscères** | Rate | Poumons | Cœur | Foie | Rein |
| **Émotions** | Colère | Joie | Désir | Peine | Crainte |
| **Organes** | Yeux | Langue | Bouche | Nez | Oreilles |

C'est à travers cette grille de correspondances que s'effectue, pour un Chinois, la perception de la réalité universelle. On n'y reconnaît pas plus de césure entre l'esprit et la matière qu'entre ce qui vit (dieux, hommes, animaux, plantes) et ce qui ne vit pas (montagnes, rochers, eau, objets).

### La mutation du *Yin* au *Yang*

Huit trigrammes et soixante-quatre hexagrammes symbolisent la transformation (ou mutation) de toutes les choses, lorsqu'elles passent du *Yin* au *Yang*.

Pour un Chinois, toutes les choses et tous les êtres mutent en permanence du *Yin* au *Yang* en passant par des « états successifs ».

C'est environ mille ans av. J.-C. que les devins finalisèrent la représentation codifiée de ces « états successifs » de la réalité visible, qu'elle soit ou non palpable, grâce à des figures composées de deux types de trait, plein ou brisé. Lorsqu'ils sont réunis par trois, ces traits forment, selon leurs combinaisons possibles, huit trigrammes (*bagua*), et lorsque ceux-ci sont appariés deux par deux l'ensemble des combinaisons possibles pour passer d'un état à un autre forme soixante-quatre hexagrammes dont la disposition obéit à un ordre très strict.



### Le pays des rites et des codes

On comprend mieux pourquoi la Chine est le pays des rites et des codes : dès lors que l'univers tout entier obéit à un principe d'ordre aussi universel que le Tao, les rituels et les codes doivent guider la conduite des hommes, tant sur le plan individuel que collectif.

Lorsque les premiers jésuites commencèrent à étudier la Chine de façon scientifique, à la fin du XVIe siècle et au début du XVIIe siècle (voir p. 285), ils firent part de leur étonnement devant l'importance prise par ce qu'ils appelaient les « Rites », ces lois intangibles qui régissent bon nombre des aspects de la vie d'un Chinois depuis des millénaires.

L'omniprésence du rituel dans la civilisation chinoise témoigne de la volonté d'essayer, par tous les moyens possibles, de transposer dans la société les mécanismes qui permettent à la nature d'être « harmonieuse ».

### Le jade, pierre d'éternité

Il n'y a pas, en Occident, de matériau équivalent au jade pour les Chinois, qui l'utilisent depuis plus de sept mille ans.

Issu du silicate de calcium appelé aussi néphrite, le jade (*Yu* en chinois) est une pierre particulièrement dure, dont le polissage suppose persévérance et habileté. De par sa structure chimique et cristalline, il présente des coloris innombrables et comporte des dessins et des figures qui évoquent des plantes, des océans, des cieux ou des paysages et peuvent ainsi servir de prétexte à des connotations poétiques et magiques.

Considéré comme matériau d'éternité, bien plus apprécié que l'or, il fut très tôt utilisé pour tailler les armes rituelles ou les fameux disques *Bi* qui symbolisent l'univers et dont on peut imaginer qu'ils jouaient un rôle de mise en relation entre l'homme, la nature et les astres.

Dans l'univers taoïste, le jade est censé procurer l'immortalité. Aussi les alchimistes s'employaient-ils à le broyer pour leurs élixirs de longévité.

Un passage du *Livre des Rites* attribué à Confucius célèbre la comparaison entre la pierre de jade et la Vertu : *À l'image de la bonté, parce que doux au toucher ; à l'image de la prudence, parce que ses veines sont fines et compactes ; à l'image de la justice, parce que ses angles sont fermes mais ne blessent pas ; à l'image de la musique, parce qu'on en tire des sons clairs ; à l'image de la bonne foi, parce que ses qualités intrinsèques se voient de l'extérieur… à l'image de la Voie de la Vertu, parce que chacun l'estime, tel est le jade…*

# La géographie du monde chinois

## RAPIDE SURVOL D'UN TERRITOIRE IMMENSE

Avant de raconter l'histoire de la Chine, il faut appréhender sa géographie, qui présente toute la variété des climats et des reliefs possibles.



### 善 Sur le dos d'un oiseau phénix ou d'un dragon ailé

Imaginons que nous puissions monter sur le dos d'un oiseau phénix ou sur celui d'un dragon ailé (les deux animaux mythiques les plus populaires pour les Chinois) qui survolerait l'immense espace, du Tibet à la Mongolie, de l'Asie centrale à celle du Sud-Est, du désert de Gobi à la mer de Chine, c'est-à-dire de la Sibérie à l'équateur et du Pacifique au cœur du continent eurasien, là même où s'est développée la civilisation de la Chine…

Il nous faudra prendre des forces pour parcourir à tire d'aile les quelque trois mille kilomètres qui séparent à vol d'oiseau les frontières nord et sud de cet immense Empire, qui s'étend par ailleurs d'est en ouest sur plus de quatre mille kilomètres…

La Chine accaparant à elle seule une bonne partie du continent asiatique, il est normal que toutes les variétés de sols et d'espèces végétales ou animales s'y côtoient et qu'elle connaisse tous les climats, tant les latitudes y sont différentes, de la partie septentrionale de la plaine mongole jusqu'à l'extrême pointe méridionale de l'île de Hainan.

D'un coup d'aile, hissons-nous jusqu'aux sommets himalayens.

### Le plus haut massif montagneux de la planète

Au sud-ouest, ils forment ces gigantesques plissements de l'ère quaternaire au creux desquels les grands fleuves de la Chine, le fleuve Jaune, au nord, et le *Yanzi* ou fleuve Bleu, au sud, prennent leur source. Entre les glaciers du toit du monde et les plaines désertiques du désert de Gobi s'étendent des hauts plateaux qui, par degrés, descendent lentement pour se transformer d'abord en plaines fertiles à blé et à céréales (celle de la Chine centrale est aussi vaste que la France), puis en zones de steppes où l'aridité devient de plus en plus prononcée avant de s'achever dans les sables de déserts brûlants.

Pour peu que nous soyons capables de voler très vite, il nous sera possible, en quelques heures, de passer d'un extrême à l'autre, en matière de conditions climatiques.

### La grande boucle du fleuve Jaune, berceau de la civilisation chinoise

Après nous être perchés sur le sommet du mont Everest, piquons vers le nord et suivons le cours du fleuve Jaune.

Le grand fleuve du nord de la Chine fait une immense boucle en remontant vers le désert de Gobi, avant de redescendre vers le sud-est puis de repartir plein nord-est, vers le golfe de Bohai où il finit par se jeter dans la mer (en changeant souvent de lit et d'embouchure !). Il traverse alors une immense plaine de lœss, cette fine poussière orangée que les vents apportèrent d'Asie centrale après la dernière période glaciaire, environ dix mille ans av. J.-C. Dès que le lœss est arrosé, il devient l'une des terres les plus fertiles du monde, propice à la culture des céréales. C'est là qu'est née la Chine, là que les premiers Chinois se sédentarisèrent pour s'adonner à la culture du millet, ainsi qu'en atteste l'étude des deux grandes cultures néolithiques de la Chine du Nord, celle de *Yangshao*,

au nord-ouest et au centre, caractérisée par des poteries peintes en rouge et en noir, et celle de *Longshan*, sur la côte orientale, où elles sont entièrement noires.

### Le bassin du fleuve Bleu, l'autre pôle de développement culturel de la Chine

Dirigeons-nous à présent vers le sud-est.

Sous nos ailes apparaissent les méandres du fleuve Bleu qui serpente sur plus de six mille kilomètres jusqu'à la mer de Chine. Ce fleuve capricieux, dont le débit peut prendre des proportions catastrophiques traverse des régions montagneuses sculptées par la riziculture, où la mousson, déjà, se fait sentir. Ses eaux, rouges au *Sichuan*, virent au bleu-vert à partir de *Wuhan*. Depuis dix ans, la construction du barrage des Trois Gorges (*Sanxia*), gigantesque chantier digne de la Grande Muraille dont l'achèvement est prévu pour 2009, vise à prévenir des inondations qui causèrent, au fil des siècles, un très grand nombre de victimes, allant parfois jusqu'à entraîner d'un seul coup plusieurs dizaines de milliers de morts.

### La mer de Chine et ses pirates

Regardons, au loin, briller l'océan : ses eaux scintillent sous le soleil, dans l'entrelacs des promontoires, des criques, des baies majestueuses et des îlots innombrables !

Les côtes chinoises, tourmentées à l'extrême, sont prolongées par des milliers d'îles, comme si le continent avait été mordu par un grand dragon et s'était émietté dans la mer depuis le Japon jusqu'à l'Indonésie : ce sont des lieux parfaits pour la pêche, la piraterie et les trafics en tous genres.

### Froid vif et chaleur accablante

Au nord, le froid est vif l'hiver, qui dure de décembre à mars, et la chaleur accablante l'été. Le printemps et l'automne y sont les saisons les plus agréables. Si, à Pékin, la température

descend rarement au-dessous de - 10° C, en revanche, au-delà de la Grande Muraille, vers les plaines de Mongolie, il n'est pas exceptionnel que le thermomètre pulvérise les - 40° C, tandis que l'été, le mercure dépasse régulièrement les +38° C. À Turfan, l'oasis de la Route de la Soie qui s'étend dans une dépression située à 150 mètres au-dessous du niveau de la mer, on a relevé la température record de + 50 ° C en plein été. Dans la région centrale, qui va de Shanghai, sur la côte, à *Chendu*, dans le *Sichuan*, les étés sont longs, chauds et humides, et les hivers courts et froids. Le Sud, où l'hiver ne dure que de janvier à mars, reçoit les pluies de la mousson et les typhons s'abattent régulièrement sur les régions côtières. Le reste de l'année, le crachin peut succéder au soleil en quelques minutes, conditions idéales pour l'éclosion et la pousse de la flore qui compte, on s'en doute, de nombreuses variétés tropicales.



### 善 Des épineux du désert aux orchidées des forêts tropicales

À cette variété géologique et climatique correspondent d'inestimables trésors en matière de faune et de flore.

On trouve en Chine toutes les variétés de paysages, depuis les étendues désolées des mers de sable et de cailloux, où seuls arrivent à pousser quelques rares buissons épineux, jusqu'aux drôles de bosses calcaires recouvertes de végétation luxuriante qui se reflètent dans les eaux limpides et calmes du fleuve *Li Jiang* à *Guilin*, en passant par les rochers dentelés des « forêts de pierre » au *Yunnan* et les sommets tourmentés des « montagnes sacrées » qui émergent des nuages et des brumes, sur lesquelles s'accrochent, tels de courageux grimpeurs, les genévriers tortueux et les pins centenaires. Au Sud, au cœur des forêts tropicales qui couvrent les montagnes, poussent de nombreuses variétés d'orchidées aux couleurs rares et subtiles.

## Une faune fabuleuse

De multiples espèces animales sont représentées dans l'art chinois ancien, notamment sur les panses des vases de bronze de la période archaïque, témoignant notamment de la présence du rhinocéros et du crocodile, du dauphin du fleuve Bleu et de la salamandre géante.

Sur les plateaux herbeux des confins occidentaux de la Chine, regardons galoper les petits chevaux importés d'Asie centrale, où ils vivaient à l'état sauvage, par les tribus nomades ! Ils sont vifs comme l'éclair et enfourchés par les chasseurs tenant un aigle au poing, prêts à lâcher l'oiseau de proie sur un lièvre. Ici et là, immobiles et occupés à raser la plus petite touffe d'herbe, les chèvres et les moutons sont rassemblés en troupeaux immenses, gardés par de gros chiens à poil jaune, capables de tuer le loup ou l'ours, les prédateurs de la steppe, sous l'œil aiguisé des aigles sauvages et des vautours à l'affût du moindre cadavre d'animal.



Sur la Route de la Soie qui traverse à présent les déserts, des chameaux au pas lent et majestueux transportent leurs marchandises précieuses.

## Des espèces rares

Plus au nord, on arrive aux confins de la Sibérie, où, lorsque l'hiver est trop rude, le tigre blanc de la taïga, un terrible félin capable de tuer une vache en trois coups de patte, tente parfois une incursion en territoire chinois.

Piquons vers le sud, où le bambou remplace peu à peu l'azalée, le rhododendron, le magnolia et le ginkgo, l'« arbre aux écus » dont l'âge peut facilement atteindre mille ans et les vertus médicinales rendre centenaires les amateurs de décoction de ses feuilles. Nous arrivons au royaume du panda géant ; ce plantigrade, devenu l'emblème des écologistes du monde entier, vit dans les vallées intermédiaires situées entre les chaînes du *Sichuan* aux cimes dentelées et les premiers contreforts coiffés des neiges et des glaciers de l'Himalaya tibétain.

D'autres espèces rares peuplent les montagnes chinoises : le léopard des neiges, le bouquetin, la zibeline, le yak sauvage, mais il faut être à l'affût pour les apercevoir car ces animaux menacés par l'homme ne se laissent pas approcher facilement.

Dans la partie la plus méridionale du monde chinois, le climat devient carrément tropical. Nous croisons des vols de grues, de canards sauvages, d'outardes, de cygnes et de hérons, avant de nous poser sur les branches des arbres des forêts luxuriantes peuplées de singes gibbons et d'éléphants, de calaos, de perroquets et de loris.

### Chine « intérieure » et Chine « extérieure »

Un contraste frappant oppose, sur le plan de l'exploitation du sol, ce qu'on appelle la Chine « intérieure » caractérisée par une agriculture intensive, sédentaire et irriguée, et la Chine « extérieure », située au-delà de la Grande

Muraille, coupée du réseau fluvial qui fit la richesse des régions intérieures, où règne une agriculture pastorale accompagnée par quelques enclaves agricoles dans les oasis ou par une agriculture sèche tenant lieu d'appoint aux éleveurs.

### Les communications fluviales, clé de l'essor de la Chine intérieure

Les fleuves et les rivières ont toujours servi de routes de communication à la Chine « intérieure », où le Grand Canal, creusé à partir du IIIe siècle av. J.-C. par le Premier Empereur *Qin Shihuangdi*, servit de trait d'union entre le Nord et le Sud, tandis que la Route de la Soie, cet itinéraire de près de sept mille kilomètres reliant Rome à la ville capitale chinoise Chang An, jouera le même rôle pour la Chine « extérieure ». Mais dans un cas, il suffisait de se laisser porter par les courants tandis que dans l'autre, il s'agissait d'affronter les déserts les plus arides et de parcourir un véritable périple initiatique à travers l'Asie centrale, en longeant des contrées inhospitalières où il n'était pas rare de mourir de faim et de soif.

### Une Chine « intérieure » surpeuplée ; une Chine « extérieure » presque vide

Si la Chine « intérieure » et la Chine « extérieure » ont des superficies comparables, il n'en va pas de même pour leur densité de population, les zones extérieures n'ayant jamais excédé, selon les époques, 5 à 10 % de la population totale du pays.

## DIS-MOI CE QUE TU MANGES ET JE TE DIRAI QUI TU ES...

En Chine comme ailleurs, c'est la façon de subsister qui façonna le mode de vie des populations humaines.

Le peuplement le plus dense s'effectua là où les hommes s'adonnèrent les premiers à une agriculture sédentaire évoluée, qu'il s'agisse de céréales nécessitant une irrigation sommaire, telles que le blé, l'orge et le millet, au Nord, ou de l'élevage des bœufs, des moutons et des chevaux, pratiqué dès l'époque préhistorique, et bien sûr de la riziculture inondée au Sud – attestée dès le sixième millénaire av. J.-C. au *Zhejiang* – dont le développement atteignit son plein essor vers l'an mil, sous la dynastie des *Song*.

### Riz et céréales pour la Chine « intérieure »



Au nord du fleuve Bleu, riz et céréales produits avec de bons rendements permirent de nourrir les millions de bouches de la population la plus nombreuse de la planète.

Au sud, les populations se sont habituées aux conditions naturelles difficiles, abandonnant, dès l'époque protohistorique, la cueillette primitive, permise par la luxuriance et la générosité de la nature, pour une agriculture itinérante sur brûlis. Certaines particularités primitives subsistent, encore aujourd'hui, chez les nombreuses ethnies qui peuplent le sud du *Guangdong*, du *Guizhou* et du *Yunnan* : habitat sur pilotis ; élevage du buffle – véritable machine à tout faire – et du cochon noir ; préparation du poisson fermenté (*nuoc-mâm* des Vietnamiens) ; emploi du bétel ; usage du tambour de bronze destiné à faire pleuvoir et de l'orgue à bouche dont la musique séduit les esprits malfaisants.

### Viande et laitages pour la Chine « extérieure »

La zone occidentale, celle des steppes, fut occupée par des nomades éleveurs, toujours à la recherche de zones de pacage et contraints au déplacement à cause du climat et de la pauvreté des sols. Leurs conditions de vie en ont fait des guerriers éleveurs de chevaux, ne répugnant pas à s'en prendre au butin des caravanes pour améliorer leur maigre ordinaire. Les produits animaux (lait, fromage, beurre, peaux et poils, sans oublier les fientes séchées à usage de combustible) suffisent à la plupart des besoins de ces populations qui serviront d'intermédiaires entre les peuples sédentaires de la Chine et ceux de l'Asie centrale.

Assurant leur subsistance grâce à une agriculture de céréales capables de résister au froid (orge, seigle, sarrasin) à laquelle est généralement associé l'élevage des yaks, des chevaux et des moutons, les populations des zones himalayennes et de leurs confins (qui s'étendent du Qinghai au Tibet) furent toujours beaucoup moins nombreuses. Sur ces hauts plateaux balayés par les vents glacés, les maisons des cultivateurs sont reconnaissables à leurs toits de pierres plates tandis que les éleveurs se contentent de tentes noires, qu'ils démontent et remontent au gré de la transhumance.

### 善 Selon le taoïsme, la nourriture est *Yin* ou *Yang*

À l'instar de tous les autres éléments naturels, la nourriture peut être *Yin* (légumes, fruits) ou *Yang* (viandes, fritures, riz et céréales). Les recettes de cuisine taoïstes, telles qu'on peut les recueillir au monastère du Temple du Nuage Pourpre, fondé par les empereurs Ming à la frontière du *Shaanxi* et du *Hubei*, insistent toutes sur cette distinction.

À certains moments de l'existence, il importe de manger *Yin* tandis qu'à d'autres il faut, au contraire, absorber de la nourriture *Yang*. Les saveurs (âcre, salée, aigre, amère et douce) des aliments ont un lien avec leurs effets thérapeutiques. C'est ainsi que la saveur âcre, qui est la plus *Yang* (donc réchauffante), stimule la circulation du sang et bonifie le cœur, tandis que la saveur

**SE NOURRIR,**
**C'EST AUSSI NOURRIR SON *QI***

En Chine, la cuisine tient au moins autant de place que chez nous. Se nourrir, c'est aussi nourrir son *Qi*. C'est entrer en communion avec des éléments de la nature. C'est bien sûr communiquer avec les autres convives. Partager un repas est un acte social important auquel il est très mal vu de se soustraire. Toutes les grandes fêtes sont l'occasion de banqueter et rien n'est plus réconfortant que d'observer la gaieté des convives attablés dans l'un des innombrables restaurants que compte ce pays.



amère, qui est la plus *Yin* (donc refroidissante), a des effets positifs sur les rhumatismes et sur la fièvre.

La nourriture taoïste est essentiellement végétarienne et à base de soja. L'un des impératifs nécessaires pour atteindre l'Immortalité consistait à s'abstenir de toute céréale.

Lorsque le bouddhisme se répandit en Chine, les écrits se multiplièrent sur la toxicité de la viande, de l'alcool et, d'une façon générale, sur les mets épicés, piquants ou trop riches.

Les Chinois croient aux vertus analogiques de la nourriture : manger du pénis de cerf ou de chien améliore les performances sexuelles ; manger des rognons de mouton ou de porc est bon pour les reins ; manger un animal vivant (poisson, serpent, voire singe) est excellent pour la vitalité, etc.

## Les quatre écoles de cuisine chinoise

La cuisine chinoise est souvent classée en quatre écoles, correspondant chacune à une portion du territoire du pays.

**Au nord, le blé, le millet et le chou**

Au nord, le blé et le millet, préparés sous la forme de boulettes cuites à

la vapeur (*jiaozi*) ou de raviolis, constituent, avec le chou, la base de l'alimentation ; le plat de fête est le célèbre canard laqué à la pékinoise dont on déguste la peau craquante dans de fines galettes de blé, accompagnées de ciboulette et de pâte de haricot fermenté. L'influence de la cuisine mongole y est forte, notamment avec le barbecue et la fondue. Les soldats mongols faisaient cuire dans leurs boucliers en fer les animaux qu'ils chassaient à cheval et utilisaient leurs casques comme des marmites où ils faisaient bouillir la viande de mouton et les légumes.



**À l'est, la cuisson au wok**

À l'est, sur la façade maritime, l'abondance des ingrédients et des condiments produit une cuisine extrêmement variée où l'on fait volontiers cuire les aliments dans un wok. Les spécialités « aigres-douces », à base de sauce rouge sucrée, y sont également très prisées. C'est dans cette région que la cuisine végétarienne atteint des sommets d'inventivité.

**À l'ouest, le piment et le poivre**

Au *Sichuan* règne le piment rouge introduit par les marchands espagnols au début de la dynastie des Qing et qui a pour vertu de faire sécher la transpiration dans une région où les étés sont brûlants ; il est associé au poivre du *Sichuan*, à l'ail et à l'oignon. Avant d'être cuite, la viande est souvent marinée dans le vinaigre. Les poissons sont cuits au court-bouillon assaisonné d'épices.

**Au sud, riz cantonais et animaux divers**

La cuisine du Sud étant la plus répandue hors de Chine, elle est aussi la plus connue : des *dim sum* cuits à la vapeur au riz cantonais, sans oublier les rouleaux de printemps et autres pâtés impériaux, dans toutes les villes de la planète des restaurants chinois proposent ces spécialités. Par contre, hors de Chine il est très difficile de déguster les animaux dont raffolent les Cantonais : chien, chat, raton laveur, rat, lézard et même singe que les clients tiennent à commander vivant, car plus la chair est fraîche et plus grandes sont ses vertus énergétiques ou aphrodisiaques…

| 1368 | 1644 | 1912 | 1949 | 1976 | 2005 |
|---|---|---|---|---|---|
| mède *uan* | La restauration mandarinale des *Ming* | Le deuxième intermède mongol des *Qing* | La République de Chine | La Chine communiste jusqu'à la mort de *Mao* | La Chine d'aujourd'hui et de demain |

# La Chine archaïque :
## de la préhistoire jusqu'à l'instauration du Premier Empire
## 5000 av. J.-C. à 221 av. J.-C.

Dès l'âge néolithique, soit vers 8000-5000 ans av. J.-C., de nombreux témoignages archéologiques provenant de la vallée de la rivière *Wei* (actuel *Shaanxi*), mais également de Chine du Sud, attestent la présence d'une société humaine organisée, qui s'adonnait à la culture des céréales et à l'élevage d'animaux domestiques. Ces agriculteurs sédentaires ont remplacé des populations nomades qui prélevaient leur nourriture sur le milieu naturel. Ces hommes et ces femmes étaient déjà capables de fabriquer des vases de céramique destinés à la conservation des aliments et décorés pour la plupart de cordages emmêlés. Vers 5000 av. J.-C. apparaît, dans les vallées moyenne et inférieure du fleuve Bleu, la culture du riz qui constitue déjà la principale nourriture des habitants des zones méridionales.

## LE TEMPS DES PREMIERS ÉTATS ORGANISÉS

Vers le début du quatrième millénaire, les différentes cultures néolithiques (celles de *Yangshao* et de *Dawenkou*, au nord-ouest et au centre, de *Longshan*, sur la côte orientale et celle du bas *Yangzi* où les plus anciennes navettes de tissage ont été découvertes) commencent à former des sous-ensembles plus homogènes où apparaissent des techniques sophistiquées permettant de polir le jade, pierre de longévité, la cuisson à des températures de l'ordre de mille degrés de poteries aux parois plus fines et aux décors plus élaborés, ou encore l'élaboration des premiers tissus de soie et de chanvre.

De nombreux traits de la société chinoise de l'époque néolithique préfigurent déjà ceux de l'âge du bronze, tels l'usage de la scapulomancie (pratique divinatoire par combustion des ossements d'animaux), le recours aux sacrifices funéraires ainsi que l'érection de bâtiments importants, à mi-chemin entre le palais et la cité. Dans la « cité-palais », le roi vit entouré de sa Cour et de ses soldats ; elle est ceinte de hautes murailles de terre damée dont la construction nécessite le concours de dizaines de milliers d'ouvriers au statut d'esclave. Ces constructions témoignent de l'existence d'une société déjà profondément hiérarchisée et aux usages strictement codifiés.

### 美 L'art de forger le bronze et de tailler le jade

C'est à partir du troisième millénaire que les Chinois maîtrisent les techniques de la fonte et de la sculpture du bronze ainsi que de la taille du jade, en même temps que commence la période historique : celle des premières « dynasties archaïques », les *Xia* (2207-1766), les *Shang* (1766-1122) et les *Zhou* (1122-256), dont les chronologies officielles permettent de donner les noms des souverains successifs.

La nécessité pour les autorités en place d'assurer l'approvisionnement des populations grâce aux récoltes, de compter les prisonniers de guerre et les armes prises à l'ennemi, comme les animaux pour les sacrifices, ainsi que l'attestent de nombreux témoignages archéologiques, permet d'affirmer que les Chinois du début du deuxième millénaire possèdent déjà une excellente maîtrise de l'écriture et du calcul.

### Les premières dynasties archaïques : les *Xia* et les *Shang*

Selon la chronologie traditionnelle, deux dynasties se sont succédé à l'âge du bronze : celle des *Xia*, qui compta dix-huit souverains d'après le grand historiographe officiel du début du Ier siècle avant notre ère, *Sima Qian* (voir p. 134), mais dont aucune découverte archéologique n'atteste vraiment l'existence, et celle des *Shang* qui connut, selon la même source, trente rois.



Quantité d'objets de fouilles témoignent du degré de raffinement de la civilisation chinoise de cette époque : chars de combat, vases rituels en bronze, armes tranchantes, arcs et flèches, arbres de bronze représentant des esprits, masques zoomorphes et anthropomorphes, disques, récipients, parures, bijoux et statuettes de jade.

### La fière capitale du roi des *Shang*

Pour bien en prendre la mesure, rendons-nous dans l'une des capitales des rois *Shang* situées dans les provinces actuelles du *Shaanxi*, du *Shanxi* et du *Henan*.

Et commençons par la plus ancienne.

C'est sur les bords de la rivière *Wei*, à deux cent cinquante kilomètres environ de l'endroit où elle se jette dans le fleuve Jaune, que le premier roi de la Chine a établi sa cité-palais. Elle a déjà fière allure, à l'abri de ses hautes murailles de briques crues.

Le souverain règne sur son peuple depuis son palais. Ses sujets voient rarement son visage. C'est une façon de se faire craindre et respecter que d'être avare de ses apparitions publiques. À chaque nouvelle lune, le souverain accorde audience à tous ceux qui souhaitent le voir. Flanqué de son devin préféré muni d'une boussole *Pan* sur laquelle s'inscrit la carte du ciel, assis sur son trône de bois orné de têtes de dragons en bronze, il tient à la main un disque de jade, symbole du Ciel et de la Terre, dans lequel son devin astrologue est capable de lire.

### 美 Deux objets emblématiques des rois *Shang* : le disque de jade et le tripode de bronze

Ce jour-là, le souverain a l'air préoccupé. L'objet de sa préoccupation se trouve dans l'avant-cour de la salle des audiences, où deux hommes attendent d'être reçus en discutant, accroupis à même le sol, devant les braises d'un feu.

Le roi a demandé à l'un de lui sculpter un disque de jade *Bi* et à l'autre un vase en bronze tripode (à trois pieds) de type *Jia*.

De ces objets rituels, le roi possède déjà plusieurs dizaines. Mais cette fois, il en a souhaité un d'une taille exceptionnelle. Sa mère, une femme aussi belle que dure et intelligente, qui réussit à séduire son père alors qu'elle n'était qu'une esclave, lui a objecté que c'était là un caprice de sa part. Le roi s'est obstiné.

– Mère, si j'ai un *Bi* plus large que trois paumes et un *Jia* plus lourd que dix mesures de blé, mon peuple me respectera ! lui a-t-il rétorqué, quelque peu angoissé à l'idée de ne pas trouver d'artistes capables de réaliser de telles prouesses.

Aussi le roi a-t-il ordonné à son Chambellan Principal de sélectionner les meilleurs bronziers et les meilleurs tailleurs de jade du pays. Pour ce faire, le Grand Scribe a inscrit sur une stèle le désir du roi et un concours a été organisé. Chaque artisan est venu montrer au palais sa plus belle réalisation. À l'issue de la sélection, les deux hommes qui font antichambre ont été choisis.

### 美 *Wang* le tailleur de jade et *Hong* le bronzier

Le grand jour de la présentation du chef-d'œuvre est arrivé. Le souverain en a fixé la date avec l'accord de son devin.

Quelques jours plus tôt, ce dernier a fait brûler sur des braises deux carapaces ventrales de tortues puis il a inscrit les « *Jiaguwen* » (littéralement « inscriptions sur écailles et sur os) en regard des signes constitués par les craquelures dues à la chaleur. Les « *Jiaguwen* » – dont on a pu dénombrer plus de cinq mille types dont une partie forme l'écriture archaïque chinoise – sont de véritables archives qui témoignent de la confusion totale existant à cette époque entre la science divinatoire et l'exercice du pouvoir.

Le devin du roi a pu ainsi déterminer sans peine la meilleure date pour la convocation de ces deux hommes.

*Wang* le sculpteur tient dans sa main un disque de jade grand comme la roue d'un char miniature. Le jade est la pierre d'éternité. Il est très dur à tailler, mais il casse comme du verre si on le frappe de manière inconsidérée.

*Hong* le bronzier a posé devant lui un vase de bronze aux trois pieds fourchus dans lequel on boit du vin, si lourd qu'il faut être au moins deux pour le porter. Le bronze est réservé aux objets rituels, aux armes, mais aussi aux ornements de mobilier et aux parures de chars, qui sont à la fois des instruments de guerre et de parade.

Ces deux hommes, qui ont appris à transformer le jade et le bronze, les matières les plus précieuses pour les Chinois de l'ère archaïque, ont travaillé d'arrache-pied pendant trois mois pour satisfaire leur souverain.

Dès qu'ils se sont présentés à la porte de la première cour du palais royal, celle où le roi reçoit ses sujets, à chaque changement de lune, les officiers de permanence se sont extasiés.

— Un *Bi* et un *Jia* de cette taille, on n'a jamais vu ça ! C'est le roi qui va être content !

Émus et inquiets, les deux hommes sont introduits dans la salle d'audience. Ils savent que si le roi n'est pas satisfait de leur travail, c'est la mort qui les attend.

**Sous les *Shang*, les sacrifices humains sont courants**

Les fouilles archéologiques de grands sites funéraires des rois *Shang* attestent du fait que les sacrifices humains étaient, à leur époque, presque aussi courants que ceux des animaux.

Il n'était pas rare que le sang des hommes et des femmes soit versé, pour plaire au Dieux des Quatre Directions ou à celui du fleuve Jaune mais surtout à *Shangdi*, la divinité suprême, garante de l'ordre du monde et de celui des choses, celle qui protège la Cité du risque de chaos lié aux intempéries et à l'absence de nourriture ; celle qui, de ce fait, protège le roi de la colère de son peuple...



### Les fabuleux bijoux de la princesse *Fuhao*

Le roi n'ignore pas que le jade, ou *Yu*, est une pierre si dure qu'à l'instar du diamant il ne peut être travaillé qu'avec une pierre de même dureté et de même densité. C'est la raison pour laquelle la beauté de son poli, sa sonorité et sa dureté en font le symbole de la bonté, de la rectitude, de la sagesse, du courage et de la pureté...

Pour donner sa forme circulaire à un *Bi*, il faut plusieurs mois de travail acharné. Il est en effet nécessaire de meuler la pierre avec des précautions infinies pour éviter que les vibrations ne provoquent des fissures irréparables. Plus tard, vers 1300 av. J.-C., lorsque les bronziers acquerront une excellente maîtrise des alliages, certains sculpteurs parviendront à tailler le jade avec des instruments de bronze, mais deux siècles et demi plus tôt, on n'en est pas encore là. À cet égard, l'une des découvertes les plus extraordinaires est celle du tombeau de la princesse *Fuhao* à *Yinxu*, mis au jour en 1975, à l'intérieur duquel les archéologues, éblouis, ne découvrirent pas moins de 590 objets en jade et en béryl, souvent des amulettes en ronde-bosse représentant des animaux, des masques de dragons taotie, des poissons et même des figurines

humaines à la surface incisée de lignes brisées, doubles et en relief.

### 美 Sculpter le jade avec un archet

– Raconte-moi comment tu as réussi à tailler un *Bi* aussi grand... murmure le souverain.

– J'ai prié très fort le Dieu de la Terre, où cette roche a été puisée, Majesté ; puis je me suis mis au travail, sans penser à rien d'autre...

*Wang* est un homme modeste. Il omet de préciser au roi qu'il a été obligé de se transformer en ingénieur pour réussir à sculpter un disque rituel de cette taille, en concevant une machine complexe faite d'une scie à archet à cordes souples (*sougong*), qui lui a permis de décupler la vitesse de rotation de son foret, ainsi que d'une meule de pierre saupoudrée de jade effrité par un assistant et dûment actionnée aux pieds grâce à un astucieux pédalier.



– Monseigneur, je l'ai vu faire de mes propres yeux. Cet homme est obligé d'user le jade avec une meule de jade ! Surtout qu'il s'agit de jade vert, celui qui vient de l'Ouest, souligne le Grand Chambellan.

Les régions des oasis de Khotan et de Yarkand, sur la Route de la Soie, étaient en effet célèbres, depuis la plus haute Antiquité, pour leurs gisements de néphrites vertes.

– *Wang*, tu es consacré « sculpteur d'éternité » auprès de ton roi ! lance ce dernier, à la grande joie de l'intéressé, avant de se tourner vers son compère bronzier.

### 美 L'art de fondre le bronze

– Monseigneur, j'ai cru que je n'arriverais jamais à fabriquer les trois moules nécessaires à la fonte de mon *Jia* ! s'exclame à présent, avec un geste quelque peu théâtral, le bronzier, tout désireux qu'il est de se faire à son tour complimenter par le roi.

– Oui mais le résultat est bien là ! murmure le souverain, plutôt admiratif.

– Que pensez-vous de mes masques de *Taotie* ? ajoute l'artisan, en désignant les grosses figures présentant les naseaux, les cornes et les mâchoires acérées caractéristiques de ces têtes rituelles de dragons, qu'il a placées en plein milieu des quatre faces de son énorme *Jia*.

– As-tu utilisé le procédé de la cire perdue ? demande le roi.

– Non, Majesté. J'ai opté pour la solution de moules segmentés que j'ai réussi à coller grâce à des tenons et à des mortaises... Après quoi, j'ai soudé les parties entre elles avant d'en polir soigneusement la jointure !

– C'est un fait qu'on n'y voit que du feu ! Tu es un homme habile, *Hong* le bronzier. À compter de ce jour, je te nomme forgeron royal. C'est toi qui auras la charge de confectionner les vases rituels que je demanderai au Grand Chambellan d'ensevelir dans mon tombeau, lorsque j'entamerai à mon tour le grand voyage vers l'au-delà, déclare le roi.

– Majesté, je suis très honoré... souffle, tout sourire, *Hong* le bronzier.

## 美 La grande habileté des premiers ingénieurs chinois métallurgistes

Les vases rituels nécessaires au déroulement des cérémonies qui ponctuaient la vie du souverain et de son peuple commencèrent par être façonnés dans la terre cuite, par des potiers.

Vers 1600 av. J.-C., ceux-ci furent remplacés par les bronziers et, pendant plus de mille ans, l'art du bronze prend une importance déterminante au sein de la royauté chinoise archaïque, au fur et à mesure que les techniques de cuisson permettent d'atteindre des températures de près de mille degrés, ce qui favorise d'ailleurs, quelques siècles plus tard, l'apparition des premières céramiques.

Les techniques de fonte et de fabrication de ces vases rituels témoignent de la maîtrise hors du commun des bronziers chinois ainsi que de leur capacité à transmettre leur savoir-faire à leurs ateliers. C'est ainsi qu'apparaît la technique de fonte à la cire perdue, consistant à élaborer un ou plusieurs moules à partir d'une « âme » en cire recouverte de terre réfractaire dans laquelle est versé le métal en fusion. Les plus anciens vases de bronze (deuxième millénaire av. J.-C.) étaient coulés en une seule fois. À partir de 1000 av. J.-C., les vases les plus complexes peuvent faire appel à une dizaine de pièces moulées séparément puis soudées entre elles. Ensuite, ces ingénieurs métallurgistes hors pair mettent au point des procédés permettant d'éliminer les risques de formation de bulles d'air à l'intérieur des moules, grâce à leur perforation au moyen de minuscules canaux d'évacuation.

### Un vase pour chaque usage sacrificiel

On distingue de nombreux types de vases rituels, selon leur utilisation : il y a les vases contenant des liquides alcoolisés (en général de la bière de céréales) : les tripodes *Jue* et *Jia* ; la coupe *Gu* ; les vases *Hu* et *Zun* ; les récipients à aliments solides : les tripodes *Li* et *Ding* ; les plats *Xu* et *Pen* ; les récipients à eau : coupes *Pan* et *Jian* ; « carafe » *He* ou « pichet » *Guang*, toujours de forme zoomorphe. Toutes les formes des vases sacrificiels sont invariables et répondent à des critères esthétiques extrêmement précis. Seule leur taille diffère, les plus gigantesques étant réservés aux personnages les plus importants.

Plus tard, vers le VIIe siècle avant notre ère, les récipients seront incrustés d'or et d'argent, parfois même de pierres semi-précieuses, et leurs décors de plus en plus complexes et baroques réalisés au moyen de matrices préexistantes.

### Des guerriers en bronze de plus de deux mètres de haut !

Mais les artisans *Han* de Chine centrale des dynasties *Shang* et *Zhou* ne semblent pas avoir eu le monopole de l'art du bronze. On a découvert en effet, il y a une trentaine d'années, à *Shanxingdui*, dans la grande banlieue de *Chengdu* au *Sichuan*, une civilisation issue de la tribu non chinoise des *Shou* (ou

*Bashou*), qui avait été capable, vers la fin du XIII^e siècle avant notre ère, de forger des statues représentant des guerriers en bronze de plus de deux mètres de haut et aux visages impressionnants – leurs traits sont durs et anguleux ; leurs yeux sont énormes –, ainsi que d'extraordinaires arbres de bronze ornés de créatures fantastiques. Il y a toutefois fort à parier que ce furent les *Shang* qui leur transmirent ce savoir-faire exceptionnel.

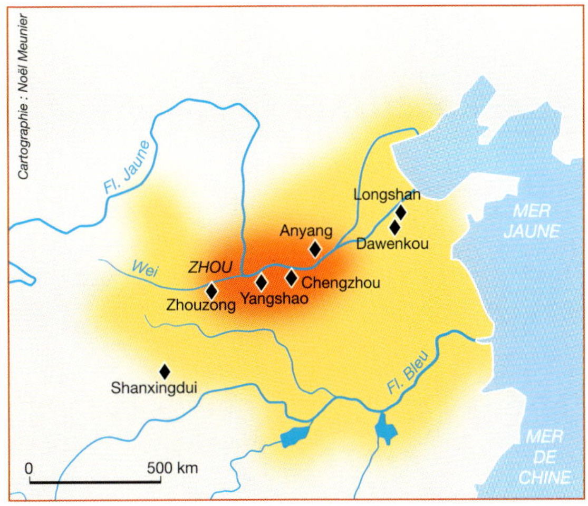


Les fosses de *Shanxingdui* renfermaient aussi (fait rarissime à cette époque, en Chine) de nombreux objets en or, parmi lesquels une canne de cérémonie, des masques décoratifs et même un lingot de près de 200 g.



## L'HISTOIRE S'ÉCRIT EN MÊME TEMPS QU'ELLE SE FAIT

Tous les faits notables qui se rapportent à un objet rituel sont consignés sur l'objet lui-même. Véritables archives, qu'ils soient en bronze ou en jade, les objets rituels importants sont couverts de témoignages écrits ; on y retrouve parfois des extraits de ce qui tenait lieu alors de code civil ou pénal.

L'histoire chinoise s'écrit donc en même temps qu'elle se fait.

Tous les souverains disposent de chroniqueurs officiels et très tôt, dès le troisième millénaire av. J.-C., les historiens archivistes se mettent à dresser la liste des souverains qui régnèrent sur le pays. Même si de telles listes, au regard notamment des exigences de l'historiographie contemporaine, restent sujettes à caution, elles constituent une mine de renseignements irremplaçable et qui explique, somme toute, que, malgré sa complexité, l'histoire de la Chine antique soit beaucoup mieux connue que celle d'autres civilisations où le souci de documentation historique était moins présent.

## LES PORTRAITS DU DRAGON, L'ANIMAL CHÉRI DE LA MYTHOLOGIE CHINOISE.

Dès la plus haute Antiquité, le Dragon fut l'un des thèmes de prédilection des potiers et des bronziers chinois. On en trouve des représentations, d'abord sur le sol, au moyen de coquillages, puis sur les parois de certains vases de la culture de *Yangshao* (Vᵉ millénaire av. J.-C. environ). Mais ce sont les sculpteurs de jade et les artisans bronziers des dynasties *Shang* et *Zhou* qui, imaginant toutes sortes de figures de Dragons (masques et corps), utilisent le plus cet inépuisable thème décoratif.

En Chine, le Dragon – avec le Phénix (dont il est le père puisque celui-ci fut engendré par le Dragon volant !) – a toujours été considéré comme la plus faste, la plus dévouée, la plus intelligente et la plus tutélaire des créatures de la planète. Des textes datant de l'époque de Confucius racontent comment, « aux temps bénis », les empereurs de l'âge d'or entretenaient des élevages de dragons qui leur permettaient de parcourir le Ciel en quelques instants... Les annales des *Xia* précisent que *Kongjia*, le 14ᵉ roi de cette dynastie, possédait une belle « dragonnerie » composée de quatre bêtes, deux mâles et deux femelles dont il avait eu l'occasion de goûter la chair délicieuse…

Le Dragon était le symbole éclatant de l'empereur, le Fils du Ciel, qui se qualifiait lui-même de « vrai Dragon » et dont la robe de cérémonie était ornée du Dragon impérial à 5 griffes qu'on retrouvait également sur toute sa vaisselle et sur tous ses meubles.

*Xu Shen*, dans son *Dictionnaire des graphies simples et composées* écrit au IIᵉ siècle après J.C., donnait une définition de cet animal fabuleux qui illustre bien le prestige dont il jouissait : « Le Dragon est capable aussi bien de disparaître dans l'invisible que d'éclater de lumière, de devenir minuscule ou gigantesque, de rapetisser ou d'allonger son corps à volonté ; au Printemps, il monte au Ciel, à l'Automne, il descend dans le Tréfonds… » Selon le Livre des Mutations (*Yijing*), le Dragon est figuré algébriquement par la « figure nonaire », celle du *Yang* parfait, qui arrive sur la ligne avant le sommet de l'hexagramme, c'est-à-dire préservée de tout risque de renversement… Aussi l'un des titres portés par le Fils du Ciel est également celui de « Quinte Nonaire ».

Le Dragon maîtrise aussi bien le tonnerre que la pluie ; c'est lui qu'on prie pour se préserver des grands cataclysmes (inondations, incendies ou tremblements de terre) ; c'est lui qui distribue la pluie et la rosée bienfaisantes sans lesquelles toute agriculture est impossible.

Comment naissent les Dragons ? À cette question, la mythologie chinoise répond de façon fort poétique : les poissons du fleuve Jaune peuvent devenir des Dragons lorsqu'ils réussissent à franchir les rapides de la « Porte de Yu » ouverte jadis par Yu le Grand au confluent dudit fleuve et de la rivière *Fen*... La difficulté est telle que le terme de « dragonifié » est devenu en Chine le synonyme des exploits extraordinaires. Aussi qualifie-t-on encore de « dragons des lettres » les candidats reçus aux difficiles concours administratifs.

Il existe plusieurs types de Dragons, selon leurs formes et leurs spécificités : *Bixi,* qui a la forme d'une tortue portant de lourdes stèles de pierre symbolise la force pure ; *Chiwe,* capable de voir très loin, orne les arêtes faîtières des toits des maisons et des pagodes ; *Pulao,* qui donne volontiers de sa grosse voix, prend souvent la forme d'un gros lézard ornant les anses des cloches ; *Bi'an,* l'intimidant ou le repoussoir des mauvais esprits, est figuré sous les anses des ponts qu'il soutient ; *Yazi* le tueur est souvent sur les lames des sabres auxquels il sert de manche ; *Jinni,* le cracheur de feu est représenté sous la forme d'un lion brûle-parfum ; *Jiaotu,* le dragon qui ne sort jamais, orne les ferrures (en colimaçon) des portes ; quant à *Taotie* le glouton, son masque à la large dentition et aux cornes enroulées reste le motif le plus utilisé par les artistes de l'âge d'or de l'art du bronze en Chine, sous les dynasties des *Shang* et des *Zhou.*

### Les sacrifices rituels des *Shang*

Sous les *Shang*, la royauté chinoise présente déjà les caractéristiques qui donneront naissance, plus de mille cinq cents ans plus tard, au Premier Empire : le mélange entre les fonctions religieuses, politiques et sociales constitutives du pouvoir suprême ; l'organisation de la société en familles, le roi étant le chef de toutes les familles dont les dirigeants sont eux-mêmes les préposés au culte des ancêtres ; la centralisation du pouvoir basée sur un quadrillage du territoire ainsi que la place très importante des sacrifices rituels (des fouilles ont révélé la présence de centaines de squelettes d'animaux sacrifiés en même temps et certains caractères archaïques servent à désigner des sacrifices réalisés en une seule fois de centaines de porcs ou de bœufs).



### Le fabuleux contenu des grandes tombes royales

Les grandes tombes royales de la fin de la dynastie des *Shang*, découvertes entre 1927 et 1936 à *Anyang*, leur dernière capitale (actuelle province du *Henan*), constituent le meilleur témoignage du caractère déjà extrêmement centralisé des institutions chinoises de cette époque. En forme de croix, elles sont orientées nord-sud et on accède à leur excavation principale par des rampes d'accès d'une vingtaine de mètres de long. Le roi défunt est entouré de serviteurs en armes ainsi que de ses chars sans oublier chevaux et auriges. Toutes sortes d'objets rituels en bronze accompagnent également le corps enseveli.

## LA PÉRIODE DES *ZHOU* (1122-256)

C'est dans le courant du XIe siècle av. J.-C. que les *Shang* laissent la place à une nouvelle dynastie, celle des *Zhou*, du nom de la ville éponyme de la province du *Shaanxi*.

## Les rois *Wen* et *Wu*

En 1122 av. J.-C., la cité de *Zhou* réussit à mettre un terme à la suprématie de la monarchie des *Shang*, plus préoccupée par l'art des sacrifices rituels que par celui de la guerre. Cette ville, sur laquelle règne un certain roi *Wen*, a été fondée par d'anciens colons *Shang* ; pour la circonstance, *Zhou* s'est alliée à des peuples barbares très aguerris aux armes et spécialistes de l'art équestre. Les armées *Zhou* disposent notamment de chars tirés par quatre chevaux.

Le roi *Wen* meurt au combat et c'est son successeur, le roi *Wu*, qui met un terme définitif à la dynastie des *Shang* – par la décapitation du dernier de ses souverains, le roi *Zhouxin* – à l'issue de la célèbre bataille de *Muye*, au nord du fleuve Jaune (1111 av. J.-C. selon la tradition). Après la victoire de ses troupes, le roi *Wu* de *Zhou* pactise avec *Wugeng*, le fils du roi des *Shang* décapité, auquel il confie la direction du royaume, avant de revenir au *Shaanxi* où il sera victime d'une épidémie. Après un bref intermède au cours duquel la révolte des barbares de la vallée de la *Huai* paraît compromettre la stabilité du nouveau régime, celui-ci parvient à établir son pouvoir en installant à la tête des cités conquises des familles issues de son clan ou lui ayant fait allégeance, ce qui va lui permettre de disposer de deux capitales : la première aux environs de l'actuelle *Xi'an* au *Shaanxi* et la seconde aux environs de l'actuelle *Luoyang* au *Henan*.

## Les *Zhou* occidentaux et les *Zhou* orientaux

L'époque des *Zhou* est généralement divisée en deux périodes : celle des *Zhou* occidentaux (jusqu'en 771 av. J.-C.) et celle des *Zhou* orientaux (de 771 à 256 av. J.-C.). À cette chronologie se superpose une division plus traditionnelle, celle de l'époque dite des Printemps et Automnes (nom donné aux annales du royaume de *Lu* au *Shandong*, qui servent de source principale aux historiens), puis celle des Royaumes Combattants (*Zhangguo*) – qui correspond à l'apparition des premières armes en fer, matériau beaucoup plus solide que le bronze. Cette dernière, au cours de laquelle les royaumes morcelés se livrent une guerre sans merci, précède l'instauration du Premier Empire.

### La pyramide féodale

Sous les *Zhou*, tout en haut du système pyramidal de la société féodale chinoise, le roi est appelé par ses sujets « Fils du Ciel » (*Tianzi*). C'est à lui seul que revient l'honneur insigne d'offrir des sacrifices au « Seigneur d'en haut » (*Shangdi*) de qui il tient son mandat.

Les fiefs (*feng*) sont la reproduction en miniature de l'organisation centralisée du pouvoir d'État ; ils sont dirigés par une famille noble dont le lignage remonte à la plus haute Antiquité ; le pouvoir du chef de clan (*gong*) se transmet par filiation au fils aîné de l'épouse principale de l'intéressé. Sous son autorité, les barons (*daifu*) et les grands officiers (*qing*), également présidents des banquets sacrificiels, sont les éléments principaux d'une hiérarchie nobiliaire qui compte déjà cinq degrés. À la base, on trouve les simples chevaliers (*shi*), dont l'une des fonctions principales consiste à conduire les chars et à diriger les soldats des armées royales. Quant aux



**Zhuangzi, le plus grand philosophe taoïste**

Zhuangzi (350 - 275 av. J.-C.) écrivit un célèbre ouvrage qui porte son nom et où il donna une définition demeurée célèbre du *Yin* et du *Yang*.

« *Le Yin poussé à l'extrême est fait de froidure et de repli, le Yang poussé à l'extrême n'est que brillance et action. Froidure et repli surgissent du Ciel. Brillance et action s'exhalent de la Terre. Lorsqu'ils s'unissent, le Grand Harmonie advient et tous les êtres en naissent.* »

paysans, ils fournissent la société en vivres et les armées en fantassins (*tu*) mais n'ont droit qu'au statut d'esclave auprès de la noblesse, dont ils cultivent les terres. À ce titre, la paysannerie constitue déjà le socle de la

## Les Cinq Textes Classiques

Dès le début de la période *Zhou*, les Chinois disposaient de textes dont la valeur est équivalente, pour leur tradition, à celle de Platon ou de la Bible, pour le monde judéo-chrétien. Ce sont les Cinq Classiques (*Wujing*).

Le premier de ces textes, qui porte le nom de *Shujing* (Livre des Histoires, ou Livre des Livres), est le fruit du travail des archivistes royaux qui collationnèrent les inscriptions à caractère juridique, rituel et divinatoire, gravées sur les vases de bronze. Les métaphores guerrières et religieuses y sont nombreuses. Plusieurs passages évoquent notamment la danse rituelle par laquelle le roi *Wu* des *Zhou* célébra sa victoire sur le dernier souverain des Shang.

Le *Shijing* (ou Livre des Odes) constitue le deuxième de ces textes. La tradition veut que ses strophes fussent chantées, lors des fêtes du Printemps, par des chœurs alternés de jeunes gens et de jeunes filles, accompagnés par des carillons de cloches et de pierres sonores, comme il en fut trouvé de superbes exemplaires dans certaines tombes récemment fouillées.

Le *Chunqiu*, troisième des Classiques, emprunte son nom, on l'a vu, à la Chronique de la Principauté de Lu. Il s'agit d'archives d'essence rituelle, annonçant ou retraçant des événements importants relatifs aux principales lignées royales et princières, dans un style très stéréotypé et presque télégraphique.

À ces trois Classiques, il faut ajouter le *Yijing (* ou Livre des Mutations, voir p. 56) et le *Zhouli* (Code Rituel des Zhou), véritable éloge des règlements administratifs et des rituels publics et privés, destinés à la mise en œuvre de la « Cité Idéale » qui préfigure le grand dessein du Premier Empereur de Chine.

### La bureaucratie céleste

C'est à l'époque de Confucius que fut consigné l'ensemble très épars des mythes relatifs à la création du monde et aux dieux.

Le résultat est une véritable « Bureaucratie Céleste ». Au sommet on trouve les empereurs mythiques sous l'égide de l'Empereur du Ciel (ou Empereur de Jade), le chef suprême de la « Bureaucratie Céleste ».

Puis viennent les « Huit ministères des Trois mondes » (celui du Ciel, celui des hommes et celui de la terre), parmi lesquels on citera les départements du Tonnerre, du Feu ou des Épidémies, eux-mêmes constitués d'une myriade de divinités ou d'êtres immortels, le plus vénéré restant *Caishen* le dieu de la Richesse, associé aux Trois Étoiles (*Sanxing*) du Bonheur, de la Réussite et de la Longévité…



société chinoise archaïque et l'ensemble de la hiérarchie sociale se confond parfaitement avec la hiérarchie cultuelle et la hiérarchie militaire.

## LA PÉRIODE DES « PRINTEMPS ET AUTOMNES » (722-481)

Pendant la période des « Printemps et automnes », nom que l'on doit aux annales de la principauté de Lu où vécut Confucius, la Chine reste un territoire morcelé en principautés antagonistes. La guerre fait rage entre les anciennes cités de la « plaine centrale » (vallée de la Wei) de la Chine, qui détiennent leur pouvoir des premiers souverains de l'époque des *Zhou*, et les cités des royaumes de la périphérie, qui refusent de faire allégeance au Centre.

Au fil des siècles, dans les provinces actuelles du *Henan*, du *Hubei*, de *l'Anhui,* du *Shandong* et du *Sichuan,* de grandes principautés appelées à devenir des royaumes autonomes émergent peu à peu, qui entrent en lutte les unes contre les autres…

Chacune a sa spécialité : au *Chu*, dans le bassin moyen du fleuve Bleu, les princes exploitent les bois de leurs forêts dont ils ont chassé les tribus indigènes ; au *Qi*, on fait commerce du sel et des poissons qu'on échange avec les métaux précieux et la soie ; au *Jin*, région de montagnes, les prairies sont propices à l'élevage des chevaux que le *Qin* achète à prix d'or et qui lui permettront, le moment venu, de rafler la mise.

## Les premières attaques des peuplades venues de la steppe

La plupart de ces royaumes ont également à faire face à un redoutable danger : celui venu de l'extérieur de la Grande Muraille, dont les premiers tronçons commencent d'ores et déjà à être construits, où des peuples de la steppe, nomades et éleveurs de bétail et de chevaux, habitués à des conditions de vie très frustres, se sont dotés d'armées équestres, capables, de ce fait, de se mouvoir rapidement. De plus en plus dévastateurs, les ravages de ces incursions de cavaliers barbares auront pour conséquence, dès le début du VIIe siècle avant notre ère, d'amener les princes de *Qi* et de *Jin* à passer entre eux des contrats d'alliance (*meng*). C'est donc sous la pression des peuples extérieurs que va commencer la très longue marche des principautés chinoises, d'abord rivales, puis alliées, et enfin regroupées autour des plus hégémoniques, qui conduira le pays à l'unification du Premier Empire, au début du IIIe siècle av. J.-C.

À partir de 597, date à laquelle le roi *Zhuang* du pays de *Chu* inflige une cruelle défaite à son homologue du pays de *Jin*, les rapports de force se substituent à l'équilibre subtil des serments d'allégeance, et la guerre devient l'issue inévitable des antagonismes.

Peu à peu s'établit une césure entre les royaumes de *Qi*, de *Qin*, de *Jin*, tous situés dans le nord du pays, et ceux du Sud, avec le *Chu*, dans le *Hunan* actuel, qui sera lui-même supplanté par les royaumes de *Wu* et de *Yu*, dont les caractéristiques religieuses et culturelles, du moins si l'on en croit les témoignages archéologiques et historiques, étaient sensiblement différentes de celles de la plaine centrale chinoise.

**Les Quatre Livres confucéens (*Sishu*)**

À côté des Cinq Classiques, les confucéens ont introduit ce qu'on appelle en Chine les Quatre Livres *(Sishu),* qui comprennent les Entretiens (*Lunyu* ou Analectes) de Confucius, le *Mengzi* (pensées de Mencius) ainsi que deux opuscules tirés du *Liji* (ou Compilation sur les Rites), la Grande Étude (*Daxue)* et le Traité du Juste Milieu (*Zhongyong*).

Ces écrits constituent la base du néo-confucianisme tel qu'il se développe en Chine à partir du début du deuxième millénaire apr. J.-C.



## Une société en mutation

Au système ritualisé qui gouvernait la société chinoise de cette époque se substitue la force des armes. La noblesse ne tient plus sa légitimité de sa capacité à assumer les sacrifices à ses ancêtres ; preuve que les rapports sociaux sont devenus plus complexes et que les couches les plus populaires de la société n'acceptent plus de se faire dicter la règle du jeu par les puissants ; la loi et les impôts, dont on trouve, à partir de cette époque, de nombreuses descriptions sur les vases de bronze, remplacent peu à peu les serments d'allégeance et les contrats d'alliance ; c'est également au VIe siècle av. J.-C. qu'apparaissent les premières formes de fiscalité agraire, au grand dam des lettrés ritualistes qui y voient une insupportable atteinte aux coutumes ancestrales.

C'est donc une société chinoise profondément bouleversée par le nouvel état des rapports sociaux qui voit peu à peu se saborder les institutions traditionnelles au profit de grandes familles princières. En 453, le territoire du pays est divisé en entités indépendantes qui ne vont pas tarder à se livrer une guerre sans merci.

### 美 La morale sociale de Confucius

Le succès de la doctrine confucéenne coïncide sans nul doute avec la volonté de certains milieux politiques, inquiets devant ce qui leur apparaissait comme une déliquescence des institutions et des rituels, de réhabiliter les normes et les rituels encore en vigueur à la fin de la période des *Zhou*. C'est ainsi que Confucius va définir « l'homme de bien » (*Junzi*), soucieux d'ordre et de juste équilibre, adepte de l'usage des mots appropriés grâce à la « rectification des noms » (*zhengming*). Cette dernière constitue la base essentielle de cette philosophie morale dans laquelle on est tenté parfois, mais à tort, de ne voir qu'un conservatisme de bon aloi.

Pour un confucéen, la vraie sagesse est le fruit d'un effort et d'un apprentissage effectués tout au long de sa vie ; elle se fonde sur le respect tant de l'ordre des hommes que de celui des choses ; elle oblige au respect d'autrui et à la réciprocité (*shu*). Le travail et l'effort sont érigés au rang de vertu. Le culte des ancêtres, dans ce qu'il implique de respect du passé mais également de considération due aux personnes âgées, est également au centre de la morale confucéenne. Le caractère rituel d'une existence convenable, à l'instar de celle de « l'homme de bien », est d'ordre immanent. Aussi, malgré ses aspects très pratiques, la doctrine confucéenne n'est pas dénuée de métaphysique. Elle continue à marquer profondément la mentalité chinoise.

## L'ÉPOQUE DES ROYAUMES COMBATTANTS (453-222 AV. J.-C.)

Avec la montée en puissance d'États souverains qui entrent en conflit ouvert, on assiste à l'apparition d'une classe administrative, différente de la noblesse de haut lignage héritière du pouvoir d'hier, au sein de laquelle se recrutent les titulaires de charges aux noms évocateurs : Scribe Officiel,

**« L'Art de la Guerre » de *Sunzi*, le Machiavel chinois**

*L'Art de la Guerre*, appelé aussi *Les 13 Articles*, l'un des textes les plus célèbres dans le domaine de la stratégie militaire, fut écrit (entre le VIe et le Ve siècle av. J.C.) par *Sunzi*, un éminent stratège issu du royaume de Qi.

Dans les treize chapitres qui composent son traité, *Sunzi* (pour lequel « une armée sans agents secrets est un homme dépourvu d'yeux et d'oreilles ») met l'accent sur la ruse et la tromperie selon lui nécessaires, plus que la force pure, aux stratèges militaires.

À l'instar de Machiavel, *Sunzi* affiche une vision dialectique de la guerre : la guerre, omniprésente, y compris en temps de paix, peut se dérouler sous des formes subtiles et presque invisibles ; la victoire appartient à celui qui se montre le plus fort sur le plan psychologique ; l'adaptation à la stratégie ennemie est la condition de la victoire.

Très largement diffusé en Occident, *L'Art de la Guerre* est devenu un classique à l'usage des stratèges contemporains.



Préposé aux Affaires Ancestrales, et autre grand maître des Ballets Rituels, auxquels il faut adjoindre une kyrielle de fonctionnaires chargés de la logistique des armées et du service des familles régnantes. Ce corps d'agents dépendant de la seule autorité politique et au service d'un État de plus en plus institué va peu à peu se substituer à l'organisation féodale traditionnelle.

### 美 ***Zichan* le bureaucrate**

À la fin du VIe siècle, *Zichan*, Premier ministre du royaume de *Zheng*, apparaît comme l'un des hommes publics les plus inventifs de son temps ; non content de faire graver sur des vases de bronze les codes pénaux en vigueur dans son royaume, il en organise la paysannerie en groupes attachés à des parcelles

dûment cadastrées, ce qui lui permet d'asseoir un système fiscal efficace ; il déploie également une intense activité diplomatique qui permet à son royaume – dont il prétend calquer l'organisation sur celles des constellations autour de l'étoile polaire – de compenser sa faiblesse militaire.

À cet égard, la période des Royaumes Combattants apparaît comme celle du début des structures administratives telles que *Qin Shihuangdi*, le Premier Empereur, les parachèvera en 221 av. J.-C. De même, le rattachement des territoires pris à l'ennemi (*xian*) au pouvoir central (et non plus à des nobles intermédiaires), puis leur regroupement en commanderies (*jun*), préfigure-t-il l'organisation territoriale centralisée de l'époque impériale.



## 美 C'est le nouvel art de la guerre qui va départager les « royaumes rivaux »

L'art de la guerre s'est profondément transformé, mobilisant de plus en plus d'énergies et de ressources, départageant les « royaumes rivaux » dont certains vont prendre l'ascendant sur les autres. Comme toujours, lorsque les institutions se délitent, la force pure supplante peu à peu la loi. Les rois et les princes ont tôt fait de comprendre que la conquête de nouveaux territoires est pour leur pays une affaire de survie et qu'entre l'expansion et la soumission il n'y a guère de place pour le statu quo.

**L'art du laque**

Même si les textes archaïques font déjà référence à la technique du laquage, les plus anciens objets en bois laqué trouvés en Chine datent de l'époque des Royaumes Combattants. La technique du laquage consistait à passer de nombreuses couches de sève d'arbre à laque (qui a les propriétés, après avoir été filtrée et portée à ébullition, d'un plastique résistant à l'humidité) sur du bois préalablement enduit d'une mixture à base de colle de poisson et de cendre d'os. Il n'était pas rare de déposer jusqu'à trente couches de laque sur un objet, qui devenait aussi dur que de l'ivoire. Puis le laque était peint, le plus souvent en noir (mélange de noir de fumée et de sulfate de fer) pour les parties extérieures et en rouge (oxyde de mercure ou cinabre) pour les parties intérieures. Mais certains objets pouvaient aussi être laqués de blanc (céruse) ou même de gris-bleu, de vert de chrome ou de jaune de cadmium… À la suite de la Chine, l'art du laquage se répandit dans tout l'Extrême-Orient puis devint très à la mode en Occident à partir de la fin du XVI^e^ siècle.

Auparavant réservée aux familles détentrices de chevaux et de chars, la guerre devient ainsi l'affaire de tous, ce qui va profondément modifier l'ensemble du système social. Une infanterie très nombreuse, dotée d'épées et d'arbalètes bien plus puissantes et précises que les arcs traditionnels, est devenue nécessaire sur le champ de bataille. La cavalerie mobile et dont les écuyers sont capables de tirer des flèches se substitue aux chars. La guerre, jusque-là d'essence noble et fondée sur une logique rituelle, tend à se banaliser. De jeunes paysans arrachés à leur famille sont enrôlés, ce qui dépouille d'autant les forces productives de la campagne, et oblige les dirigeants politiques à aller conquérir de nouveaux territoires disposant de réserves en grain pour assurer la subsistance de la population.

## Le rôle clé de la paysannerie

La paysannerie, de ce fait, joue un rôle de plus en plus essentiel, contraignant le pouvoir à affranchir les serfs dont les enfants sont devenus de valeureux soldats. C'est ainsi que naît la classe des « paysans libres » disposant d'un lopin de terre, et qui comptera très rapidement des millions d'individus.

Dès lors, l'exercice du pouvoir consistera toujours, en Chine, et ce jusqu'à la révolution de Mao, en un savant mélange d'émancipation et d'oppression de cette catégorie sociale indispensable à la survie du pays dont les dirigeants s'efforceront de cantonner le bouillonnement mais au sein de laquelle naîtront tous les mouvements populaires et toutes les révoltes plus ou moins sanglantes qui ne cesseront de traverser le pays.

## Les innovations techniques révolutionnent la vie dans les campagnes



Pendant la période des Royaumes Combattants, de nombreuses innovations techniques contribuent à l'essor économique des campagnes : assèchement des zones marécageuses, défrichement des nouvelles terres, fumage des sols et construction des premiers systèmes d'irrigation. La diffusion des charrues, des houes et des sarcloirs en fer permet de meilleurs labours et accroît les rendements des récoltes. Ces outils témoignent de l'avance des Chinois dans le domaine de la fonte, qui leur permettait d'éviter le long et fastidieux processus de la forge du métal. Grâce à leur maîtrise technique, les ferronniers chinois savent fabriquer l'acier plus de mille ans avant les Européens.

De même, le joug de garrot par lequel on attelle aux charrois les chevaux et les bœufs (dont il bloque la respiration dès que les charges sont trop lourdes) est remplacé par la bride de poitrail et le harnais à trait au début du IVe siècle avant notre ère.

La meilleure productivité des récoltes se traduit par l'apparition des marchés villageois et d'une classe de marchands de plus en plus florissante, en même temps que le pouvoir central ne tarde pas à instituer

**Comment les Chinois empêchaient l'« âme nuageuse » de sortir du corps du défunt.**

Un texte datant de 535 av. J.-C. dont le héros est un certain *Zi Chan* permet de cerner la façon dont les Chinois appréhendaient la notion d'âme humaine. Celle-ci prenait naissance dans le ventre maternel sous la forme d'« âme lunaire » (*Po*) ; à la naissance, elle aspirait sa première gorgée de souffle primordial *Qi* pour devenir une « âme nuageuse » (*Hun*) ; après la mort, sous réserve d'une conduite de vie appropriée, l'« âme nuageuse » se transformait en « clarté spirituelle ». L'âme insatisfaite de ceux qui avaient péri de mort violente demeurait sur les lieux du crime sous la forme d'un « revenant ».

L'un des rituels destinés à empêcher l'« âme nuageuse » d'errer sans but en dehors du corps du défunt consistait à appliquer sur ses orifices (bouche et anus) un bouchon de jade.



toutes sortes de taxes sur les transactions. Les grandes villes comme *Linzi*, dans le royaume de *Qi*, *Wen*, dans celui de *Wei* ou encore *Handan*, dans celui de *Zhao*, deviennent peu à peu d'importantes plaques tournantes commerciales. C'est également l'époque où la monnaie métallique fait son apparition en Chine, d'abord sous la forme de la bêche (*bu*) en usage au royaume de *Han*, du *Wei,* et du *Zhao*, puis sous la forme du couteau (*dao*) au *Qi*, au *Yan* et au *Zhao*, et même sous celle du « nez de fourmi » (*yibi*) empruntée à la forme archaïque du cauris.

### 美 L'apparition de la classe des marchands

L'économie sort ainsi peu à peu de la sphère publique où elle était jusque-là cantonnée et les activités industrielles et commerciales privées ne cessent de prendre de l'importance, favorisant l'apparition d'une classe sociale de plus en plus aisée, celle des marchands, à laquelle le pouvoir politique déniera le pouvoir de jouer le moindre rôle dans les affaires de l'État jusqu'à ce qu'un de ses plus brillants représentants, le marchand *Lübuwei*, parvienne, à force de maestria et d'habileté, à se hisser au rang de Premier ministre du roi du *Qin* quelques années avant que ce dernier ne devienne le Premier Empereur.

### 美 Une intense croissance démographique

Il n'est pas étonnant, dans ces conditions, que l'époque des Royaumes Combattants ait correspondu à une période d'intense croissance démographique du territoire chinois.

Ainsi peut-on évaluer à une vingtaine de millions le nombre des habitants dans la boucle du fleuve Jaune et la vallée de la Wei, soit près de dix fois plus que ceux qui vivaient alors dans l'actuelle Europe ! Mutatis mutandis, la Chine était déjà un pays au bord du surpeuplement...

### 美 « Sept Puissances » se combattent impitoyablement

Sept royaumes prépondérants émergent de cette transformation très profonde des rapports de pouvoir : les trois premiers sont issus du démembrement du pays de *Jin* ; il s'agit du *Han*, du *Wei* et du *Zhao* ; le quatrième, le *Qi*, riche et peuplé, a pu garder ses frontières traditionnelles ; quant au cinquième et au sixième, leur montée en puissance est plus récente : il s'agit du *Yan*, dans l'actuel *Hebei*, tout proche de la région des steppes et de leurs redoutables nomades guerriers équestres, et du *Qin*, au *Shaanxi*, berceau originel des *Zhou*, un pays plus fruste que les autres, aux mœurs guerrières ; le septième est le *Chu*, situé vers le sud, sur les berges du fleuve Bleu, une région où les influences chinoises traditionnelles (*han*) sont nettement moins importantes que dans la plaine parcourue par le fleuve Jaune.

Comme s'il s'agissait des pions d'un jeu d'échecs, c'est entre ces sept « puissances » que se nouent des alliances et se produisent des ruptures qui durent deux siècles et demi et d'où émerge tantôt le *Wei* tantôt le *Qin*, jusqu'à la victoire finale de ce dernier, sous la houlette d'un personnage qui fera date dans l'histoire de la Chine : le Premier Empereur *Qin Shihuangdi*, qui avait jusque-là régné sur le pays de *Qin* sous le nom de *Zheng*.

Grâce à lui, la Chine est enfin réunifiée.

## CONFUCIUS ET SES ENTRETIENS

Imaginons Confucius vers la fin de sa vie. Coiffé de son bonnet de feutre noir de lettré, il est assis sur un banc de pierre au milieu de disciples qui boivent ses paroles. Il lui aura fallu attendre plus de soixante ans un tel moment. Avant cela, déçu par le comportement du Prince auquel il était censé prodiguer des conseils, il a dû quitter son poste de ministre de la Justice du Pays de Lu et a erré comme une âme en peine de ville en ville, sans jamais trouver l'auditoire attentif qu'il méritait pourtant.

Natif de la principauté de Lu (*Shandong*) en 551 av. J.C., Kong Qiu, dont le nom fut latinisé en « Confucius » au XVII^e^ siècle par les pères jésuites, vécut, selon la chronologie traditionnelle, de 551 à 479 av. J.C., sans qu'il soit possible de confirmer ces dates. S'il ne réalisa pas ses ambitions politiques, c'est là qu'il élabora la doctrine qui laissa son nom à la postérité.

Maître Kong, après avoir été un fonctionnaire de rang moyen, préposé aux affaires de sécurité et de justice, dirigeait une petite école dont la réputation ne tarda pas à dépasser les frontières de sa région. Ses hagiographies lui attribuent trois mille élèves, dont soixante-seize maîtrisaient les « six arts » : les rites, la musique, le tir à l'arc, la conduite des chars, la calligraphie ainsi que les mathématiques. À la tête d'une petite assemblée de disciples, il parcourut le territoire, prodiguant des conseils, avec plus ou moins de bonheur, à des princes et des roitelets. Dès sa mort, il fait l'objet d'un véritable culte.

Les **Entretiens** de Confucius constituent l'un des textes fondamentaux de la pensée chinoise. Ils jettent les bases d'une morale sociale autant que d'une philosophie politique. Dans les vingt livres qui les composent, on considère en général les neufs premiers de la main de Confucius lui-même.

La philosophie confucéenne prend la forme d'un enseignement destiné à restaurer un ordre ancien idéal pour éviter le chaos dans lequel risquait de glisser la société chinoise à l'époque des Royaumes Combattants, ce chaos que Confucius définissait comme la perte de la Voie (Dao) – à laquelle il donne le sens de « Mandat Céleste » – qui, privant le souverain de toute légitimité, l'empêchait de gouverner correctement. La perte du

Mandat Céleste deviendra d'ailleurs la principale hantise des empereurs de Chine. Aussi l'idéal tel que le propose Confucius est-il celui de l'Homme de Bien (*Junzi*) qu'il définit par rapport à ce qu'il appelle l'homme de peu (*xiaoren*). La formation morale de l'Homme de Bien est essentielle s'il veut atteindre le Principe du Bien (*Ren*), cette vertu d'humanité suprême indispensable à l'harmonie de la société. À base de respect des rites et des textes anciens, la morale confucéenne cultive également le sens de la hiérarchie et le souci de la modération (« juste milieu ») dans le jugement et le point de vue.

En jouant sur le phonème « *zheng* », qui recouvre à la fois l'acception de « gouverner » et de « rectifier », Confucius met en avant le sens de la rectitude, nécessaire, selon lui, au souverain « vertueux », seul capable de gouverner correctement.

Les extraits suivants, traduits des **Entretiens,** permettent de mieux comprendre en quoi consiste le confucianisme.

*Chez eux, les jeunes doivent être respectueux envers leurs parents ; en société, ils doivent l'être devant leurs aînés. Ils ne doivent pas faire des promesses qu'ils ne sont pas capables de tenir. S'il leur reste du temps, ils peuvent se consacrer aux arts et à la culture.*

*Ooo*

*N'aie pas peur de ne pas être reconnu par les autres mais plutôt de ne pas les connaître.*

*Ooo*

*Celui qui s'appuie sur la Vertu pour gouverner est comparable à l'étoile polaire, cet immuable centre d'attraction de tout l'univers.*

*Ooo*

*L'Homme de Bien doit être impartial et viser l'Universel ; l'homme de peu, qui ignore l'Universel, est un homme sectaire.*

*Ooo*

*L'homme qui ne tient pas parole ne sert à rien. Pas plus qu'un char à bœufs sans joug ou une voiture dépourvue d'attelage.*

*Ooo*

*Les richesses et les honneurs sont ce que les hommes désirent le plus au monde et pourtant, mieux vaut y renoncer que de s'écarter de la Voie. Déchéance et pauvreté sont ce que les hommes craignent le plus au monde et pourtant, mieux vaut les accepter que de s'écarter de la Voie.*

# Le premier empire chinois et la dynastie des *Han* (221 av. J.-C. à 200 apr. J.-C.)

La Chine va peu à peu unifier ses structures politiques jusqu'à devenir un empire dirigé par un seul homme.

## L'IRRÉSISTIBLE ASCENSION DE *ZHENG*, ROI DU *QIN*

C'est la prise de conscience qu'une centralisation et une unification du territoire sont désormais la condition indispensable à la survie du pouvoir politique qui pousse le prince *Zheng* du *Qin*, parvenu au pouvoir en 247, après avoir soumis le *Han* en 230, le *Zhao* en 228, le *Wei* en 225, le *Chu* en 223, le *Yang* en 222 et le *Qi* en 221, à instaurer la même année le Premier Empire, mettant ainsi fin à près de six siècles de divisions et de guerres intestines.

Deux personnages jouent un rôle essentiel dans l'irrésistible ascension de ce personnage à la fois pragmatique et mystique, autant assoiffé de pouvoirs et d'honneurs que d'immortalité et de poésie : il s'agit de ses premiers ministres successifs, *Lübuwei* et *Lisi*, sur lesquels il est nécessaire de s'attarder un peu, compte tenu du caractère profondément original tant de leurs parcours que de leurs personnalités.

## 看 L'extraordinaire destin du marchand *Lübuwei*

Si on ignore la date de naissance de *Lübuwei*, que l'on appelle parfois le Mazarin chinois, les circonstances de sa mort, en 235 av. J.-C., résultat de la vindicte de son ancien protégé, *Lisi*, sont mieux connues : cet homme au destin exceptionnel qui, dans une société très rigide et codifiée, avait franchi les limites menant du statut de simple marchand à celui de premier ministre, devait sans nul doute collectionner les ennemis et a été poussé au suicide.

C'est à *Handan*, au royaume de *Zhao*, dans l'actuel *Shanxi*, où sa famille possédait un riche comptoir commercial, que *Lübuwei* fait la connaissance de l'un des vingt fils du prince héritier du *Qin*, envoyé à la cour de ce royaume pour servir d'otage. La concubine favorite du prince héritier du *Qin* s'étant révélée stérile, Lübuwei a l'idée de lui faire adopter son protégé : la belle peut ainsi se faire épouser, et le jeune homme gagner de nombreuses places dans l'ordre de succession. C'est ainsi qu'en 249 av. J.-C., le protégé de *Lübuwei*, entré désormais dans la carrière politique, accède à son tour au trône du *Qin* ; pour assurer son emprise sur le système, *Lübuwei* prend soin de fournir au jeune homme l'une de ses plus belles concubines qui lui donne un fils, dont il n'est pas exclu, par conséquent, que *Lübuwei* ait été le père naturel : le prince *Zheng*, futur roi du *Qin* et premier empereur de Chine.

L'extraordinaire parcours politique de ce personnage hors du commun qui réussit, grâce à sa ruse et à son entregent, à devenir premier ministre, alors qu'il n'était ni d'extraction noble ni originaire du *Qin*, s'explique probablement par sa qualité de marchand de chevaux, dont les armées du royaume avaient un besoin urgent ; il est vrai que l'archerie équestre constituait, à cette époque, un atout décisif pour gagner les combats, et que la pénurie de chevaux, élevés par les nomades de la steppe, pouvait pénaliser gravement un royaume.

*Lübuwei* est également l'auteur d'une anthologie de tous les grands textes anciens chinois publiée sous le nom de *Printemps et Automnes de Lübuwei* qui constitue son testament spirituel

et qu'il achèvera peu avant son départ en exil où il se suicidera, seul et abandonné, craignant de finir exécuté.

### 看 ***Lisi*, le légiste devenu politicien, grand rival de *Lübuwei***

Devenu son grand rival après avoir été son disciple, le légiste *Lisi* se situe aux antipodes de *Lübuwei*, tant sur le plan du caractère que sur celui de l'idéologie. Nommé premier ministre du roi *Zheng* du *Qin*, après avoir évincé *Lübuwei* de ce poste à force de complots et d'intrigues, *Lisi* (251-208 av. J.-C.) apparaît comme l'un des promoteurs les plus actifs de la doctrine légiste, dont le propos va consister à placer la « loi » au-dessus des rituels, faisant basculer vers une nouvelle philosophie de l'État. C'est à lui que revient notamment l'idée, soufflée à *Zheng*, de forger un véritable empire centralisé destiné à absorber la mosaïque de royaumes que le *Qin* a fini par soumettre les uns après les autres, grâce à la supériorité de ses armées.

Cette théorie de l'État et de la suprématie de la loi à laquelle chacun est invité à se soumettre, fût-ce par la contrainte, *Lisi* l'a tirée des écrits du grand philosophe *Hanfeizi* (290-234 av. J.-C.), le principal théoricien de la doctrine légiste.

## SE SOUMETTRE À LA LOI

À partir du VIII^e siècle avant notre ère, sous l'influence du légisme, le service de l'État prend une dimension philosophique jusque-là inconnue.

En Chine, l'idée selon laquelle chacun doit se soumettre à la loi, règle d'État, s'impose très tôt aux dirigeants politiques, confrontés à une pression démographique qui les oblige à mettre en place un système coercitif affirmant le primat de la collectivité sur l'individu.

Les monarchies antiques, jusque-là fondées sur un formalisme désuet, évoluent peu à peu vers une forme moins ritualisée, au rythme de la modification du rapport de force économique dont l'agriculture fait les frais au profit d'activités industrielles, au premier rang desquelles la fonte du bronze et la métallurgie qui renforcent le rôle économique de l'État.

### 看 L'État au-dessus de tous

C'est au pays de *Qi* qu'a lieu la première mise en œuvre du légisme, dès le début du VIIe siècle av. J.-C., sous l'impulsion de *Guangzhong*. Cet ancien marchand devenu premier ministre organise un système fiscal en taxant le sel et le fer (dont l'État détenait déjà le monopole) et met en œuvre la conscription militaire des paysans. Ces mécanismes sortent du champ rituel traditionnel.

Au début du IVe siècle avant notre ère, *Shang Yang*, ministre du pays de *Qin*, dont les théories juridico-politiques sont consignées dans le « Livre du Seigneur Shang », élabore un système politique qui préfigure déjà l'empire, en ce qu'il remet en cause le féodalisme, poussant le principe de la raison d'État jusqu'à y soumettre la plus haute aristocratie à laquelle, pour la première fois dans l'histoire de la Chine, sont appliquées les lois pénales en vigueur.

### 看 La philosophie légiste de *Hanfeizi* : la voie chinoise de la tyrannie

La figure emblématique du légisme reste incontestablement celle du philosophe *Hanfeizi*, qui vécut de 290 à 234. Fils d'un roi du pays de *Han*, ce philosophe, qui avait une grave difficulté d'élocution, avait suivi le même enseignement que *Lisi* au pays de *Qi*, dans le *Shandong* actuel, avant d'obtenir un poste de conseiller politique auprès du roi *Zheng* du pays de *Qin*, futur Premier Empereur, puis de se voir contraint au suicide, après avoir été marginalisé par le même *Lisi*, auquel il portait ombrage.

L'œuvre qui porte son nom, soigneusement transmise de génération en génération, du fait de sa très haute qualité littéraire, constitue

la somme de la doctrine légiste, véritable théorie de l'exercice du pouvoir qui s'appuie sur l'universalité de la loi pénale, sur les techniques de manipulation des hommes et sur la primauté des rapports de force dans l'art de gouverner. À ce titre, elle n'est pas sans rappeler la philosophie taoïste de la contradiction. La pensée utilitariste, brillante, désabusée et cynique – mais ô combien efficace ! – de *Hanfeizi*, selon laquelle les individus ne sont mus que par leur intérêt ou la crainte des châtiments, se situe à l'opposé de celle des humanistes confucéens pour lesquels il est possible de réguler les sociétés en faisant appel aux sentiments moraux des gens.



Selon la philosophie légiste, le souverain le plus efficace est celui qui vit caché et qui reste immobile ; qui n'a pas à agir et encore moins à s'agiter, car la voie (*dao*) qu'il emprunte, strictement balisée, le place d'emblée au centre du pouvoir, à l'endroit où l'immobilité commande tous les actes de gouvernement.

## LE PREMIER EMPEREUR DE CHINE : UN NAPOLÉON AVANT L'HEURE

Imaginons-nous passe-murailles en 221 av. J.-C. et allons nous promener dans les palais et les jardins de *Chang An*, la fière capitale du royaume de *Qin*, devenue, quelques jours plus tôt, le centre de l'empire de Chine.

*Qin Shihuangdi* y a été intronisé Fils du Ciel au cours d'une cérémonie qui a duré dix jours et dix nuits, pendant laquelle il a reçu, dans le *Mingtang*, le palais dont le plan centré symbolise l'univers, le mandat céleste.

L'empereur de Chine, revêtu de la robe de soie jaune, brodée du Phénix, en l'honneur de l'oiseau fabuleux qui rendit visite à son illustre aïeul le mythique Empereur Jaune *Huangdi*, tenant à la main le « *ruyi* » de jade blanc, ce bizarre instrument de commandement dont la forme serait empruntée au champignon d'immortalité « *Linzhi* », a sagement attendu, seul, le temps nécessaire pour recevoir le Mandat Céleste qui a fait de lui le dépositaire suprême du pouvoir de ses ancêtres ainsi que des rois des pays dont il a achevé la conquête.

Pendant plusieurs jours et plusieurs nuits, tout en savourant son triomphe, il a pu faire le point sur les extraordinaires circonstances qui l'ont amené à devenir l'unique souverain d'un territoire de plusieurs milliers de kilomètres, puisqu'il s'étend déjà du désert de Gobi jusqu'à la mer de Chine.

Il avait à peine douze ans, lorsqu'il est monté, à la mort de son père, sur le trône du *Qin*, grâce à l'entregent du richissime marchand et Premier ministre *Lübuwei*, dont on est quasiment sûr qu'il est le fils naturel. Ses conquêtes militaires et la poigne de fer de *Lisi* lui ont fait accomplir l'impensable : soumettre les autres Royaumes Combattants aux exigences du souverain du *Qin*.



## 看 Partout des inscriptions à sa gloire

Afin que nul n'ignore son œuvre terrestre, *Shihuangdi* commence par faire placer aux quatre coins de son immense royaume une série d'inscriptions à sa gloire, sur les montagnes célestes les plus emblématiques, celle de *Yi*, celle de *Tai*, celle de *Langya*, celle *Guiji* et celle de *Zhifu* : sur ces plaques de pierre, il est question de « sa martiale justice, équitable et efficace », de « la voie du gouvernement, appelée à dispenser ses bienfaits au peuple », du « Sage qui gouverne... dont les mesures sont justes et équitables », ou encore de « l'Infatigable Empereur », ce « sauveur du peuple aux cheveux noirs », celui « qui fait abattre les remparts », « qui ouvre les voies d'eau et érige les digues », celui, enfin, « qui est capable d'aplanir les montagnes »...

## 看 *Qin Shihuangdi*, despote éclairé et implacable

Le souci de mise en scène et de théâtralisation de son propre pouvoir guide la façon dont ce despote éclairé mais implacable, qui n'hésite pas à faire déporter des centaines de milliers de prisonniers de guerre pour travailler sur ses chantiers pharaoniques ou pour les enrôler de force dans ses armées, dirige son pays.

C'est lui qui fait construire la Grande Muraille, laquelle n'est encore, à cette époque, qu'une série de tronçons de murs en terre plus ou moins reliés les uns aux autres, pour protéger le territoire chinois des incursions des populations *Xiongnu* (huns) venues de la steppe, que leur agrégation rendait de plus en plus dangereuses.

Cette sanctuarisation du territoire est à double sens : la Chine se protège de l'extérieur, tout en s'interdisant d'aller conquérir les territoires situés « de l'autre côté ». Mais quand on est déjà au « centre du monde », quel besoin aurait-on d'en sortir ?

### 看 L'aménagement du territoire, une œuvre titanesque due au Premier Empereur

*Qin Shihuangdi* est à l'origine de la politique de l'aménagement du territoire chinois, une œuvre titanesque tant par le nombre des ouvriers requis que par celui des ouvrages construits. Il fait creuser des canaux pour en faire un réseau de voies navigables ; il met en place un maillage de routes qui relient toutes les villes entre elles. Cette action d'aménageur qui façonne le territoire n'est que le corollaire du travail d'unification de l'empire auquel il se livre parallèlement, qu'il s'agisse de l'écriture, de la monnaie, des poids et des mesures, de l'écartement de roues des chars, de la décision de déplacer de force les populations vers les zones moins peuplées, ou encore de la division du territoire de l'empire en trente-six commanderies (préfectures) organisées sur le même modèle et qui dépendent d'un préfet, d'un gouverneur militaire et d'un surintendant aux finances et au ravitaillement. De cette époque datent les bases de l'administration impériale chinoise

dont les structures traverseront les siècles jusqu'à l'instauration de la République en 1911.

## 看 Le grand autodafé des livres

En l'an 213, la décision spectaculaire prise par l'empereur de faire brûler tous les livres – suivie de l'asservissement de la classe des lettrés, suspectée de regretter l'ordre ancien du féodalisme nobiliaire – témoigne de la volonté de ce despote d'instaurer un nouvel ordre intellectuel qui n'hésite pas à faire table rase du passé, même si, par certains côtés, il s'en sera toujours réclamé.



Cet anéantissement de l'écrit, joint à la modification et à l'unification du système d'écriture, amoindrit profondément la connaissance des textes anciens qui seront transmis à la postérité sous une forme altérée, tandis que les mesures administratives édictées par le Premier Empereur demeureront au contraire pratiquement inchangées au cours des deux mille ans suivants.

Aussi le règne de *Qin Shihuangdi* marque-t-il, dans l'histoire chinoise, une très importante césure qui explique le jugement souvent ambigu porté par les historiens chinois sur ce personnage hors du commun, à la fois modèle et repoussoir.

## 看 Un souverain obsédé par l'immortalité...

Toute sa vie, le Premier Empereur a été obsédé par l'immortalité qu'il cherche à atteindre en se procurant des recettes de « longue vie » auprès de mages taoïstes ou de chamans dont les pratiques sont aux antipodes des siennes, en organisant rituellement sa vie selon les saisons et en passant de longs moments de ses journées sur des promontoires censés le mettre en rapport avec des génies bienfaiteurs. Peu avant sa mort, il n'hésite pas à commanditer des expéditions maritimes destinées à retrouver les Îles Immortelles

sur la mer de Chine, dans le secret espoir de pouvoir s'y rendre à son tour et là, de vivre, selon l'expression chinoise consacrée, « dix mille ans de plus ».

### 看 ... au pouvoir plus fragile qu'il n'y paraît

Ce souverain hors du commun menait une existence tellement secrète, dans les palais impériaux reliés entre eux par des galeries souterraines qui lui permettaient de passer d'un endroit à un autre sans se faire remarquer, que ses sujets mettent plusieurs semaines avant d'apprendre sa mort.

Ce délai est censé permettre à *Lisi* et à l'eunuque *Zhao Gao* d'organiser la succession impériale et d'installer en lieu et place du fils aîné de l'empereur défunt son second fils, dont ils comptent faire leur créature. Mais l'éphémère régime des Qin, fragilisé par les méthodes despotiques de son fondateur et l'exercice par trop solitaire de son pouvoir, s'effondre comme un château de cartes, au bout d'à peine deux ans.



La guerre civile qui fait rage entre les ethnies enrôlées de force dans les armées et celles demeurées loyales à l'État ne s'arrête qu'en 206, lorsque est fondée la dynastie des *Han*.

## AVEC LA DYNASTIE DES *HAN* (206 AV. J.-C.- 220 APR. J.-C.), L'EMPIRE CHINOIS S'INSTALLE DANS LA DURÉE

Avec les *Han*, la Chine renoue avec une organisation politique impériale centralisée, les souverains successifs prenant pour modèle le Premier Empereur et n'ayant de cesse de redonner au pays sa grandeur passée.

## 看 Les *Han* antérieurs (206 av. J.-C.- 9 apr. J.-C.)

C'est un ancien obscur agent de l'administration des *Qin*, *Liu Bang*, qui finit par se hisser lui-même sur le trône de l'empereur en 202 à *Chang An* (actuelle *Xi'an*), après avoir franchi, en 207, les monts *Qingling* avec ses troupes et défait les armées du *Qin* dans la vallée de la *Wei*, puis éliminé son ancien associé devenu rival, *Xiang Yu*, lequel avait fait pourtant de ce roturier un prince de *Han*.

## 看 La perpétuation du légisme va permettre à l'empire de se renforcer

L'empire légiste va se perpétuer sous les *Han*, puisque l'organisation administrative mise en place par *Liu Bang* se calque sur celle de son prédécesseur, le Premier Empereur, même si elle s'accompagne d'un certain allègement des lois pénales (en 167 l'amputation des pieds est supprimée) au profit d'un système plus utilitaire car basé sur les travaux forcés. Tout le système social est fondé sur les peines (condamnations judiciaires, expropriations et taxations diverses) et les récompenses (octroi de grades et de prébendes, promotions administratives) ; périodiquement, de grandes amnisties effacent les dettes et les peines, au cours de cérémonies où l'administration, pour s'attacher indéfectiblement les villageois concernés, leur fait don d'alcool et de bœufs destinés aux sacrifices pour les banquets annuels en l'honneur du Dieu du Sol.

## 看 Des grands travaux

Les premiers *Han* poursuivent la politique de grands travaux publics, telle que l'avaient si brillamment lancée les Qin. 150 000 personnes au moins sont ainsi affectées de force, de 192 à 185, à la construction de la capitale *Chang An*, dont le palais impérial – une véritable ville dans la ville – constitue le centre et qui devient rapidement la plus importante ville chinoise. Un axe routier ouvert aux environs de 170 la relie à *Chengdu*, la grande ville du *Sichuan*,

## L'extraordinaire tombeau de l'empereur *Qin Shihuangdi*

La découverte en 1974 de milliers de soldats et de chevaux en terre cuite dans trois des quatre fosses adjacentes au mausolée du Premier Empereur, à une soixantaine de kilomètres de l'actuelle *X'ian*, a émerveillé le monde entier. *Qin Shihuangdi* avait conçu son tombeau comme une ville idéale, avec sa cité interdite – la tombe impériale proprement dite, que personne n'a encore osé ouvrir –, et ses quartiers périphériques.

Chaque statue paraît avoir été façonnée individuellement, ce qui a fait dire à certains archéologues que les têtes des soldats étaient des portraits de modèles ayant réellement existé ; les hommes, dont les costumes et les chignons témoignaient du grade dans l'armée, ainsi que les animaux, étaient peints de couleurs vives faisant ressortir le caractère réaliste de leur représentation.

Le tombeau proprement dit a été décrit par *Sima Qian* (145-87 av. J.-C.), le grand historien des *Han*, qui y voyait l'une des merveilles du monde, où tant de trésors avaient été entassés que ses entrées étaient dotées d'arbalètes à déclenchement automatique contre d'éventuels pillards. L'empereur avait souhaité que sa dernière demeure constitue la représentation la plus fidèle de l'univers : sous une voûte figurant un ciel étoilé, une gigantesque maquette du monde avait été mise en place avec ses montagnes, ses fleuves (pour lesquels l'architecte aurait eu recours à du mercure), ses plaines et ses lacs.

La tradition qui consistait à enterrer vivants les concubines et leses serviteurs du souverain semble avoir été abandonnée par le Premier Empereur qui se contenta – si l'on ose dire – de répliques en terre.

Il reste à fouiller le tumulus principal de *Qin Shihuangdi*, une décision qui n'a toujours pas été prise, pour de mystérieuses raisons, par les autorités chinoises. Peut-être craignent-elles les foudres du Premier Empereur, qui risquerait de le considérer comme une insupportable atteinte à sa mémoire ?

à partir de laquelle une autre voie terrestre est ouverte, une cinquantaine d'années plus tard, permettant de rejoindre les riches zones rizicoles du *Guangdong*.

Partout où il s'installe, le pouvoir *Han* s'attache à briser les féodalités en plaçant à la tête des circonscriptions administratives des hommes à lui, issus de l'administration d'État, dont la promotion dépend de leur conduite militaire et professionnelle.

### 看 Transferts massifs de populations

Les transferts massifs de populations, tout en visant à faire diminuer la pression démographique du centre géographique de l'empire (vallées de la *Wei* et du fleuve Jaune), permettent la mise en valeur des terres arides du Nord et le soutien logistique des armées chargées de repousser les incursions des peuples de la steppe, attirés par la richesse relative de la société *Han* comparée à la leur. Inversement, les populations des zones très peuplées du bassin du *Yangzi* ou de la presqu'île du *Shandong* sont forcées à rejoindre la région de la capitale. C'est notamment le cas en 198 av. J.-C., où plus de cent mille personnes issues du pays de *Qi* sont transférées de force à *Xi'an*.

De tels mouvements, dont on imagine aisément, à cause de leur ampleur – plus de deux millions de personnes seront ainsi déplacées ! – les conséquences culturelles et sociales, transforment durablement la situation démographique de la Chine du Nord-Ouest.

### 看 Les *Han* conquérants

Désireux d'affirmer leur puissance, les *Han* élargissent leur territoire. La Chine, qui s'était jusque-là essentiellement concentrée autour des bassins de ses deux grands fleuves, étend peu à peu son emprise au reste de l'Asie. C'est pour elle une affaire de survie car l'histoire lui a montré que les forces de la steppe sont promptes à percer la Grande Muraille et à pénétrer dans les campagnes chinoises, en pillant tout sur leur passage...

Les circuits d'échanges économiques et monétaires s'établissent, entre des régions qui n'entretenaient auparavant aucun rapport, structurant l'espace géographique et mettant en relation des zones culturelles jusque-là totalement étrangères les unes aux autres.

De cette époque date l'extension de l'influence chinoise à l'ensemble de l'Asie. On retrouve des laques du *Sichuan* dans des tombes coréennes, des soieries chinoises en Asie centrale, des vases *Han* au Vietnam et des miroirs de bronze – une spécialité typiquement chinoise – jusqu'en Russie méridionale actuelle.

## DES EMPEREURS GUERRIERS

L'extension de l'influence chinoise va de pair avec le déploiement d'armées considérables où sont enrôlées de force les différentes ethnies dont les territoires ont été conquis. C'est ainsi qu'au Nord et à l'Ouest des cavaliers nomades viennent prêter main-forte aux soldats chinois, tandis qu'au Sud, ce sont des fantassins montagnards, particulièrement mobiles et aguerris au combat en terrain accidenté, qui renforcent l'efficacité des armées *Han*.



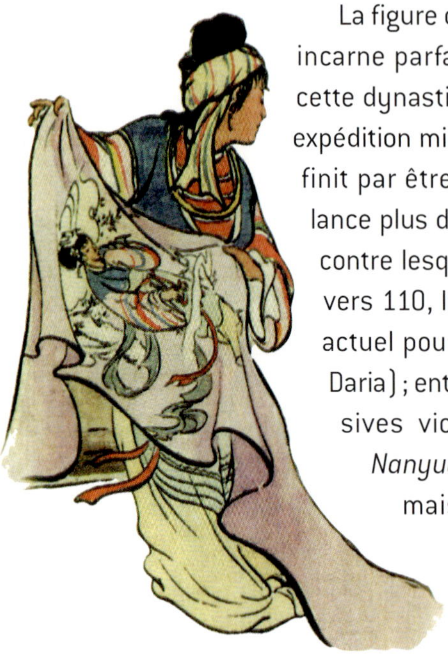

La figure de l'empereur *Wu* des *Han* (*Han Wudi*) (voir p. 120) incarne parfaitement la politique de conquêtes militaires de cette dynastie de guerriers et d'administrateurs : en 138, une expédition militaire réduit le royaume non chinois du Fujian qui finit par être annexé en 110 ; en 133, cet empereur guerrier lance plus de 300 000 soldats à l'assaut des *Xiongnu* (Huns) contre lesquels une victoire décisive est remportée en 119 ; vers 110, les armées chinoises pénètrent dans le *Xinjiang* actuel pour occuper le Ferghana (bassin supérieur du Syr-Daria) ; entre 120 et 105, le même empereur mène des offensives victorieuses contre le royaume indépendant de *Nanyue* (*Guangdong*, *Guangxi* et Nord-Vietnam actuels) mais également vers le nord, par terre et par mer contre la Corée dont les parties septentrionale et centrale sont colonisées.

## 看 Une organisation militaire poussée à l'extrême

L'organisation des armées *Han* sur le *limes* du nord est bien connue grâce à plusieurs milliers de planchettes et de lattes de bambou, concernant deux siècles (de 100 av. J.-C. à 100 apr. J.-C.) de rapports d'activités militaires, découvertes à *Dunhuang*, au *Gansu*, et à *Juyan*, en Mongolie-Extérieure. Poussée à l'extrême, cette organisation voit coexister deux types de soldats : ceux qui sont chargés de surveiller les greniers et les canaux d'irrigation, et ceux qui, aux avant-postes, ont pour tâche de repousser les éventuelles attaques ennemies. Tous les postes de guet sont en relation les uns avec les autres, grâce à des fanions rouges et bleus ou à des feux. Codifiées puis enregistrées par écrit, les informations circulent rapidement et permettent au commandement de prendre les bonnes décisions en temps utile.



Très vite pourtant, le pouvoir impose aux armées des procédures « kafkaïennes », suscitant d'imposantes archives dont certaines ont traversé les siècles et donnent aux historiens une idée extrêmement précise des us et procédures en vigueur dans les armées du Nord. Le souci du détail, qui confine, dans certains cas, à la manie, permet notamment de connaître à l'unité près le nombre des chevaux et des bœufs qui franchissent les frontières et même la taille supposée des ennemis potentiels venus de la steppe dont on mesure les empreintes laissées sur les bandes de terre soigneusement ratissées par la soldatesque ! Il est vrai que le corps expéditionnaire chinois compta jusqu'à 100 000 soldats...

## 看 La conquête de la Mongolie et de l'Asie centrale

À partir de 135 av. J.-C., les *Han* décident de mettre un terme au retrait de leurs armées, imposé par les cuisantes défaites que les peuplades venues de

l'Ordos et de la Mongolie leur avaient infligées en 201-200 av. J.-C. Cette piteuse retraite, pudiquement qualifiée de politique « d'amitié et de paix » (*hexing*), n'a jamais été vraiment admise par les empereurs de Chine. En 139, le général *Zhang Qian*, l'un des plus zélés partisans de la revanche et de la reconquête militaire des territoires récupérés par les *Xiongnu*, part pour l'Asie centrale prendre contact avec le peuple des *Yuezhi*, leur ennemi héréditaire, afin de les convaincre de prêter main-forte aux armées impériales. Après un séjour de dix ans en prison, il réussit à s'évader et gagne la Bactriane où les *Yuezhi* sont installés. Revenu en 126 à *Chang An*, où il fait un rapport circonstancié de sa mission à l'empereur *Wudi* (141-87), il repart vers les oasis de l'Asie centrale en 115, cette fois en passant par le sud du lac Balkhach, région célèbre pour les chevaux élevés par les *Wusun*, persuadé que cette région est le meilleur débouché naturel pour les produits précieux venus de Chine.



### 看 *Han Wudi*, la guerre avant la paix

C'est en 141 av. J.-C., à la suite d'intrigues au palais impérial menées du temps de son père (qui avait eu quatorze fils), que *Liu Che* (né vers – 156 et qui n'était pas l'aîné) monte sur le trône en adoptant le nom de *Han Wudi*. Pris en main, dès son accession au trône, par le clan des confucéens menés par le grand philosophe *Dong Zhongshu*, le jeune empereur réussit peu à peu à se débarrasser de cette encombrante tutelle et procède rapidement à l'élimination de ses deux rivaux potentiels : les marquis *Dou Ying* et *Tian Fan*.

À partir de 135 av. J.-C., conscient de l'importance stratégique du rapport de force avec les peuples de la steppe qualifiés de « fieffés barbares », *Wudi* renforce ses effectifs militaires. Il met fin au système du *Heqin,* dont les partisans portaient une ceinture pendante rouge vif et qui consistait à favoriser les mariages entre les princesses d'origine *han* et *xiongnu* afin de procéder à l'acculturation de ces derniers. Il confie le commandement des armées au « général volant » *Li Guang*, un expert de la chasse au tigre au tir à l'arc, qu'il place à la tête de plus de 30 000 cavaliers. En 129 av. J.-C., ce dernier est fait prisonnier par les *xiongnu* et rétrogradé.

En faisant appel aux généraux *Wei Qing* (son demi-frère) et *Huo Qubing* (fils de la sœur aînée du précédent), *Wudi* réussit à rétablir la confiance au sein des armées chinoises. Les campagnes menées de 124 à 119 av. J.-C. contre les « barbares de la steppe » s'avèrent concluantes et valent aux deux généraux en chef l'octroi du titre de « maréchal d'Empire » (*dasima*).

### 看 Un « souverain éclairé » avant l'heure

La paix venue, *Han Wudi* met en place les structures économiques destinées à permettre à l'État d'assurer pour l'avenir le financement de son administration civile et de ses moyens de défense : il restaure le monopole de la frappe de monnaie ; il organise des haras nationaux pour sécuriser l'approvisionnement de ses armées en chevaux ; il institue (-119) une taxe sur les artisans et sur les commerçants ; il crée un monopole d'État pour la production de fer et de sel, puis sur celle des alcools (déjà !). Certaines mesures prises par *Han Wudi*, comme l'ouverture des concours de fonctionnaires aux jeunes



**Les rentrées fiscales dues au fer et au sel**

En -119, l'institution par l'empereur Han Wudi d'un monopole d'État pour le commerce du sel (marin ou minier) et du fer provoqua un afflux considérable de rentrées fiscales qui eut pour conséquence d'accroître de manière très sensible la richesse de l'Empire chinois. De cette époque datent également les offensives décisives vers la Mongolie et le Gansu actuels, qui s'accompagnèrent de la création de commanderies permettant au pouvoir central de disposer de relais dans ces contrées éloignées de la capitale.

gens issus de milieux pauvres, paraissent singulièrement progressistes. Connu pour détester la servilité des collaborateurs, l'empereur s'entoure de hauts fonctionnaires au caractère bien trempé (*Ji An*, le grand messager impérial, *Gongsun Hong*, le grand conseiller impérial, *Zhu Fuyuan*, le redoutable grand inquisiteur de l'empire). Adepte du maniement de la carotte et du bâton, *Wudi* n'hésite pas à sanctionner (-112) une centaine de marquis qui répugnent à verser l'énorme tribut dont ils sont redevables à l'empire. Ému par la corruption endémique des fonctionnaires, il leur envoie non seulement des enquêteurs, mais aussi des espions pour leur tendre des pièges. Tout manquement à l'éthique confucéenne est impitoyablement châtié. Entre 114 et 112 av. J.-C., il multiplie les voyages (ses tournées d'inspection sont demeurées célèbres et serviront d'exemple à nombre de ses successeurs).



À la fin de sa vie, l'empereur *Han Wudi* paraît plus préoccupé par l'immortalité et les mauvais sorts que par les affaires du pays, au point qu'il en vient à soupçonner une partie de son entourage de s'adonner à la sorcellerie.

Son long règne marque également l'ouverture de la Chine à l'Asie centrale.

## 看 Les offensives des armées chinoises vers le sud

Les territoires du Sud font également partie des cibles des stratèges de l'empereur de Chine. Dès 109 av. J.-C., les armées impériales pénètrent dans les territoires situés au sud du *Yangzi* et réduisent le puissant royaume de *Dian*, spécialisé dans le grand élevage et l'agriculture intensive, dont l'existence fut révélée par la découverte, en 1956, dans la région de *Kunming* au *Yunnan*, de récipients en bronze particulièrement sophistiqués.

En -86, la région correspondant à l'actuelle frontière entre la Chine et le Vietnam est également sous contrôle.

### Magiciens et devins

À partir de l'époque des Royaumes Combattants, l'histoire de Chine abonde en épisodes dont les *Fangshi*, magiciens devins taoïstes en marge de la société, sont les héros. Ils étaient consultés à la moindre occasion par les souverains chinois qui plaçaient la divination au centre de leur pratique gouvernementale.

Comptables de tout (y compris de la pluie et du beau temps !) devant leur peuple, les empereurs ne se privaient pas de faire appel aux astrologues et aux géomanciens pour leur servir de guides. C'est ainsi qu'on vit apparaître, dans les entourages immédiats des souverains, toutes sortes de « gourous » et de devins dotés de pouvoirs surnaturels. Selon le *Shiji* de *Sima Qian*, *Qin Shihuangdi*, le Premier Empereur, vivait entouré de *Fangshi* « qui possédaient le secret de la dissolution et de la transformation des corps » et envoya plusieurs d'entre eux en expédition dans les Îles Immortelles *Penglai* afin qu'ils en rapportent la drogue de l'Immortalité. Si l'on en croit l'historien *Fan Ye* (398-445), auteur d'une célèbre *Biographies des Magiciens*, il en allait de même pour *Han Wudi* (voir p. 120) qui ne buvait et ne mangeait que les mets préparés par son mage diététicien *Lixiao Jun*. La fin du long règne de cet empereur fut d'ailleurs ternie par une sombre affaire de sorcellerie.



La pénétration de la civilisation *Han* en pays tropical marque le début d'une épopée qui s'étend sur plusieurs siècles et se traduit par un glissement progressif de la civilisation chinoise vers des zones où, jusque-là, elle était complètement absente. La présence d'objets en ambre, en agate et en cornaline dans certaines sépultures de la région de Canton et de *Changsha* (*Hunan*) témoigne d'échanges maritimes avec les civilisations de la péninsule indochinoise mais également avec l'Inde.

# L'avènement des Han postérieurs – ou orientaux (25-220 apr. J.-C.)

Entre la chute des premiers *Han* (dits aussi *Han* antérieurs ou occidentaux) qui intervient à la mort de l'empereur *Ping*, et leur remplacement par les *Han* postérieurs, la confusion s'installe dès la fin du très long règne de l'empereur *Wudi* (141-87 av. J.-C.). Le général *Huo Guang*, héritier spirituel de l'empereur qui lui avait confié ses dernières volontés, refuse de transmettre le pouvoir, dont il s'empare officiellement en 80 av. J.-C. et qu'il garde jusqu'à sa mort, en 68 av. J.-C.

## 看 *Wang Mang* l'usurpateur

En 66 av. J.-C., un gigantesque procès posthume de *Huo Guang* aboutit à l'extermination de toute sa famille.



### Sous les *Han*, on aimait beaucoup les spectacles de cirque

Les nombreuses statuettes en terre cuite réalisées sous les *Han* représentant des acrobates ou des jongleurs laissent à penser que, sous les *Han*, le cirque était un spectacle très apprécié. Deux auteurs de l'époque des *Han* orientaux, *Zhang Heng* et *Li Yu* parlent d'acrobates d'une force colossale qui levaient de lourds chaudrons « comme s'ils étaient en plumes », de gymnastes capables de sauter dans des cerceaux et de marcher sur les mains, d'avaleurs de sabres, d'escamoteurs et de cracheurs de feu. Le cirque, qui était autant un spectacle de rue que de cour, semble même avoir provoqué certains excès au point qu'en 341 apr. J.-C., sous les *Jin* orientaux, l'empereur *Chengdi* fit publier l'interdiction de marcher sur les mains, de se casser le dos pour entrer dans un cylindre et de pratiquer des « tours horribles » tel celui consistant à écorcher son prochain en lui « ôtant la peau comme un vêtement »... autant de pratiques « nuisibles à l'harmonie sociale », selon ce souverain.

C'est alors que la puissante famille de l'une des épouses de *Wudi* réussit à placer l'un des siens, *Wang Mang*, sur le trône du pouvoir suprême.

L'usurpateur va régner de - 9 à 25, après avoir fondé l'éphémère « Dynastie nouvelle » (*Xin*). Son premier geste consiste à partiellement nationaliser les terres, pour permettre à la paysannerie appauvrie par l'extrême concentration de la propriété aux mains de quelques familles richissimes de retrouver les bases d'une subsistance minimale. Il transfère également à l'État des centaines de milliers d'esclaves, issus des butins de guerre, qui appartenaient jusque-là aux familles nobles. Tous les titres officiels sont changés, par référence au Rituel des Zhou (*Zhouli*), le code rituel archaïque qui séparait les charges officielles entre fonctionnaires relevant du Ciel et fonctionnaires relevant de la Terre, dûment répartis selon les Quatre Saisons, dont l'usurpateur a décidé de s'inspirer ; de nouvelles monnaies sont frappées ; de nombreuses réformes voient le jour, destinées à promouvoir un ordre nouveau.



### 看 L'émeute des « Sourcils Rouges »

Malgré cette frénésie réformatrice, *Wang Mang* ne réussit pas à étouffer les révoltes paysannes, fomentées notamment au *Shandong*, en l'an 17, par une femme surnommée la « sorcière Lü », puis, quelques années plus tard, à la suite d'inondations du bassin inférieur du fleuve Jaune, par des rebelles grimés en démons surnommés les « Sourcils Rouges » (*Chimei*), dont le chef spirituel, un certain « roi Jing », impressionne les foules par ses talents de magicien.

Les grands propriétaires terriens, qui disposent de milices privées aussi puissantes que les armées régulières, n'ont de cesse d'abattre l'éphémère « Nouvelle Dynastie » fondée par ces illuminés.

À la mort de *Wang Mang*, *Liu Xiu*, un descendant de l'une de ces grandes familles, originaire de *Nanyang*, au sud du *Henan*, où il possède un immense domaine cerné de murailles, réussit à reprendre le pouvoir et à monter sur le trône de la dynastie des *Han* sous le nom de *Guangwudi* (25-57).

### L'empereur face aux nobles et aux eunuques

De 25 à 88, sous les trois premiers souverains de la dynastie restaurée, règne une relative paix civile à l'intérieur des frontières, tandis que des offensives militaires rondement menées vers l'ouest permettent aux *Han* de récupérer le contrôle des premières oasis de la Route de la Soie et même de faire de significatives incursions jusqu'à la route des Pamirs.

À partir du règne de l'empereur *Hedi* (88-105), le désordre s'installe à nouveau à la cour impériale où les grandes familles alliées par le mariage à la dynastie impériale, tirant parti de la débilité et de la faiblesse des princes héritiers, s'insinuent dans les rouages du pouvoir. C'est ainsi que la famille *Dou* tire les ficelles sous le règne de *Hedi*, tandis que la famille *Deng* fait de même sous l'empereur *Andi* (106-125), ou encore les *Liang* sous *Shundi* (126-144). C'est également le moment où le pouvoir des eunuques, autorisés alors à adopter des enfants, et parfois propriétaires de grands domaines et d'entreprises



**le *Hufu* : ou comment un tigre donne leurs ordres de commandement à des militaires…**

Sous les *Han*, pour s'assurer que les ordres donnés aux soldats sur le champ de bataille étaient bien ceux qui provenaient du commandement central, les Chinois utilisaient le *Hufu*, un insigne de cuivre en forme de tigre coupé en deux. La moitié gauche était conservée au palais et la moitié droite donnée au commandement local des opérations. Toute exécution d'un ordre censé provenir de l'empereur nécessitait la réunion des deux parties du *Hufu*, les estafettes impériales apportant au commandement militaire local celle qui était conservée au palais impérial.

commerciales, s'accroît dans des proportions considérables, au point qu'en 189 plus de deux mille d'entre eux sont impitoyablement massacrés à *Luoyang*, ville où la capitale impériale a été transférée.`

### 看 La terrible révolte des Turbans Jaunes

Les crises agraires à répétition qui sévissent au cours des dernières années du IIe siècle de notre ère donnent lieu à des mouvements révolutionnaires de type messianique. Guidées par des chefs illuminés, des bandes de paysans errants menacent la paix des provinces. Ces révoltes culminent en 184 avec le soulèvement des Turbans Jaunes, liés à la secte taoïste de la Grande Paix (*Taiping*) dont le premier patriarche, un certain *Zhang Jiao*, va provoquer la rébellion. Ses adeptes prônent le partage des biens et l'égalité entre tous. Le modèle de cette confrérie qui compte jusqu'à près de 400 000 adhérents armés jusqu'aux dents, au moment de son insurrection, est le seigneur *Huanglao*, synthèse entre *Laozi* et le Premier Empereur *Qin Shihuangdi*. Au cours « d'assemblées » (*hui*) où chacun est tenu de pratiquer le « jeûne de purification » (*zhai*) et où les participants, hommes et femmes, mêlent leurs souffles (*heqi*) dans des transes collectives qui peuvent dégénérer en orgies



#### L'invention de la manivelle

De nombreux procédés mécaniques et technologiques virent pour la première fois le jour sous les *Han*.

La plus importante innovation fut sans nul doute celle de la manivelle, au début du IIe siècle av. J.-C., soit onze siècles avant l'Occident !

La manivelle était utilisée pour actionner des treuils, des meules, des moulins à bras et surtout les tarares, ces ventilateurs rotatifs qui permettaient aux paysans de vanner. Le principe du tarare à ailettes actionné par manivelle (qui joue, en l'espèce, le rôle d'une pompe à air) permit également d'améliorer sensiblement, dès cette époque, la chauffe des fourneaux métallurgiques.

sexuelles, les adeptes de ce mouvement sectaire sont censés récupérer les énergies qui leur permettent de partir au combat. Persuadés que les maladies et les malheurs sont la conséquence de la mauvaise conduite, ils s'obligent à prendre des poudres alchimiques. Selon eux, face au système social totalitaire mis en place par les chefs politiques, seule la conversion au taoïsme exonère les individus de la souffrance. Cette doctrine séduit les masses opprimées et malheureuses. C'est ainsi que les rebelles coiffés du turban jaune réussissent à s'emparer de nombreuses villes du *Shandong*, de l'*Anhui* et du *Henan*, trop loin de la capitale pour être correctement défendues. En 190, une autre secte taoïste d'insurgés, celle des Cinq Boisseaux de Riz, parvient même à établir un État indépendant dans le sud du *Shaanxi* actuel.



## 看 La chute des *Han* postérieurs

Que reste-t-il alors du pouvoir impérial centralisé ? À vrai dire, peu de chose, le rapport de force ayant rapidement profité aux seigneurs de la guerre que l'empereur avait chargés de mater les rébellions taoïstes.

En 190, l'un d'eux, *Dong Zhuo*, décide de prendre la capitale *Luoyang* pour y placer sur le trône *Xiandi*, qui sera le dernier empereur de la dynastie des *Han*. L'année suivante, la ville est mise à sac, pillée et incendiée. De la bibliothèque impériale et des archives des *Han*, il ne reste pas grand-chose, au point que certains historiens n'hésitent pas à affirmer que les pertes furent alors bien plus graves que lors du funeste autodafé des livres de l'empereur *Qin Shihuangdi*. La capitale est transférée à *Chang' An*. *Dong Zhuo*, à qui ses nombreuses exactions valent beaucoup d'ennemis, est assassiné, ouvrant la voie à la prise du pouvoir par *Cao Cao* (155-220), un aventurier petit-fils d'eunuque, dont la famille fonde le royaume de *Wei* en 220, scellant définitivement le sort de la dynastie des *Han*.

S'ouvre alors une période de division de la Chine, qui durera plus de trois siècles et demi.

### L'extraordinaire bannière peinte de *Mawangdui*

À cette époque, de nombreuses tombes sont peintes de couleurs vives, parfois même à l'encre et au pinceau, quand elles ne sont pas ornées de bas-reliefs au réalisme saisissant permettant d'admirer des scènes de chasse ou de moisson foisonnantes et même des scènes de danse ou d'acrobatie. La découverte de la somptueuse bannière de soie peinte représentant les mondes céleste, terrestre et souterrain, qui recouvrait le premier des trois cercueils, eux-mêmes ornés de peintures, du marquis de *Dai* (vers 160 av. J.-C.) à *Mawangdui*, non loin de *Changsha* (*Hunan*), a révolutionné la connaissance de la peinture chinoise : c'était la première fois qu'on mettait en évidence une peinture sur soie aussi ancienne. Dans la même sépulture furent trouvés le plus ancien texte – écrit à l'encre sur soie – du *Livre de la Voie et de la Vertu* de *Laozi*, connu également sous l'appellation de *Daodejing,* un traité de médecine qui contenait plusieurs milliers de prescriptions ainsi que des cartes géographiques d'une précision déjà extraordinaire.



### L'enterrement sous le jade

Une autre découverte spectaculaire fut celle, en 1968, dans le *Hebei*, à cent soixante-dix kilomètres de Pékin, de la tombe de sire *Liusheng* et dame *Dou Wan*, tous deux revêtus de robes « *yuyi* » faites de plaquettes de jade assemblées par des fils d'or. L'« enterrement sous le jade », censé procurer l'immortalité, était en principe réservé aux membres de la famille impériale. Les textes anciens précisaient qu'à la mort du souverain « on faisait usage d'un contenant en jade (*yuxia*) dont la forme était celle d'une armure (*kaijia*) et dont les liens étaient en fils d'or ». La chambre centrale de cette sépulture renfermait de nombreux objets de pierre, de laque et de bronze, dont une extraordinaire lampe dorée représentant une servante. Un an plus tard, les habitants d'un village du *Gansu* mettaient au jour un tombeau contenant des statuettes de « coursiers célestes » ramenés du Ferghana au début du IIe siècle av. J.-C. par les armées impériales, dont le désormais fameux « cheval volant » aux jambes posées en équilibre sur une hirondelle.

## INTELLECTUELS ET CONSEILLEURS

La cour impériale des *Han*, à *Chang An*, parce qu'elle attire un grand nombre d'intellectuels et de conseilleurs venus des provinces prodiguer leurs conseils au souverain, est également un centre d'activités littéraires, philosophiques et scientifiques. Dès 110 av. J.-C., l'empereur *Wudi* crée un Bureau de la Musique (*Yuefu*) qui, grâce à l'apport de formes poétiques et musicales provinciales mais également étrangères, contribue à renouveler profondément le legs antique du *Chuci,* le livre des poèmes de Chu, et du *Shijing,* Livre des Odes, qui servaient de cadre de référence à tous les développements poétiques et musicaux depuis des millénaires. C'est du *Yuefu* que naissent les premières strophes de ce qui deviendra par la suite la poésie classique chinoise. Parallèlement à cet essor de la poésie, on assiste à l'émergence d'une pensée fondée sur le système des correspondances appelée aussi théorie du



### Les roues hydrauliques et les moulins à eau

La construction de grandes roues hydrauliques à godets ou à palettes, destinées à l'irrigation ou à l'utilisation de leur force motrice, est attestée sous les *Han,* dont les ingénieurs maîtrisaient déjà parfaitement ce type d'équipement.

Des rapports administratifs font état de la surveillance attentive par les préfets de la mise en place de ces machines qui deviennent rapidement indispensables non seulement aux paysans et aux meuniers, mais aussi aux artisans fileurs de laine ou de soie. C'est auXI[e] siècle, sous les *Song,* que l'emploi de la roue hydraulique sera généralisé pour ses usages industriels.

*Yin* et du *Yang* et des Cinq Éléments (*Yinyang Wuxing Shuo*) qui trouve de nombreuses applications dans les sciences occultes et les présages. Cette théorie, on l'a vu, met en relation la façon dont les Cinq Eléments – la terre, le bois, le métal, le feu et l'eau – passent d'un état à un autre par un système d'apogée et de déclin inspiré des soixante-quatre hexagrammes et des huit trigrammes du *Yijing*.

La découverte du papier, qui permet de remplacer avantageusement les lamelles de bambou, enrichit de façon considérable le nombre des écrits disponibles. Leur diffusion s'en trouve facilitée, et encourage l'État à favoriser l'émergence d'une classe de lettrés. Dès 136 av. J.-C. est créé à la cour impériale un corps de fonctionnaires « au vaste savoir spécialisé dans les Cinq Classiques » (*Wujing Boshi*) dont les effectifs atteindront cinquante individus sous le règne de l'empereur *Wudi* (141-87), plus de cent sous *Zhaodi* (87-74) et plus du double sous *Xuandi* (37-7).



### 看 Le lettré, véritable dictionnaire ambulant

La classe des lettrés était née, qui se perpétuera sous toutes les dynasties impériales, étendant son emprise sur l'ensemble du corps social. Le lettré est à la fois celui qui possède le plus grand nombre de caractères d'écriture, celui qui est capable de les calligraphier dans tous les styles, du plus officiel au plus cursif, et dont la mémoire lui permet de faire à tous propos des citations de textes anciens qui impressionnent son interlocuteur. Pour le chef politique, souvent incapable de lire et d'écrire une langue, le lettré est donc une sorte de dictionnaire ambulant et de référence culturelle qui lui permet de mieux asseoir son pouvoir.

### 看 Les magiciens taoïstes et leur pouvoir occulte

Sous les *Han*, le courant de pensée taoïste, déjà très puissant du temps du Premier Empereur, connaît un nouvel essor ; à cette époque, on peut être à la

**La vie quotidienne sous les Han**

Le matériel funéraire exhumé des innombrables tombes de l'époque *Han* : bronzes, objets laqués et jades, mais surtout figurines et maquettes en terre cuite, les fameux *mingqi*, destinés à figurer la vie du défunt dans l'au-delà, permet de bien connaître la vie quotidienne des Chinois d'il y a deux mille ans.

Nous avons ainsi une idée très précise de ce qu'était l'architecture domestique à cette époque. Les constructions avaient pour base une structure unitaire dont le lourd toit de tuile reposait sur des piliers de bois reliés par des linteaux sculptés. De fines cloisons de briques ou encore des panneaux de torchis ou de bambou tressé tenaient lieu de murs. D'autres maquettes de bâtiments représentent des étables, des tours de guet, des fours de potier et même des petites forteresses comme en occupaient les « seigneurs de la guerre » qui avaient pour tâche de maintenir l'ordre et de défendre une portion délimitée de territoire pour le compte du représentant du pouvoir central.



fois taoïste et confucéen et apprécier la littérature d'essence confucéenne aussi bien que les textes plus ésotériques du taoïsme.

C'est ainsi qu'à la cour impériale où pullulent les *fangshi*, ces magiciens taoïstes capables non seulement de concocter les pilules de longévité à l'usage du souverain, mais également de prédire l'avenir, apparaît une nouvelle école d'exégèse des textes anciens sous l'autorité du lettré érudit *Dong Zhongshu* (175-105). Son recueil de textes intitulé *Chunqiu fanlu* est un commentaire des Annales de la Principauté de *Lu* et utilise le principe antagoniste du *Yin* et du *Yang* comme grille d'analyse de ce grand texte confucéen. Les commentaires ésotériques (*chenwei*) des Classiques deviennent le meilleur moyen de trouver le sens caché de ces textes si concis que leur signification demeurait obscure, dès lors qu'on se contentait d'en faire une simple lecture ;

ils s'accompagnent d'un regain d'intérêt pour les caractères archaïques *guwen* de l'époque des Royaumes Combattants qui donneront lieu à l'élaboration d'un dictionnaire, le *Shuowen jiezi*. Deux autres textes ésotériques, le *Hetuwei* ou Dessin du Fleuve, délivré au souverain mythique *Fuxi* par le dragon équestre du fleuve Jaune, et le *Luoshuwei*, l'Écrit de la *Luo*, apporté à l'empereur *Yu* le Grand par une tortue céleste, feront ainsi l'objet d'une importante diffusion pendant plusieurs siècles.

### 看 La littérature et la poésie

L'étude des textes anciens et leur déchiffrement qui occupent des lettrés de plus en plus savants et motivés donnent lieu à l'élaboration, vers 100 apr. J.-C., d'un dictionnaire qui ne comptera pas moins de 9353 caractères répartis en 540 clés.

Sous les *Han* postérieurs, l'exégèse et la mise au point des textes classiques font l'objet d'ouvrages de référence grâce à des commentateurs



**Il était interdit aux fonctionnaires de district, maillons essentiels de l'administration chinoise, de se faire nommer dans leur district d'origine**

C'était au niveau du district (*xian*), l'unité géographique de base du découpage administratif de la Chine, que se déroulait l'essentiel des actes administratifs de l'État. Les « fonctionnaires de district », sans le concours desquels aucune loi ne pouvait s'appliquer, constituaient donc le maillon essentiel de l'administration impériale. Leur bureau (*yamen*) était entouré de hauts murs et gardé jour et nuit par des soldats en armes. Ces agents administratifs triés sur le volet disposaient de codes et de manuels qui précisaient le cadre de leurs interventions ainsi que leurs modalités. Pour éviter la corruption et le népotisme, il leur était interdit d'être nommés dans leur district natal. Sous les *Song*, cette interdiction fut élargie au district d'où leurs épouses et leurs concubines étaient originaires.

comme *Ma Rong* (79-166), *Zheng Xuan* (127-200) dont les éditions de référence font date pendant des siècles.

Une nouvelle poétique, d'un raffinement extrême, voit le jour, avec l'apparition des *fu,* textes rythmés et précieux décrivant, à l'aide de mots et d'expressions rares, des thèmes de chasse, de parcs, de palais et de jeux de cour, dont les auteurs les plus connus sont *Jia Yi* (200-168), *Sima Xiangru* (179-117) et le chroniqueur *Ban Gu* (39-92), auteur d'une monumentale *Histoire des Han* (*Hanshu*).

### 看 *Sima Qian*, célèbre historien chinois, castré pour crime de lèse-majesté

C'est à la même époque que le grand historien *Sima Qian* (env. 145-86 av. J.-C.) écrit ses fameux *Mémoires historiques* (*Shiji*), dans lesquels il brosse le panorama exhaustif des Annales des royaumes depuis 841 avant notre ère, assorti d'une chronologie précise relatant tous les faits et gestes des souverains qui se sont succédé depuis les origines.



Originaire du *Shaanxi*, son père, *Sima Tan*, détenait la charge de Grand Astrologue de la Cour, fonction qui comprenait la tenue des Archives et des Annales Impériales. À sa mort (110), *Sima Qian* lui succède et est à son tour chargé d'établir la Chronique des faits et gestes du souverain. Condamné à la castration pour avoir osé – crime de lèse-majesté ! – défendre devant l'empereur un général qu'il estimait injustement traité, il décide néanmoins de poursuivre sa carrière d'historien officiel en axant son propos sur soixante-dix « Vies Exemplaires » de personnages (certains très connus et d'autres beaucoup moins) qui, selon lui, ont particulièrement marqué l'histoire de son pays. De son vivant, il est considéré comme le plus grand érudit de son temps.

Les *Mémoires Historiques* comptent cinq parties : douze « Annales Essentielles » ; dix « Tableaux Chronologiques » ; huit « Traités Thématiques » consacrés aux rituels, aux institutions, à l'économie et aux mœurs de son temps ; trente « Maisons Héréditaires » traitant des grands Princes, et les soixante-dix « Vies Exemplaires ». La façon singulièrement moderne (pré-

**Les débuts du taoïsme insurrectionnel**

À de nombreuses reprises, au long de son histoire, la Chine connut des mouvements insurrectionnels (souvent millénaristes et d'essence sectaire) liés au taoïsme. C'est ainsi que la secte des Cinq Boisseaux de Riz (du nom de la taxe exigée des familles qui la rejoignaient) fondée en 142 par le maître taoïste *Zhang Daoling* prônait la mise en place d'un État théocratique qui avait pour nom la « Voie des Maîtres Célestes ». Selon ses adeptes, qui reprochaient également à la société chinoise ses inégalités profondes, les « fonctionnaires célestes » (l'équivalent des prêtres) devaient capter les « forces célestes » dans un « espace de pureté » afin d'éloigner des hommes toutes les maladies qui étaient le fruit du péché.

Les membres de cette secte mixte, au sein de laquelle on pratiquait également l'union sexuelle pour renforcer l'énergie vitale, furent donc les premiers taoïstes à déclencher la lutte contre les institutions impériales confucéennes qu'ils considéraient comme décadentes. Ils furent pour beaucoup dans la déstabilisation du régime *Han* qui devait conduire à l'avènement de *Cao Cao* (voir p. 141), le fondateur de la dynastie des *Wei* du Nord.



sence de notes complémentaires en bas de page qui sont autant d'incises critiques) avec laquelle leur auteur les a rédigés témoigne des avancées qui étaient déjà, à cette époque, en Chine, celles de la science historique.

## 看 La Grande Muraille de Chine

La « Longue Muraille de dix mille li » (un li équivaut environ à 500 m), comme l'appellent les Chinois, s'étend sur un peu plus de cinq mille kilomètres depuis la passe de la Porte de jade (*Jiayuguan*) au *Gansu*, point de départ de la Route de la Soie, jusqu'à celle de *Shanghaiguan*, au bord de la mer de Chine.

Les premières murailles de terre protégées par des fossés rudimentaires, construites ici et là, du *Shandong* jusqu'au commencement de la grande boucle

du fleuve Jaune, toujours dans le souci de préserver le monde sédentarisé chinois des invasions des nomades barbares, voient le jour dès le VI$^{e}$ siècle av. J.-C.

C'est au Premier Empereur de *Qin* que revient l'initiative de penser un ouvrage défensif destiné à « sanctuariser » l'empire dont il a établi les bases. La muraille part de *Lintao* au sud du *Gansu* actuel, franchit le fleuve Jaune et en rejoint le sommet de la boucle, avant d'obliquer vers l'est à travers les steppes jusqu'au golfe de *Bohai*, non sans effectuer des incursions en Mandchourie, jusqu'à la frontière actuelle avec la Corée. Les *Han* en prolongent le tracé vers l'ouest, un peu au-delà de l'oasis de *Dunhuang*, pour sécuriser l'entrée en Chine centrale des populations et des marchandises qui empruntent la Route de la Soie. Sous les *Wei*, à partir du V$^{e}$ siècle, puis sous les *Sui*, quelques années plus tard, le « Grand Mur » est doublé : son tracé extérieur et son tracé intérieur suivent pratiquement des lignes parallèles ; des constructions annexes (tours de guet, pavillons, fortins, forteresses et châteaux forts) y sont adjointes, notamment à partir du XV$^{e}$ siècle, lorsque les *Ming* redécouvrent les vertus d'un ouvrage de défense que les *Tang* et les *Song* avaient pratiquement abandonné. Alors, la muraille est rehaussée pour atteindre huit à dix mètres de hauteur minimale et plus de cinq mètres de large ; un plaquage de pierres taillées protège la terre damée qu'il fallait terrasser périodiquement en raison des effets dévastateurs de la pluie et du vent.

Des milliers de soldats y sont postés en permanence, dans des garnisons dont l'entretien et le ravitaillement posent de redoutables problèmes logistiques, compte tenu de l'éloignement et du climat.

À la fois merveille du monde et témoignage de l'indicible souffrance et de l'abnégation des millions de travailleurs forcés qui la construisirent au fil des siècles, la Grande Muraille de Chine est sans aucun conteste l'une des constructions les plus imposantes jamais érigées par l'homme. C'est d'ailleurs la raison pour laquelle on dit souvent, à tort, qu'elle est le seul ouvrage réalisé par l'homme qui soit visible depuis la Lune.

## La fabrication de la soie, un secret d'État

Véritable secret d'État qui aurait été enseigné aux paysans par le mythique Empereur Jaune, le processus de fabrication de la soie – que les Chinois appellent volontiers « Petit Trésor » – mit très longtemps à être divulgué hors des frontières de la Chine.

Dans de nombreuses tombes datant de la dynastie des *Han*, les archéologues ont exhumé des morceaux de soie qui attestent que cette matière fascinante était déjà d'un emploi assez courant.

La soie est le produit d'une activité agricole délicate, l'élevage du ver à soie, qui nécessite le respect de règles scrupuleuses. À l'origine de ce tissu à l'éclat et à la douceur incomparables, il y a une grosse chenille blanchâtre du nom de Bombyx mori, recouverte d'une sorte de duvet. Tout commence au début de l'été, lorsque la femelle papillon pond environ 500 œufs jaunes qui virent rapidement au gris pierre. Au printemps suivant éclosent les vers, qui se nourrissent de la feuille de mûrier blanc (Morus alba). Dès l'Antiquité, les éleveurs chinois de vers à soie provoquèrent artificiellement l'incubation et l'éclosion des œufs en les faisant « couver » par des femmes, qui les plaçaient contre leur poitrine, dans de petits sacs. Au bout d'un mois, le ver à soie devient une chenille dont la taille est 8 000 fois supérieure à celle de l'œuf initial ; c'est alors que l'animal se met à fabriquer son cocon, dont les 1 600 mètres de fil sont sécrétés par ses deux glandes séricigènes ; il appartient alors à l'éleveur de l'ébouillanter, pour empêcher la chrysalide de se transformer en papillon et de percer le cocon, ce qui le rendrait inutilisable ; avant que cette dernière opération ne soit inventée (sans doute à l'époque des Royaumes Combattants), on tuait le papillon en le perforant avec une aiguille. Il ne reste plus qu'à dévider le cocon. Dans la Chine ancienne, cette opération s'effectuait en agitant une branche de bruyère dans le bain où les cocons étaient étuvés. Après avoir utilisé des fuseaux à main, les Chinois inventèrent le rouet pour enrouler les fils de soie. Une fois filée, la soie n'a plus qu'à être tissée sur des « métiers ».

# Le Moyen Age chinois : la Chine à nouveau divisée (220-589)

Cette période de l'histoire de la Chine, souvent dénommée « Moyen Âge chinois », au cours de laquelle les forces centrifuges s'opposent en permanence aux velléités de restauration de l'ordre impérial ancien, correspond également à la pénétration du bouddhisme en Chine. Les conséquences politiques, philosophiques, sociales mais aussi économiques, de l'introduction sur le territoire chinois de la doctrine du salut prêchée, huit siècles plus tôt, par Siddharta Gautama, dit Bouddha, seront considérables. La Chine deviendra le premier pays bouddhiste du monde, très loin devant l'Inde, pourtant le lieu d'origine de cette philosophie religieuse.



## LA PÉRIODE DES TROIS ROYAUMES (220-316)

Lors de cette brève période de l'histoire de la Chine, le pouvoir central, miné par les querelles de clans, connaît une lente mais sûre déliquescence.

Dès 222, trois entités politiques autonomes, les Trois Royaumes (*San guo*) voient le jour, en Chine du Nord à *Luoyang*, au *Sichuan* à *Chengdu* ainsi que dans le bassin inférieur du fleuve Bleu à Nankin.

Le plus puissant, celui du Nord, issu des conquêtes de l'usurpateur *Cao Cao*, prend le nom de *Wei* lorsque son fils *Cao Pei* monte sur le trône en 220, non sans s'inspirer de la philosophie légiste pour restaurer l'autorité de l'État ; au *Sichuan*, c'est un descendant *Han* de la famille impériale, *Liubei*, qui donne son nom de famille au pays de *Shu*, lequel devient le royaume du *Shu Han*, tandis qu'au confluent du fleuve Bleu, le royaume de *Wu* est fondé par le chef de guerre *Sun Quan*, avant que sa capitale ne soit transférée de *Wuchang* à Nankin, la grande ville du Sud.

### Au Nord, le système autoritaire des *Wei*

Le royaume de *Wei* est fondé en 220 par *Cao Cao*, un aventurier petit-fils d'eunuque, qui prend le pouvoir et scelle définitivement le sort de la dynastie des *Han*.

Entre 220 et 265, le royaume des *Wei*, par réaction à la déliquescence du pouvoir de la fin de la dynastie des *Han*, verse dans l'autoritarisme et la centralisation pratiqués jusqu'à l'outrance. Soucieux d'éviter l'éclatement qui continue à menacer, *Cao Cao* et ses descendants implantent un peu partout des colonies agricoles militarisées (*tuntian*) peuplées de soldats agriculteurs mais également de paysans ayant perdu leurs terres qui voient là un moyen idéal de survivre. Certaines colonies, notamment au *Henan*, comptent jusqu'à une dizaine de milliers d'hommes. Cette organisation permet à *Cao Cao* de disposer d'armées nombreuses et bien formées ; une cavalerie d'archers est mise sur pied, grâce à l'apport des populations issues des zones septentrionales du pays. *Cao Cao* n'est en effet pas hostile aux incorporations et autorise des éléments des tribus *Xiongnu* (Huns) à se sédentariser dans le sud du *Shanxi*. Son fils et successeur *Cao Pei*

**Guandi, le dieu aux mille six cents temples...**

Les Chinois déifièrent parfois des personnages historiques. C'est le cas du dieu *Guandi*, très populaire en Chine car protecteur du pays tout entier et, à ce titre, image de la « protection impériale » ; *Guandi* est la forme divinisée de *Guanyu*, un guerrier qui fut capturé et injustement exécuté en 219 apr. J.-C. pour avoir défendu la dynastie des *Han* antérieurs et fondé l'un des Trois Royaumes.

*Guandi,* dont le courage et la férocité sont légendaires, est à la fois le dieu de la Guerre, celui des Marchands, de la Littérature... et des vendeurs de fromage de soja ! Il est aussi l'un des héros de la *Chronique des Trois Royaumes* de *Chen Shou* (233-597), popularisée par le célèbre roman-fleuve intitulé *Amplification de la chronique des Trois Royaumes* rédigé sous les Ming par *Luo Guanzhong* et considéré comme une apologie cryptée des sociétés secrètes.

Sous les *Qing,* plus de mille six cents temples d'État, dans lesquels on exposait le « glaive du bourreau qui l'a lâchement assassiné », étaient consacrés à *Guandi.*

fait rédiger un nouveau code civil (*Xinlü*) de près de trois mille articles qui reprend, en les durcissant, les règlements édictés sous les *Han* et prévoit notamment le classement des fonctionnaires publics en neuf grades.

### 真 Au Sud, l'anarchie mine les royaumes de *Shu-Han* (*Sichuan*) et de *Wu*

Malgré le déplacement de la capitale à Nankin en 229, les *Wu* se trouvent en butte à la « rébellion des Huit Princes » qui dure de 291 à 305 et est relayée, deux ans plus tard, par le soulèvement des montagnards et des éleveurs incorporés de force dans les armées.

Quant au *Sichuan*, il est dirigé par *Liubei*, monté sur le trône grâce à sa qualité de descendant de la famille impériale des *Han*, et aussi grâce à son conseiller politique, *Zhuge Liang* (181-234). Mais les velléités d'indépendance du *Sichuan* ne durent pas : il est finalement annexé en 263 par le royaume de *Wei*.

### Les Sept Sages de la Forêt des Bambous

Les Chinois sont friands d'associations et de cénacles entre penseurs, philosophes et artistes. Parmi ces compagnies spirituelles, celle des Sept Sages de la Forêt des Bambous (*Zhu Lin Qi Xian*) au IIIe siècle de notre ère est sans conteste la plus célèbre.

Ces taoïstes convaincus, qui aimaient se réunir « à l'ombre des bambous », comptaient notamment parmi eux *Shan Tao* (205-283), leur doyen, qui avait été haut fonctionnaire avant de se retirer à la campagne, *Ruan Ji* (210-263), le plus grand poète de son époque, dont l'œuvre est une longue quête un peu nostalgique des valeurs d'un monde révolu, *Xi Kang* (232-262), un philosophe épris de quête d'immortalité, ainsi que le grand musicien *Ruan Xian* (et neveu du poète), *Xiang Xiu*, un autre philosophe dont les éblouissants commentaires de *Zuangzi* continuent à faire autorité, et *Liu Qing*, un écrivain libertin qui était le plus souvent ivre-mort.

Ces intellectuels n'hésitèrent pas à transgresser de nombreux tabous – depuis l'ingestion d'alcool en période de deuil jusqu'à l'invitation de mendiants à leur table – et devinrent de véritables icônes tant pour les écrivains que pour les peintres qui s'en inspirèrent à de nombreuses reprises.

Cette association entre un positionnement marginal et des qualités artistiques unanimement reconnues fit des émules. Ainsi, un demi-siècle plus tard, huit jeunes gens (les « Huit Affranchis ») prônèrent à leur tour, quoique sans le talent des Sept Sages, les vertus de la transgression des normes sociales.

### *Gehong*, alchimiste et philosophe

Surnommé le « Maître qui embrasse la Simplicité » et auteur du *Bao puzi*, le plus célèbre traité taoïste (et ô combien ésotérique !) chinois, *Gehong* (283-343) était originaire de *Shaoling* (province du *Hunan*), dont son père était le gouverneur local. À la mort de celui-ci, *Gehong*, qui n'a que treize ans, entame une vie d'errance qui fait de lui un lettré autodidacte et éclectique, fasciné par le confucianisme mais surtout par le taoïsme, dont il va explorer sans relâche les diverses recettes conduisant à l'immortalité.

Écrivain hors pair, il rédige de nombreux ouvrages dont il ne subsiste que le *Baopuzi*, abréviation de *Baopuzi neipian Baopuzi waibian*, soit « Traités intérieur et extérieur du Maître qui embrasse la Simplicité ». Après s'être engagé en faveur de la dynastie des *Jin* orientaux (317), ce qui lui vaut la reconnaissance de l'empereur *Chengdi*, *Gehong* se retire dans le massif du *Luofu* au *Guangdong* et donne libre cours à ses penchants pour la méditation taoïste. La légende veut que, le jour de sa mort, son cercueil ne contenait plus que ses vêtements, son corps ayant réussi à s'envoler vers les Îles Immortelles…

Le *Baopuzi* dit « intérieur » (*neipian*) est devenu la source essentielle de l'étude du taoïsme chinois et de ses dimensions chamaniques. Il y est précisé que tout homme, à condition de bien comprendre les lois de la nature et de s'y conformer, peut prétendre à l'immortalité. L'alchimie est le moyen essentiel d'y parvenir. Les drogues les plus importantes sont le Cinabre et l'Or liquide. Mais pour devenir un alchimiste efficace, il faut faire retraite dans une montagne sacrée et s'abstenir de boire et de manger pendant plus de cent jours…



## LA GRANDE CHINE À NOUVEAU PARTAGÉE ET EN RUINE

Après une longue période d'anarchie, c'est tout le pays qui est à reconstruire. Du glorieux empire fondé en 221 avant J.-C., il ne reste que des ruines.

Les bâtiments publics ont pour la plupart été brûlés, tandis que les canaux, bouchés depuis belle lurette, sont à nettoyer et à récurer ; quant aux ponts et aux routes, il faut les consolider, sans oublier la Grande Muraille, qui s'effrite par manque d'entretien et qu'il faut désormais restaurer à maints endroits...

La remise en état du pays sera longue et chaotique, puisqu'elle s'étendra sur plus de trois siècles, ponctués de nombreux coups de force.

L'Empire chinois est alors un territoire morcelé entre deux grandes zones d'influence, celle du Nord, autour de l'ancienne capitale *Chang An*, et celle du Sud, le long de la vallée du fleuve Bleu dont la vieille cité de Nankin est le centre de gravité.

### 真 Les dynasties du Nord et du Sud (317-589)

La conquête des villes de *Luoyang* et de *Chang An*, en 316, par des éléments issus des tribus *Xiongnu* (Huns) sinisées à la suite de leur sédentarisation au *Shanxi*, accentue un peu plus la cassure de la Chine entre le Nord et le Sud.



### 真 Les « Seize royaumes des cinq Barbares »

Au nord du pays, de la Mandchourie au *Xinjiang* actuel, de petits royaumes se créent, se combattent et s'absorbent au gré des alliances, d'où le nom de « Seize royaumes des cinq Barbares » donné par les historiens chinois à cette période. Leurs élites sont de plus en plus sinisées et leurs populations, au départ nomades, profondément mélangées aux *Han* au fur et à mesure de leur sédentarisation. Certains royaumes, tels ceux des *Liang* antérieurs (314-376) ou ceux des *Liang* postérieurs (400-421), sont encore contrôlés par des familles d'origine *Han*. Celui des *Qin* antérieurs (351-394), dirigé par un clan d'origine tibétaine, va réussir, sous l'impulsion du roi *Fujian* (357-385), à réunifier la Chine du Nord. En 382, selon certaines sources, ce même *Fujian* aurait mis sur pied un corps expéditionnaire de 600 000 fantassins et 270 000 cavaliers pour s'emparer de l'empire des *Jin* orientaux de la vallée du fleuve Bleu, ce qui ne l'empêcha pas d'être défait l'année suivante, au cours de la célèbre bataille de la rivière *Fei*.

De ce chaos émerge le petit royaume issu des tribus turco-mongoles tabgatch (*Toba* en chinois) du groupe ethnique *Xianbei* qui parvient en 386 à faire de *Datong* (*Shaanxi* actuel) sa capitale à partir de laquelle ses dirigeants vont régner sous l'appellation de *Wei* du Nord.

### Le régime autoritaire des *Wei* du Nord

Tant sur le plan militaire que sur celui des institutions, ces descendants de nomades ont tendance à ne pas faire de quartier. En 431, ils annexent le territoire des *Xia* qui occupaient jusqu'alors le nord du *Shaanxi*, puis en 439 celui des *Yan*, au *Liaoning*, et enfin en 440 celui des *Liang*, au *Gansu*.



#### *Gu Kaizhi*, le peintre excentrique

Originaire du *Jiangsu, Gu Kaizhi* (environ 345-405) excelle non seulement dans les portraits mais aussi dans les représentations de paysages, fait très rare en Chine. Considéré comme un marginal plutôt excentrique, il vit à Nankin, alors la capitale des *Jin* orientaux, et traverse sans trop d'encombres les chamboulements politiques qui affectent la période. Il côtoie les puissants, fascinés à la fois par son caractère bizarre et ses éblouissantes qualités picturales. Ses protecteurs (le Grand Maréchal *Huan Wen* ; *Huan Xuan*, le fils bâtard de ce dernier) sont également des collectionneurs qui se disputent âprement ses œuvres et rechignent parfois à les lui payer… Dès l'âge de vingt ans, sur le mur d'un temple de Nankin, il peint une fresque demeurée célèbre et qui représente la divinité bouddhique Vimalakirti. De son œuvre, collectionnée à toutes les époques par les plus grands amateurs chinois, il reste un admirable rouleau de soie, peint à l'encre rehaussée de couleurs chatoyantes, intitulé *Admonitions aux femmes du gynécée impérial*, actuellement conservé au British Museum, lequel l'acheta pour une bouchée de pain à un officier britannique qui l'avait volé dans la collection impériale de la Cité interdite lors de la guerre des Boxeurs.

Les *Wei* du Nord pratiquent le légisme et mettent en place un système d'encadrement strict de la paysannerie ; des manufactures publiques voient le jour, dont les ouvriers ont un statut d'esclaves, le droit de se marier librement leur étant notamment refusé. Pragmatiques, les autorités n'hésitent pas à « prêter » ces esclaves d'État (mais aussi des condamnés de droit commun) aux monastères bouddhiques dont elles favorisent par ailleurs l'implantation, ce qui permettra la mise en culture d'immenses territoires. Des déportations massives de population accompagnent la conquête de nouveaux territoires ; sous le règne de l'empereur *Dao Wudi* (386-409), près de cinq cents mille personnes sont ainsi transférées de force à *Datong*.



Sous l'impulsion de *Cui Hao* (381-450), principal conseiller des familles régnantes de l'empire des *Wei* du Nord, la sinisation des institutions publiques est mise en œuvre, consacrée, en 494, par le transfert vers *Luoyang* de la capitale, jusque-là implantée à *Datong*.

## 真 La ville aux mille quatre cents temples

L'obsession des *Wei* du Nord, dont les ambitions militaires ne se démentiront jamais, est à la fois de siniser leur culture, en reléguant au rang de souvenirs les rares éléments d'origine Xianbei qui subsistent encore vaille que vaille dans leurs traditions, mais aussi de nouer avec le bouddhisme des liens féconds et non dénués d'arrière-pensées, tant le clergé de cette religion est devenu puissant.

Trois siècles après l'introduction en Chine du bouddhisme par des missionnaires venus de l'Inde, une grande ferveur touche désormais les plus hautes couches sociales du pays.

Elle se traduit notamment par la construction d'innombrables édifices cultuels à *Luoyang,* jusqu'à mille qautre cents, selon le *Mémoire relatif aux monastères bouddhiques de Luoyang* (*Luoyang Qielaaanji*) écrit en 543.

Rien n'est assez somptueux pour honorer le Bienheureux Bouddha : la fonte de statues en bronze à son effigie devient une industrie à part entière ; les généreux donateurs, au premier rang desquels l'impératrice *Hu,* épouse de l'empereur *Xiaomingdi* (515-528), n'hésitent plus à faire sculpter d'immenses falaises représentant le Bienheureux et ses disciples.

Même si les valeurs du bouddhisme et du légisme sont à mille lieues les unes des autres, les *Wei* du Nord réussissent à faire la synthèse – particulièrement efficace pour leurs intérêts — entre une religion profondément humaniste et une idéologie d'essence totalitaire.

### 真 La fin des *Wei* du Nord

En 523, le soulèvement de six garnisons, mécontentes du sort que leur réserve le pouvoir central, inaugure une période de guerre civile qui va durer dix ans. En 528, l'impératrice *Hu* et son fils sont noyés dans le fleuve Jaune, en même temps que les factieux ordonnent l'assassinat de près de deux mille « courtisans indociles ».

En 534, l'empire des *Wei* du Nord se disloque en une partie orientale (*Wei* orientaux), dominée par les militaires d'origine nomade, hostiles aux traditions sinisées, et une partie occidentale (*Wei* occidentaux) demeurée favorable aux us et coutumes chinois, dont le premier souverain s'empresse de réinstaller le centre du pouvoir à *Chang An*.

### 真 Pendant ce temps, en Chine du Sud, des royaumes aristocratiques éphémères se succèdent

Ce ne sont pas moins de cinq dynasties qui se succèdent à Nankin, à partir de 316 et jusqu'à la fin du VIe siècle : les *Jin* orientaux (316-419), les *Liu* (420-479), les *Qi* (479-502), les *Liang* (502-556) et enfin les *Chen* (557-589).

### Le grand rituel taoïste *Jiao*

Le glissement du taoïsme, au départ une école de pensée, vers des pratiques rituelles de plus en plus codifiées résulte de son évolution depuis les *Han*. C'est au cours du V^e^ siècle, sous les *Wei*, que fut définitivement élaboré le rituel *Jiao* qui constitue encore la base des grandes cérémonies taoïstes en Chine.

Par ce rituel, le prêtre, revêtu de somptueux habits liturgiques en soie jaune, reconstitue l'ensemble des énergies qui présidèrent à la création de l'univers.

Le *Jiao* continue à se pratiquer, comme sous les *Wei*, en l'honneur des « Trois Purs », les grandes divinités du taoïsme : le Vénérable Céleste du Commandement des Origines (grâce auquel souffla, pour la première fois, le *Qi* primordial), le Vénérable Céleste Seigneur du Tao (médiateur entre les dieux de la création et le *Qi* primordial) et enfin le Vénérable Céleste *Laozi*, messager des deux premiers auprès des êtres humains.



## 真 Les *Jin* orientaux

Le repli des *Jin* orientaux sur les rives du fleuve Bleu s'explique par la situation belliqueuse et instable qui sévit au nord du pays. Exemptées d'impôts et de corvées, les grandes familles chinoises constituent une aristocratie qui s'efforce de maintenir ses privilèges grâce à des règles strictes (interdiction des mariages avec les familles roturières) codifiées dans des registres généalogiques (*jiapu*). C'est un prince de l'illustre famille *Sima* qui relève le défi de la création d'un nouvel État, lequel sera effectif à Nankin en 317. Sa première préoccupation consiste à se protéger des incursions venues du Nord, avant de réussir la conquête du *Sichuan* en 347, ce qui permettra aux *Jin* orientaux de profiter de l'immense courant d'échanges venu de l'Asie centrale par la Route de la Soie.

Mais cette velléité de conquêtes militaires repose sur des enrôlements forcés qui finissent par mécontenter certains grands féodaux, lesquels vont

relâcher leur emprise sur le corps social en favorisant la résurgence des forces d'inspiration taoïste. C'est ainsi que, vers 400, de graves soulèvements éclatent dans la région de *Ningbo*, fomentés par *Sun Fen*, un adepte de la secte des Cinq Boisseaux de Riz. Ce taoïste originaire du Shandong a su fédérer des bandits et des pirates qui écument les côtes chinoises. À bord de leurs bateaux à étages et aux proues en forme de face de dragon, les insurgés terrorisent la population, laquelle voit en eux des « armées de démons ». *Sun Fen* et ses sbires finissent par menacer sérieusement Nankin, la capitale. Les armées régulières réussissent à les défaire en 402, mais les chefs militaires vont faire payer au prix fort cette victoire chèrement acquise. L'un d'entre eux, *Huanxuan,* réussit même à usurper le pouvoir, avant d'être tué l'année suivante par l'un de ses rivaux, *Liu Yu*.



## 真 Le court règne des *Song* du Sud

Ce n'est qu'en 420 que vient l'accalmie, lorsque ce *Liu Yu* fonde la nouvelle dynastie des *Song* du Sud (*Nan Song*) dont le règne sera toutefois de courte durée, puisque l'empire du *Yangzi* ne dépassera pas trente ans.

Très vite, les attaques menées par les *Wei* du Nord, dont les armées s'emparent de la rive septentrionale du fleuve Bleu minent l'autorité de la dynastie régnante au profit de certaines grandes familles nobles. En 479, l'un de leurs représentants, le général *Xia Daocheng*, réussit à s'emparer du trône impérial pour fonder la dynastie des *Qi*.

## 真 L'éphémère dynastie commerciale des *Qi* (479-502)

L'avènement des *Qi* correspond à un grand essor commercial dont la vallée du fleuve Bleu constitue l'axe principal.

Parallèlement à cette évolution favorable pour la population, l'excès de répression contre l'aristocratie nobiliaire, soupçonnée de falsifier les registres permettant d'asseoir les impositions fiscales, finit par coûter sa fonction au souverain des *Qi,* lequel laisse alors la place à *Xiao Yan*, le futur empereur *Wu* de la dynastie des *Liang*.

### 真 Sous les *Liang* (502-557), le bouddhisme réussit à s'implanter en Chine du Sud

Au long règne de l'empereur *Wu* (502-549) correspond enfin une période de prospérité et de paix civile. Conscient de l'importance du commerce maritime, il ordonne la construction de nombreux ports qui permettent le développement des échanges avec les grandes villes portuaires de l'océan Indien. Il bénéficie des conseils éclairés du lettré *Shan Yue* (441-513), un spécialiste de la phonétique, et du stratège politique *Xu Mian* (466-535).



Les documents d'archives et les objets de fouilles attestent, dans ces cités portuaires, la présence de nombreux marchands étrangers venus de l'Asie du Sud-Est et de l'Inde. Les valeurs bouddhiques adoptées par la cour des Liang favorisent la stabilité sociale ; les grands monastères, qui reçoivent les dons des riches et des puissants, accueillent les enfants issus des classes

#### Quand les lettrés s'empoisonnaient à l'arsenic

Des témoignages écrits sous les dynasties des *Wei* et des *Jin* font état d'une substance appelée « Cinq Pierres » (*Wushi*) aux effets si stimulants et agréables (elle provoquait notamment des échauffements intenses) que de nombreux lettrés en consommèrent de grandes quantités sans se rendre compte de ses redoutables effets secondaires (fièvre, déshydratation, irritations cutanées, perte de conscience et pour finir paralysie du cœur). Tout laisse à penser que cette substance contenait de l'arsenic.

les plus pauvres. En revanche, cette priorité accordée à l'économie et aux échanges, liée à l'absence d'armées fonctionnarisées puissantes, contraint l'empereur à faire appel à des milices de mercenaires. L'empire méridional des *Liang,* dont la civilisation raffinée est l'objet de toutes les convoitises, ne résiste pas à l'offensive des familles entretenant ces troupes de mercenaires pour contenir les troubles endémiques qui ravagent les villes et les campagnes.

Faute d'avoir compris qu'une armée nationale était indispensable à la survie du pouvoir politique, les *Liang* succombent sous les assauts répétés de *Chen Baxian*, le fondateur de la dynastie des *Chen*.

### La belle histoire du bonze *Mulian* qui arracha sa mère aux enfers



Les Chinois empruntèrent au bouddhisme la notion d'enfers qui leur était, au départ, très peu familière. Tout naturellement, ils portaient un véritable culte à *Mulian*, celui qui était susceptible de les en délivrer.

C'est l'empereur *Wu* (502-549) des *Liang*, dévot bouddhiste, qui officialisa la fête officielle (le 15e jour du 7e mois lunaire) en l'honneur de *Mulian*, au cours de laquelle les bouddhistes étaient invités à déposer des offrandes aux « âmes affamées » des morts pour leur permettre de sortir des enfers. *Mulian* est le nom chinois du disciple du Bouddha Maugdalyayana qui avait accepté de se sacrifier pour sauver sa mère, condamnée aux enfers en raison de ses multiples fautes. La version chinoise de la vie de *Mulian* faisait parcourir à l'intéressé un véritable périple initiatique à la recherche de sa mère qu'il finissait par retrouver, après mille péripéties rocambolesques… qui allaient de la rencontre avec un singe blanc à la tentative de séduction de *Mulian* par le bodhisattva féminin *Guanyin* (voir p. 162) en personne, histoire de l'éprouver… C'est grâce à la « lumière de Bouddha » que *Mulian* parvient à délivrer toutes les âmes qui étaient enfermées avec sa mère dans les ténèbres infernaux.

### La capitulation des *Chen*, ultime dynastie au pouvoir à Nankin

Malgré les origines guerrières de son fondateur, la dernière dynastie au pouvoir à Nankin, qui règne de 557 à 589, sans le concours des familles nobles entre-temps peu ou prou exterminées, a le plus grand mal à se maintenir en place, devant les offensives de tous ceux (*Liang* à l'Ouest, *Zhou* au Nord et *Qi* au Sud), qui se sont donné pour unique objectif de l'abattre.

Les *Chen* finissent par capituler en 589, à l'issue d'un raid éclair mené contre Nankin par celui qui deviendra, après de mémorables combats, le premier empereur de la dynastie des *Sui*.

## DU CHOC DES CULTURES À L'ASSIMILATION : LA PÉNÉTRATION DU BOUDDHISME EN CHINE

La période de division de la Chine entre Nord et Sud correspond aussi à l'essor du bouddhisme ; cette philosophie religieuse d'origine indienne va modeler profondément la société chinoise ; favorisée par l'aristocratie, elle finira même par être érigée en véritable religion d'État entre le VIe et le IXe siècle.

### Une idéologie aux antipodes du taoïsme et du confucianisme

Comment la graine du bouddhisme, ce courant de pensée totalement étranger aux deux piliers de la pensée chinoise que sont le taoïsme et le confucianisme, a-t-elle pu germer aussi facilement en Chine ?

La question est passionnante, car elle illustre la façon dont les civilisations recourent les unes aux autres, et réussissent, sur des sujets où on attendrait plutôt qu'elles s'opposent, à dialoguer…

Introduit en Chine dès les premières années de notre ère, le bouddhisme connaît une foudroyante accélération entre le IVe et le Ve siècle, au point que la

puissance économique des monastères finit par poser des problèmes fiscaux et juridiques à l'administration chinoise : de nombreux hauts technocrates pénétrés de confucianisme voyaient dans les sermons de Siddharta Gautama les germes d'un dangereux contre-pouvoir dont il fallait se méfier et n'eurent de cesse de lutter contre son influence, en vain.

Cet extraordinaire succès a plusieurs causes. D'abord, ni le confucianisme ni le taoïsme ne parlent à l'homme de son « salut ».

Échapper à la douleur, ne plus vivre demain une existence misérable, donner un sens à la mort, se détacher des biens matériels : tels sont les propos du bouddhisme, qui constitue une réponse à des interrogations auxquelles, tôt ou tard, tous les êtres humains sont confrontés.



### 真 Les premières communautés bouddhistes en Chine

C'est par les confins indo-iraniens que le bouddhisme, aux premiers jours de l'ère chrétienne, pénétra dans les oasis d'Asie centrale avant de poursuivre son chemin vers l'empire du Milieu. Dès 65 après J.-C., sa présence est attestée dans la vallée de la *Wei*, c'est-à-dire en plein cœur de celui-ci.

D'une façon générale, les quatre premiers siècles de notre ère correspondent à l'adaptation du bouddhisme à un système de pensée fort différent de celui de son pays d'origine. Faisant preuve d'un opportunisme quasi inné, les promoteurs de la doctrine de Gautama en Chine ne mettent pas longtemps à procéder aux ajustements nécessaires pour faire correspondre leur religion aux attentes de la société chinoise.

### 真 Le « Grand Véhicule », un système parfaitement adapté à la mentalité chinoise

C'est ainsi que fut fondé le système dit du bouddhisme « Grand Véhicule » qui prévoit – contrairement à celui du « Petit Véhicule » – que les laïcs peuvent prétendre au salut, à condition d'adopter une conduite morale et surtout de pourvoir à la subsistance des communautés monastiques chargées de jouer les « intercesseurs ».

En Chine, ce partage subtil des rôles entre laïcs et religieux, chacun gardant sa place tout en se rendant utile à l'autre, se révèle idéal, puisque chacun, quels que soient sa condition sociale et son métier, peut espérer être sauvé.

## 真 Méditation et karma

La méditation transcendantale (*chan*) en posture assise, grâce à laquelle l'individu obtient, à l'instar de Siddharta Gautama, l'Illumination, est accessible à chacun, qu'il soit riche ou pauvre : ce n'est qu'une affaire de volonté individuelle. Fort proche des exercices de respiration taoïstes qui consistent à nourrir le principe vital (*yangsheng*) en vue de prolonger la vie (*changsheng*), elle connaît un développement foudroyant à partir du Ve siècle.

Il en va de même du principe bouddhique de rétribution des actes (*karma*), similaire à la conception chinoise du *ming,* ce destin individuel qui mène chaque homme à cet endroit déterminé vers lequel chacun a intérêt à tendre.



## 真 Une religion populaire

Après avoir commencé par intéresser les marchands chinois des grandes villes de la Route de la Soie, puis les milieux lettrés et aristocratiques fascinés par cette religion plus « simple » d'accès que le taoïsme, et somme toute plus « humaine », le bouddhisme du Grand Véhicule gagne rapidement les faveurs des couches populaires. Dès 400 apr. J.-C., il dispose de ses propres textes, que les moines enseignent aux fidèles en des termes aussi simples que possible ; quant à ses monastères, de plus en plus nombreux, ils bénéficient d'une série de privilèges tels que la dispense du paiement de l'impôt et l'impossibilité pour leurs moines d'être traduits devant les tribunaux de droit commun.

## Une ferveur religieuse immense

À partir du Ve siècle et jusqu'au milieu du IXe siècle, une ferveur religieuse immense et sans précédent va s'emparer du pays, en même temps que le bouddhisme entame sa lente pénétration vers l'est, en Corée puis au Japon. Partout, dans les falaises, autour des monastères, les sculpteurs et les peintres ornent les parois des grottes de milliers de figures du Bouddha et de ses principaux acolytes. Les épisodes de la vie du Bienheureux s'offrent ainsi aux yeux de tous, à la manière de ceux du Christ sur les tympans de nos cathédrales, permettant au petit peuple de comprendre d'un seul regard cette nouvelle attitude devant la vie et la mort où chacun peut espérer être sauvé. Les sanctuaires bouddhiques rupestres de la Route de la Soie, bientôt relayés par ceux des grandes villes chinoises (*Yungang* à côté de *Datong*, *Longmen* à côté de *Luoyang*, *Maijishan* près de *Tianshui*, sans oublier les centaines de sanctuaires le long des routes du *Gansu* jusqu'au *Shandong*), vont ainsi offrir aux dévots de toutes conditions, venus en pèlerinage, la possibilité de se recueillir devant les « Mille Bouddhas ».



Les conséquences de l'essor du bouddhisme sont multiples : prolifération de « vocations », notamment de la part des enfants de paysans pauvres qui se placent ainsi sous la protection des monastères ; transferts massifs de propriétés foncières au profit de ces derniers ; pénurie des métaux (fer, bronze, cuivre) nécessaires à la fabrication des armes engendrée par la fonte des cloches et des statues, sans oublier la montée en puissance de sectes dont le caractère subversif se cache sous des dehors ésotériques. Elles entraînent peu à peu une réaction de recul, de la part des autorités, à l'égard de cette religion devenue un véritable contre-pouvoir.

## Les sermons du Bouddha traduits en chinois

Ce sont des moines, tels le Parthe *An Shigao,* actif à *Luoyang* de 147 à 170, l'Indo-Scythe Dharmarakça (*Zhu Fahu* en chinois, actif à

## Qui était vraiment le Bouddha ?

Siddartha Gautama, le futur Bouddha, vécut en Inde du Nord au VIe siècle avant notre ère. Né d'une famille aisée, issu de la caste des guerriers, il est encore un jeune homme lorsqu'il décide, un jour, de quitter les siens pour partir à la recherche de la Vérité.

Celle-ci part du constat que les hommes vivent dans un monde de douleur d'où ils ne peuvent s'extraire – puisqu'ils renaissent indéfiniment après leur mort – qu'à la condition de cesser de désirer et de posséder. C'est en effet en bannissant toute avidité et en menant une existence gouvernée par des principes moraux et par la compassion envers autrui que les individus peuvent atteindre l'Éveil, c'est-à-dire la béatitude éternelle.

Malgré son exigence, la doctrine bouddhique, probablement parce qu'elle correspondait à une attente très forte au sein de la société indienne de cette époque, dont l'immense majorité des membres menaient une existence d'esclaves au sein de la caste des intouchables, connut un vif succès du temps même de Bouddha, lequel, tout au long de sa vie (il mourut à l'âge canonique de soixante ans, un véritable record pour son temps), jeta les bases d'une communauté monastique qui se chargera de répandre sa doctrine après sa mort.

Avec le temps, la vie du Bouddha donnera lieu à de multiples épisodes (les Jatakas), où le merveilleux le dispute à l'exemplarité, particulièrement adaptés aux esprits simples et avides de consolation.

*Dunhuang* de 265 à 313), l'Afghan Buddhabadra (359-429) et surtout le Koutchéen Kumarajîva, qui assurent la traduction en chinois des nombreux sermons (sûtras) en sanskrit censés avoir été prononcés par le Bouddha, permettant ainsi à son enseignement de se diffuser massivement dans toutes les villes chinoises. Entre le IIe et le XIe siècle, ces traductions concernent pas moins de mille sept cents sermons du Bouddha !

### 真 Kumarajîva, génie traducteur et trésor vivant

Né à Kucha en 344, Kumarajîva a étudié les textes bouddhiques au Cachemire et s'est converti au Grand Véhicule à Kashgar. De retour à Kucha, il est fait prisonnier par un général de l'empire des *Qin* antérieurs qui le garde auprès de lui pendant dix-sept ans, avant qu'il ne soit emmené à *Chang An* comme un véritable « trésor vivant » par *Yao Xing,* le souverain tibétain des *Qin* entretemps converti lui-même au bouddhisme. C'est là que ce moine rassemble une équipe de traducteurs dont il supervise le fantastique travail, avant de s'éteindre en 413, non sans avoir transmis aux Chinois une somme de textes sacrés considérable, qu'il s'est efforcé d'adapter le mieux possible à leur vision du monde.



### 真 Passeurs de cultures et d'idées

Sans ces personnages hors du commun, véritables « passeurs » de cultures et d'idées, capables de lire aussi bien le chinois que le sanskrit – la langue dans laquelle étaient écrits les sermons du Bienheureux –, le bouddhisme n'aurait pas pu s'étendre aussi facilement en Chine. Du sanskrit, ces sermons étaient traduits en sogdien, en koutchéen ou en parthe, ce qui facilitait grandement leur compréhension puisque de nombreux marchands parlaient les langues de ces petits États traversés par la Route de la Soie. C'est ainsi que, de proche en proche, le bouddhisme arriva en Chine.

### 真 Une révolution religieuse et sociale

Le perfectionnement des traducteurs fut progressif, ce qui explique probablement le bon accueil du bouddhisme en Chine, même si les premiers textes bouddhiques traduits en chinois restent truffés de citations et de concepts taoïstes souvent obscurs.

Pendant les quatre premiers siècles de notre ère, l'implantation du bouddhisme se fera par assimilation et adaptation à la mentalité chinoise, sans

## Les spécificités du bouddhisme chinois

Dès le début de l'ère chrétienne, le bouddhisme, religion du salut à vocation universelle née en Inde au VI^e^ siècle av. J.-C., pénètre par la Route de la Soie en Chine, où il trouve un terreau particulièrement fécond.

Le bouddhisme donna aux Chinois le sens de l'infinité des espaces et du temps ainsi que le goût pour l'ornementation et le luxe. Car si son idéologie est basée sur le renoncement aux richesses et aux biens matériels, la pratique cultuelle bouddhique ne répugne pas au grandiose et à la théâtralité.

De même, l'économie chinoise est profondément marquée par cette religion où chacun est responsable de ses actes et où, pour accéder au nirvana, les adeptes doivent redistribuer une partie des richesses aux communautés monastiques. Des pratiques indiennes comme le prêt sur gage ainsi que la redistribution d'une partie de la richesse aux plus pauvres, par le biais des monastères, constituent un apport non négligeable au goût des Chinois pour le commerce et à leur ardeur au travail.



chercher à s'ériger en substitut mais plutôt en complément. Pendant les quatre siècles suivants, ceux du bouddhisme triomphant, celui-ci accède au rang de religion officielle, les empereurs chinois s'efforçant de le défendre et de le faire respecter.

La mentalité chinoise ignorait jusque-là la notion de rétribution des actes, la croyance dans les renaissances multiples ainsi que les effets magiques de la répétition orale, écrite et figurée, de même que l'analyse du monde, fondée sur la notion de douleur, telle que la développe le Bouddha Gautama. En ce sens, l'introduction du bouddhisme en Chine peut être considérée comme une véritable révolution religieuse et sociale tant les caractéristiques du bouddhisme sont éloignées des courants confucéen et taoïste.

## Les princesses chinoises qui volèrent la soie à la Chine

De nombreux récits font état, toujours de façon plaisante, des trésors d'astuce déployés par les étrangers qui cherchaient à ravir à la Chine le secret de fabrication de la soie. Tous pointent du doigt des princesses chinoises qui acceptèrent – par amour ou par vengeance ? – d'enfreindre l'interdiction de laisser passer la Grande Muraille au moindre œuf de ver à soie et à la moindre graine de mûrier...

Ce qui est sûr, c'est que, dès le VI$^{e}$-VII$^{e}$ siècle, ce véritable secret d'État s'était répandu hors de Chine puisque la soie était alors produite au nord de l'Iran, puis, de proche en proche, dans les grandes villes d'Asie centrale... qui fournissaient Byzance dont les empereurs utilisèrent la soie à des fins liturgiques et funéraires (les corps des saints étaient le plus souvent enroulés dans des draps de soie).

Le récit qui va suivre (dont le sujet a été repris par le moine pèlerin *Xuanzang* (voir p. 190) est tiré d'un texte datant de la dynastie des *Tang* retrouvé dans une bibliothèque troglodyte de l'oasis de *Dunhuang*.

« C'était l'époque où, au royaume de *Yutian* (nom chinois de l'oasis de Khotan), les soieries précieuses venues de Chine valaient leur poids en or. Ce royaume produisait du très beau jade et son roi voyait peu à peu les filons de cette pierre s'épuiser à force d'être troqué contre les coupons de ce tissu précieux qui faisait perdre la tête aux femmes... *Yuchimu*, le Grand Chambellan du roi de *Yutian*, suggéra alors à ce dernier d'aller chercher en Chine des graines de mûrier et des œufs de ver à soie.

– Sire, demandez donc la main d'une princesse chinoise et elle vous apportera, comme ce fut le cas pour le roi des Wusun, des graines de mûriers et des œufs de ver à soie. Après quoi, il vous suffira de faire venir un artisan soyeux et le tour sera joué, ô mon roi !

– Mais comment fera-t-elle ?

– Pardi, elle cachera ces graines et ces œufs minuscules à l'intérieur de son corsage et personne n'y verra que du feu !

Il ne resta plus à *Yuchimu* qu'à aller convaincre une princesse chinoise de procéder ainsi, ce qui fut le cas. La belle accepta de cacher dans sa coiffure les œufs de ver à soie et les feuilles de mûrier dans sa trousse à pharmacie, au milieu d'autres plantes médicinales…

Un mois plus tard, le roi de *Yutian* accueillait la princesse dont l'une des suivantes était de surcroît un artisan soyeux déguisé en jeune fille…

C'est ainsi que la fabrication de la soie essaima hors de Chine et que depuis lors, à Khotan, la "princesse de la soie" est considérée comme une véritable divinité religieuse. Dans un petit temple de Dandan-oilik ( à l'est de Khotan) l'archéologue anglais sir Aurel Stein a d'ailleurs découvert une fresque représentant une belle jeune femme aux joues rondes tenant un panier rempli de cocons ! »

### 真 Le sûtra du Lotus de la Vraie Loi

C'est le bouddhisme dit du « Grand Véhicule » (Mahâyana), où l'accent est mis sur la réflexion méditative, grâce à l'apport de sûtras dont le succès aura été immense, comme celui du *Lotus de la Vraie Loi,* qui se développe de préférence à celui du Petit Véhicule (Hinâyana), lequel prône un plus grand ritualisme.

Sous l'influence du moine légendaire Bodhidharma, la forme la plus chinoise du bouddhisme, le *Chan* – qui

équivaut à « méditation » – connaît un immense essor à partir du VIe siècle. Parfaitement adapté à la mentalité chinoise et à ses aspects taoïstes, le *Chan* met l'accent sur le caractère intuitif de l'approche intellectuelle proposée aux adeptes qui accèdent à l'Illumination après avoir fait le vide à l'intérieur d'eux-mêmes, en s'appliquant l'absence totale de toute pensée (*wuxing*) – ce qui, finalement, est assez comparable au concept du « non-agir » des taoïstes.

### 真 Les divinités spécifiques du bouddhisme chinois



Autour du bouddhisme chinois apparaissent des divinités spécifiques, qui font de son panthéon l'un des plus riches et des plus complexes. Parmi les

#### Le changement de sexe du bodhisattva Avalokiteçvara

L'un des symboles de la « sinisation » du bouddhisme indien après son arrivée en Chine reste le changement de sexe du bodhisattva Avalokiteçvara, l'« intercesseur » entre les hommes et le Bouddha. Toujours représenté une fleur de lotus à la main (sous sa forme ésotérique, on le représente avec onze têtes superposées par rangées de trois), il devient l'une des divinités chinoises féminines les plus populaires sous le nom de *Guanyin*, après avoir pris la forme d'une belle jeune femme tenant parfois un enfant à la main (il en va de même au Japon, où la divinité prend le nom de Kannon). Au XVIIIe siècle, les jésuites de Chine prétendent même que *Guanyin*, « la déesse de l'amour protecteur », était la forme sinisée de la Vierge Marie !

plus importantes, on citera le Bouddha du Futur, Maitreya (*Mile* en chinois), dont la venue doit apporter au monde la Grande Paix (*Taiping*, qui est aussi un concept taoïste) ainsi que le Bouddha d'âge infini, Amitâbha, qui règne sur le paradis occidental.

Dans la Chine d'aujourd'hui, après une éclipse de plusieurs siècles, le bouddhisme ayant amorcé un lent déclin à partir de l'an mil environ, celui-ci est loin d'être absent et les pagodes, en général rouvertes au culte, sont toujours pleines de fidèles qui font leurs dévotions devant les statues religieuses.

# Un âge d'or chinois : l'empire des *Sui* et des *Tang* (581-907), puis son morcellement (907-979)

La réunification entre le nord et le sud du pays est opérée officiellement en 589 à *Luoyang* par *Yang Jian*, le fondateur de la dynastie des *Sui*. Avec le retour à ses frontières originelles, l'Empire chinois connaît un véritable âge d'or qui dure plus de trois siècles.

De fait, jamais la conjonction entre l'essor économique, la prospérité sociale et l'absence de grandes guerres civiles n'aura été aussi féconde, tant sur le plan de la littérature et de la poésie, que sur celui des arts plastiques, de la musique et de la danse.

## 善 L'ère du raffinement

La civilisation chinoise resplendit de mille feux, en même temps que les armées des *Tang* s'apprêtent à prendre le contrôle de zones que les dynasties précédentes avaient toujours rêvé de conquérir sans jamais y parvenir : c'est ainsi que d'immenses territoires, de la Corée jusqu'à l'Iran, sans oublier le centre du Vietnam, passent sous contrôle chinois.

## Le Grand Canal Impérial

Dès l'Antiquité, les autorités chinoises, à commencer par le Premier Empereur, s'efforcèrent de rendre navigables les grands fleuves qui traversent le pays d'ouest en est : le fleuve Jaune au Nord et le fleuve Bleu au Sud.

Points de passage obligés des marchandises, ces voies navigables permettaient à l'administration fiscale de percevoir de nombreuses taxes auxquelles il était impossible de se soustraire puisque la surveillance des voies d'eau ne cessait jamais.

Le Grand Canal Impérial, initié par l'empereur Yang des Sui, reliait le Nord au Sud.

Autour de l'empereur, redevenu le Fils du Ciel, courtisans et eunuques déploient des trésors de raffinement immortalisés par les figures de terre cuite représentant danseurs et musiciens dans des postures saisissantes de vie, ou encore ces courtisanes aux visages soigneusement maquillés et aux formes arrondies revêtues de somptueuses soieries (les célèbres « fat ladies » pour lesquelles les collectionneurs d'antiquités chinoises sont prêts à dépenser des fortunes).

## LE BREF EMPIRE AUTOCRATIQUE DES *SUI* (581-617)

C'est un pouvoir centralisé d'essence militaire, quoique très lié aux milieux bouddhiques dont il favorise la montée en puissance, qui règne brièvement en Chine, sous le nom des *Sui*, de 581 à 617.



En reprenant *Chang An* pour capitale, le général *Yangjian*, fondateur de cette dynastie, témoigne de sa volonté de restaurer l'empire dont le centre s'était toujours situé au cœur même de la vallée de la *Wei*, en même temps qu'il met un terme définitif à la rivalité avec Nankin, ancienne capitale de la Chine du Sud.

Tout au long de son règne (581-604), ce stratège brillant n'a de cesse de consolider un pouvoir unique durement conquis par les armes, grâce à des mesures administratives et économiques qui deviendront les fondements de l'administration impériale sous les *Tang*. Le premier empereur des *Sui* est tué par son fils, qui prend le simple nom de *Yang* et règne de 604 à 617, avant de céder lui-même la place au représentant de la future dynastie des *Tang*.

### Un grand souverain constructeur

En attendant, l'empereur *Yang* des *Sui* se signale par une impressionnante politique de construction de grands canaux (voir p. 167) et

de hautes murailles destinées à protéger les zones agricoles contre les pillards, mais également par la constitution d'une flottille de guerre à partir de la ville de *Yangzhou* sur le fleuve Bleu. Des expéditions maritimes sont lancées, non sans succès, vers la Corée et Sumatra.

La Chine, jusque-là obsédée par les possibles invasions barbares venues du Nord et de l'Ouest, prend peu à peu conscience de la nécessité de contrôler son espace maritime ; en même temps, les voies commerciales reliant le continent chinois à l'Asie du Sud-Est deviennent de plus en plus sûres. Cette intensification du commerce méridional venu par les mers explique l'essor des grandes villes côtières.



En 618, une rébellion éclate au *Shanxi*, fomentée par le général *Li Yuan* (565-635) ; ce militaire de haut rang a été poussé par son fils *Li Shimin* (598-649) à faire alliance avec les tribus turques contre lesquelles les *Sui* n'avaient cessé de guerroyer, puis à marcher sur *Chang An* où il fondera, en 618, la dynastie des *Tang* en prenant le nom de *Gaozu,* ce qui mettra un terme définitif au régime des *Sui.*

Quant à *Li Shimin*, dont la figure ne cessera d'inspirer les historiens et les poètes durant plus de dix siècles, il tirera les bénéfices de son action et deviendra empereur de Chine à son tour, en 626, sous le nom de *Taizong le Grand*.

## L'EMPIRE DES *TANG* (618-907) OU LA RESTAURATION DE LA GRANDE CHINE

L'accession au pouvoir du clan des *Tang* ne constitue pas, loin s'en faut, une césure par rapport à la période précédente : l'empire centralisé continue

l'expansion de sa zone d'influence jusqu'à des territoires où il ne s'était pas jusqu'alors aventuré.

En revanche, la grande rébellion menée par le général turco-sogdien *An Lushan* (754-755) marque une nette séparation entre deux périodes, la première correspondant à l'apogée des *Tang* et la seconde à leur déclin.

### Le grand dessein technocratique des premiers empereurs *Tang*

C'est tout naturellement que l'empereur *Gaozu* (618-626) s'efforce, dès le début de son règne, de consolider le système administratif mis en place sous la dynastie précédente. Dix ans plus tard, en 628, deux ans après l'arrivée au pouvoir de l'empereur *Taizong* (626-649) ce sera chose faite : à cette date l'empire est divisé en dix régions gouvernées par des préfets, assistés par des collecteurs d'impôts et des juges.



### *Chang An*, « capitale idéale »

L'organisation spatiale de la capitale *Chang An* en fait une « capitale idéale », symbole de la puissance de l'empereur.

Ceinte de hautes murailles dont la longueur totale atteint près de quarante kilomètres, son plan centré et ses rues à angle droit permettent à la police d'exercer une surveillance facile sur les allées et venues de ses habitants. Ce quadrillage, à l'image du verrouillage administratif du pays, n'empêche pas la présence d'une importante population d'origine étrangère, ainsi qu'en témoignent la succession de nombreuses ambassades en provenance des contrées occidentales mais aussi la présence d'édifices cultuels dédiés au christianisme nestorien, au manichéisme ou au zoroastrisme.

On ne pénètre dans *Chang An* que sur présentation d'un laissez-passer et chaque auberge doit tenir un registre où figure l'identité de ses clients ; pour faciliter les inspections, la centaine de quartiers que compte la ville sont séparés par des murs ; chaque administration (ravitaillement, impôts, organisation mandarinale, justice, etc.) dispose de ses propres bâtiments ; quant aux deux immenses marchés où tout se vend et s'achète, ils sont directement reliés à un système de canaux qui permet de les approvisionner. Le palais impérial, déjà appelé Cité interdite, est construit dans la partie nord de la ville, derrière une enceinte spéciale qui empêche toute intrusion inopinée.

### Une ville de six cent mille habitants

En 742, un recensement permet d'affirmer que la capitale des *Tang* comptait pas moins de six cent mille habitants, ce qui faisait d'elle la plus grande ville du monde. *Luoyang,* la cité jumelle, quoique de taille inférieure, distante de quatre cents kilomètres mais reliée par un canal spécial en raison des courants très forts qui affectaient le cours du fleuve Jaune dans cette zone accidentée, en comptait environ trois cent cinquante mille. Pour éviter tout risque de disette dans la région, ce qui aurait eu des effets dévastateurs sur le pouvoir en place, des greniers à céréales sont construits entre les deux villes.



#### Le premier Grand Canal des *Sui*

C'est sous la dynastie des Sui que le premier Grand Canal fut aménagé en plusieurs tronçons, de 584 à 610 ; sa partie méridionale partait de *Hangzhou*, au *Zhejiang*, et reliait le fleuve Bleu à *Zhengjiang*, tandis qu'une deuxième section permettait de joindre le même fleuve Bleu à la *Huai* ; vers le nord-ouest, le canal de *Bian* s'étirait sur près de mille kilomètres jusqu'au fleuve Jaune, qu'il rejoignait vers *Kaifeng*, et de là il était possible de naviguer sur un canal parallèle à la *Wei* jusqu'à *Chang An* ; une autre branche reliait *Kaifeng*, alors la capitale, à *Tianjin* et Pékin.

Le premier Grand Canal fut utilisé jusqu'au début du XIIe siècle.

## Sans quadrillage fiscal, pas d'État fort ni de conquêtes extérieures

La volonté de perpétuer un État fort et de conquérir de nouveaux territoires oblige les*Tang* à accroître le rendement de la fiscalité imposée à l'économie de leur pays.

Ce quadrillage fiscal explique la croissance des effectifs des fonctionnaires chargés de collecter l'impôt mais surtout de vérifier son assiette. Si la Chine de cette époque est le pays du commerce, elle est également celui de l'économie administrée.

La réglementation agraire est le pivot de ce système. Une série de décrets ruraux (*tianling*) promulgués en 624 prévoit l'attribution à chaque famille d'un lopin de terre permettant d'assurer sa subsistance et d'une portion de grand domaine sur lequel les hommes travaillent à la tâche. Ce système est censé permettre à chaque famille de s'acquitter de l'impôt en céréales (*zu*), de l'impôt en tissu de soie ou de chanvre (*diao*) et de la corvée (*yong*). Le montant de ces impôts est basé sur le nombre de ses membres, d'où la nécessité de procéder périodiquement à de vastes recensements qui permettent de se faire une idée assez précise du nombre d'habitants que compte le pays à cette époque, soit une cinquantaine de millions. De nombreuses équipes de contrôleurs sont chargées de vérifier l'application de ces règlements et de ces codes.

Pour permettre le paiement par l'État de cette immense armée de fonctionnaires civils et fiscaux, les *Tang* forcent les pays tributaires (sous domination chinoise) à leur verser une partie de leurs richesses.

## L'empereur, chef suprême de la technocratie

Outre les infrastructures de transport fluvial et terrestre, les *Tang* parachèvent l'organisation d'une administration puissante, véritable colonne vertébrale de l'État, qui fait de la Chine le plus ancien régime technocratique du monde.

**Zigu, la Jeune Fille Pourpre, déesse des Latrines**

C'est sous les *Tang* qu'apparut *Zigu*, la Jeune Fille Pourpre, déesse des Latrines.

Alors qu'elle était la concubine d'un homme riche, *Zigu* fut tuée par l'épouse jalouse de ce dernier, avant d'être jetée dans la fosse d'aisance où se nourrissaient les cochons. Promue au rang d'immortelle, *Zigu* fit longtemps l'objet d'un culte, le 15e jour du 1er mois lunaire de l'année. Sa figure témoigne de l'utilisation, jusqu'à une date très récente, des excréments humains par les paysans chinois pour fumer leurs cultures.



Au sommet de la technocratie impériale, il y a, bien sûr, l'empereur en personne.

L'administration impériale compte deux organismes principaux : l'immense Département des Affaires d'en haut (*Shangshu sheng*) regroupe tous les services administratifs actifs : la haute administration, les finances, la justice et les rites, les armées et les travaux publics et sert de bras séculier au pouvoir impérial ; quant au *Menxia sheng* ou Grande Chancellerie, il est chargé de produire les décrets impériaux et de vérifier leur application. S'y ajoutent le Secrétariat central (*Zhongshu sheng*), dont dépend le Collège des Annalistes chargé de répertorier les moindres faits et gestes de l'empereur, ainsi que le Conseil de l'État auquel participent, autour du souverain, les plus hauts dignitaires.

Précurseur d'une inspection générale de l'administration publique, le Tribunal du Censorat (*Yushitai*) a pour tâche – du moins en théorie – de relever les actes de corruption les plus graves ; à ce titre, il reçoit les plaintes des administrés. On trouve aussi neuf – chiffre parfait du *Yin* et du *Yang* – Cours Impériales (*Jiu si*) destinées à pourvoir à l'organisation de la vie quotidienne de la famille régnante et qui siégeaient toutes à *Chang An :* il s'agit des cours

des Sacrifices impériaux, des Banquets impériaux, des Insignes impériaux, de la Famille impériale, de la Justice, des Équipages impériaux, des Ambassades étrangères, des Officiers de Bouche impériaux et enfin du Trésor impérial.

À cela s'ajoute un étroit maillage administratif du territoire comportant des sous-préfectures, des préfectures et des régions dont continue à s'inspirer l'administration chinoise actuelle.

## LES MANDARINS : LES YEUX ET LES OREILLES DE L'EMPEREUR



De cette époque date l'instauration d'un système de recrutement des « mandarins » (*guan* en chinois) – terme portugais provenant du mot sanskrit signifiant « conseiller » – qui formeront l'épine dorsale de l'administration chinoise pendant des siècles. Calqué sur une hiérarchie idéale prônée par les Codes rituels de l'ère archaïque, ce système administratif est fondé sur le mérite des individus dûment sélectionnés, ce qui permet d'éviter tout accaparement par la noblesse de ces fonctions indispensables à l'organisation de la société la plus nombreuse de la planète.

Le système mandarinal comprend deux catégories, celle des « mandarins dans le système » (*liunei*) qui ont accès aux postes supérieurs de l'administration et celle des « mandarins hors du système » (*liuwai*) ou fonctionnaires subalternes, dont la présence aux audiences impériales est interdite mais à qui il est possible de rejoindre la première catégorie dès lors qu'ils ont subi avec succès les épreuves d'un concours ; chacun de ces grades mandarinaux est divisé en neuf échelons ; pour les « mandarins dans le système », ces neufs échelons sont eux-mêmes assortis de trente classes.

Ainsi, la carrière des mandarins de haut rang ressemble à un véritable parcours du combattant. Le sommet de la pyramide demeure réservé aux « mandarins fonctionnaires », qui passent, dans l'ordre protocolaire impérial, devant les « mandarins à titre civil » et les « mandarins à titre militaire ».

### La fin de la hiérarchie nobiliaire

Soucieux d'établir le pouvoir d'État dont ils détiennent le plein contrôle, les empereurs *Tang* s'efforcent de substituer cette hiérarchie mandarinale à la hiérarchie nobiliaire traditionnelle – laquelle comporte neuf niveaux, allant de prince à baron. Ils contraignent les grandes familles nobles à échanger leurs fiefs contre des revenus et mettent en place un système héréditaire dégressif (un fils ne pourra hériter que d'un échelon nobiliaire ou mandarinal inférieur à celui détenu par son père), non sans faire coiffer, au passage, le Bureau des Titres nobiliaires par le ministère des Fonctionnaires (*Libu*).



### Un système administratif basé sur l'écrit

Tout le système administratif des *Tang* repose sur l'écrit, les ordres les plus importants étant signés par l'empereur lui-même. Le pouvoir mandarinal est fondé sur la capacité de ses membres à écrire et à lire les caractères de la langue écrite afin de diffuser les lois et les règlements dans l'ensemble du pays. De nombreux textes, pour être valables, doivent recevoir plusieurs contreseings. Plus un mandarin bénéficie d'un grade élevé, et plus il lui est nécessaire de connaître d'idéogrammes (jusqu'à dix mille pour les mandarins les plus expérimentés).

## LA CHINE HORS DE SES FRONTIÈRES NATURELLES

La première partie de la dynastie des *Tang* correspond à une importante expansion qui va permettre à la Chine d'exercer une sorte de protectorat à la romaine sur d'immenses territoires.

### L'ennemi héréditaire turc

Vers la fin du VIe siècle, les armées turques avaient réussi à s'infiltrer derrière la Grande Muraille et il s'en était fallu de peu qu'elles ne s'emparent de *Chang An* en 601. En 630, les Chinois leur infligent une sévère défaite qui les oblige à se replier au-delà des Ordos et de l'actuelle frontière méridionale de la Mongolie-Extérieure.

Grâce à ses fantassins, ses archers et ses cavaliers, nombreux et bien entraînés, l'expansion géographique des *Tang* sous les règnes de *Taizong* le Grand (626-649) puis de *Gaozong* (649-683) illustre la puissance rapidement acquise par cette dynastie. Elle va lui permettre de prendre l'ascendant sur l'ennemi héréditaire turc (*Tujüe*) que sa division en deux groupes, dès 582,



celui des Turcs orientaux de l'Orkhon et des Turcs occidentaux de l'Altaï, n'a pourtant pas – loin de là ! – affaibli.

C'est ainsi qu'entre 626 et 683 les armées chinoises partent à la conquête d'immenses territoires occupés par des tribus que les *Tujüe* avaient réussi non sans mal à fédérer : Tölös, Ouïgours, Tangut, dont les redoutables armées de cavaliers nomades font régner la terreur partout où elles passent et qui sont défaites les unes après les autres.

### Rien ne semble résister aux armées chinoises

Dès lors, les armées impériales chinoises ont le champ libre pour se lancer à la conquête de nouveaux territoires. Successivement, les oasis de Turfan (dont le nom chinois était *Gaochang*), Hami, Karashar, Kucha (en 658), puis celles de Transoxiane tombent dans l'escarcelle chinoise. Quelques années plus tard, des colonies (souvent dirigées par des préfets) sont créées par-delà les Pamirs : à *Kang* (Samarkand),

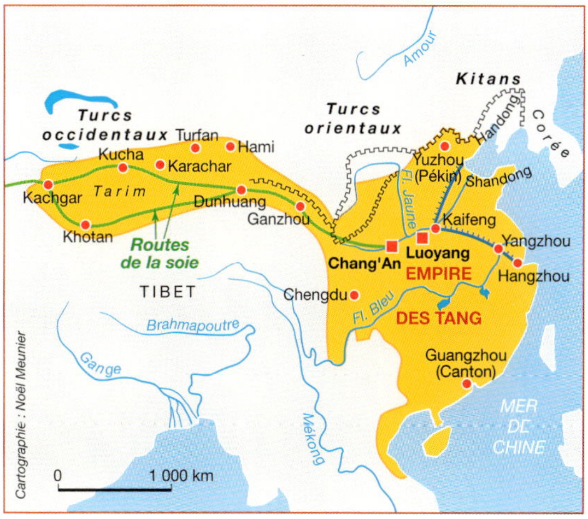


à *Shi* (Tachkent), à *An* (Boukhara), à *Cao* (Kaputana) ou encore à *Mi* (Maimargh) ; ces implantations témoignent de la capacité nouvelle des autorités chinoises à projeter leurs forces armées et leurs règlements administratifs bien au-delà des frontières traditionnelles du pays.

De proche en proche, une large partie de l'Asie centrale, depuis la Mongolie orientale jusqu'au bassin du Tarim, passe ainsi sous protectorat chinois. L'Asie du Sud-Est (Cambodge actuel) est partiellement conquise, sans oublier la Corée, dont le roi finit par faire allégeance à l'empereur de Chine.

Vers 660, des offensives victorieuses sont également lancées vers le nord, en direction de l'actuelle Mandchourie et de la Corée, à partir de *Andong* (actuel Liaoning).

À la fin du VIIe siècle, rien ne semble devoir arrêter l'avancée des armées impériales chinoises.

## Une expansion fragilisée par les distances

Mais il y a un revers à la médaille de cette politique conquérante.

Compte tenu des distances à parcourir entre les régions occupées et la capitale, l'expansion est fragile et oblige les autorités à de coûteuses installations de campements destinés à permettre le stationnement de leurs armées. L'allégeance des familles qui dirigent les régions occupées reste superficielle et les nombreux tributs que leur impose l'administration chinoise sont de plus en plus difficiles à supporter. Les Turcs orientaux, qui n'ont pas dit leur dernier mot, contraignent les Chinois à maintenir leur pression militaire sur le cordon des oasis d'Asie centrale, tandis qu'ici et là des rébellions éclatent. Parmi celles-ci, il faut citer celle des Tibétains, entre 670 et 678, qui leur permet d'occuper les principales étapes de la Route de la Soie depuis Kashgar jusqu'à

Kucha, suivie par l'expansion arabe qui fera rapidement reculer les influences chinoises en Transoxiane et dans la région de Kashgar.

## *WU ZETIAN* (624-705), LA SEULE FEMME À ÊTRE DEVENUE « EMPEREUR » DE CHINE

Unique femme à avoir réussi à prendre, en 674, le titre d'« empereur » (et non de simple impératrice) sous le nom de *Wu Zetian*, *Wuzhao* est sans conteste l'une des figures les plus illustres de l'histoire chinoise et singulièrement de celle de la dynastie des *Tang*.

Originaire du *Shandong*, elle se fait remarquer par l'empereur *Taizong* le Grand, alors qu'elle n'est qu'une toute jeune fille, par sa beauté et ses dons de cavalière ; à la mort de *Taizong* (649), elle quitte le gynécée impérial pour devenir nonne bouddhiste, à l'instar de toutes les autres concubines de l'empereur défunt. Rappelée à la cour impériale en 654, elle devient très rapidement la favorite de l'empereur *Gaozong*, dont elle finit par évincer l'épouse officielle, après avoir fait croire que cette femme a assassiné le bébé dont elle venait d'accoucher.

À compter de ce jour, cette redoutable manœuvrière ne cessera de tirer les ficelles du pouvoir avant d'accéder elle-même au rang d'impératrice en 655, contre l'avis des familles nobles qui ne voyaient en elle qu'une usurpatrice. Désireuse de prendre en main le destin du pays, elle arrive à ses fins après moult péripéties et complots, non sans avoir procédé à l'élimination impitoyable de tous ceux qui étaient susceptibles de lui faire obstacle.

Fidèle alliée de l'Église du Grand Véhicule, elle s'est appuyée sur des prédictions bouddhiques qu'elle avait fait spécialement élaborer dans un commentaire orienté du sûtra du Nuage blanc, pour se faire désigner comme la possible réincarnation du Bouddha messianique Mile (Maitreya).

À la mort de son époux, elle n'aura de cesse que d'écarter du trône ses fils et héritiers légitimes pour y monter elle-même en 690. Afin d'asseoir un pouvoir qui lui était évidemment très contesté, l'impératrice *Wu* s'emploie à changer les règles administratives du système politique traditionnel en s'inspirant de celles édictées, sept siècles plus tôt, par l'usurpateur *Wang Mang* qui avait ravi le pouvoir aux *Han* au début de notre ère pour fonder l'éphémère dynastie des *Xin* (voir p. 124).

Cette aventurière de haut vol qui n'avait manifestement pas froid aux yeux mourut en 705, non sans avoir rendu le trône à son fils *Zhongzong,* demeuré l'héritier impérial présomptif.

Elle reste dans l'histoire de la Chine l'unique femme à avoir conquis le pouvoir suprême et dirigé l'empire.



### L'organisation des armées sous les *Tang*

Ce sont les grandes familles nobles qui fournissent aux armées leurs corps d'élite : la garde impériale, au service exclusif de l'empereur, l'armée du palais, chargée de protéger la Cité interdite de toute intrusion extérieure, et les estafettes qui relient le commandement aux théâtres d'opérations.

Malgré leur volonté de mettre en place des armées d'État dont les soldats ont le statut de fonctionnaires, les *Tang* sont obligés de recourir à des mercenaires, certains règlements allant même jusqu'à prévoir une grille de rémunération variable selon les cas : un cavalier disposant de son propre cheval touche, par exemple, une solde beaucoup plus importante que celle du simple fantassin à pied.

D'une façon générale, les armées les plus importantes étaient concentrées autour des capitales et le long de la Grande Muraille, où l'on veillait à ce que la cavalerie soit présente.

### Xuanzong, un empereur à poigne

À la figure emblématique de l'impératrice *Wu Zetian* succède celle de l'empereur *Xuanzong* (712-756) dont le long règne correspond sans conteste, notamment sur le plan des arts et des lettres, à la période la plus faste de la dynastie des *Tang*.

En remettant de l'ordre dans les finances de l'empire, ce dirigeant à poigne redonne à l'État les moyens civils et militaires qui commençaient à lui faire cruellement défaut. Le système des milices paysannes (*fubing*) et des haras nationaux, dont l'impératrice *Wu* s'était désintéressée, sont réorganisés ; la politique des recensements est relancée, dans le but de pallier les nombreuses lacunes des registres fiscaux ; les concours administratifs sont remis au goût du jour, afin d'éliminer les passe-droits dont le nombre ne cessait d'augmenter dangereusement.



**_Zhongkui_**
**le dieu pourfendeur des démons**

Certains textes racontent comment l'empereur *Xuanzong* (712-756), qui souffrait de malaria, vit s'enfuir un petit démon en pantalon vert, un pied chaussé et l'autre nu, qui venait de lui voler sa flûte de jade. Soudain surgit un personnage chaussé de bottes de fonctionnaire et portant le costume des hauts dignitaires qui rattrapa par le collet le petit démon, lui arracha les yeux et le dévora tout cru. Après quoi, l'empereur retrouva la santé. Le personnage habillé en haut dignitaire était *Zhongkui*, le dieu pourfendeur des démons.

Censé écarter les miasmes et les ennuis pour ceux qui le vénèrent, *Zhongkui* est encore très populaire en Chine.

Au départ, *Zhongkui* était le nom donné à un énorme maillet en bois de pêcher utilisé par celui qui avait réussi à tuer *Yi* l'Archer, une sorte de héros invincible ayant réduit sept monstres qui menaçaient les hommes.

**« Musique assise »**
**et « musique debout »**

L'empereur *Xuanzong* fit publier un édit qui distinguait deux catégories musicales à la cour impériale de Chine : le genre « assis », qui était une musique de chambre, jouée par un orchestre de trois à douze musiciens professionnels, destinée à être écoutée à l'intérieur et donc assise (d'où son nom) ; le genre « debout », musique exécutée en plein air par un orchestre de soixante à cent quatre-vingts musiciens.

La précision de cette codification témoigne de l'importance des sons dans l'« harmonie universelle » (le souffle fondateur *Qi* – voir p. 28 – a également une composante sonore) dont l'empereur était le premier garant vis-à-vis de la nation.



Bref, la Chine impériale semble renaître de ses cendres, après l'intermède *Wu Zetian*... et *Xuanzong* va même se permettre le luxe de créer une préfecture chinoise sur les rives du fleuve Amour (723) et de repousser, du moins provisoirement, les avancées arabes qui menaçaient la Transoxiane (745).

## Les relations avec le Tibet sont déjà ambiguës et complexes...

La complexité des relations entre le Tibet et la Chine ne date pas d'aujourd'hui.

À la faveur de l'expansion des *Tang* en Asie centrale, convoitée par les redoutables guerriers tibétains à cheval, les zones de frottement entre les autorités chinoises et leurs homologues tibétaines se multiplient.

À Lhassa, une royauté a été créée par Songtsen Gampo (618-650) qui décide de lancer son pays à la conquête de nouveaux territoires situés au nord. C'est ainsi que de grands centres commerciaux et culturels de la Route de la Soie (Khotan, Kucha, Karashar et Kashgar) passent sous contrôle tibétain en 666, avant d'être repris par les Chinois en 694.

La monarchie tibétaine bénéficie du concours de la famille Gar qui lui fournit ses Premiers ministres. Parmi ceux-ci, Tongtsen Yülzung est dépêché à Pékin en 641 pour en ramener la princesse *Whencheng* dont le roi Songtsen fera sa femme. Cette alliance ouvre la route du pèlerinage à Lhassa aux marchands et aux moines bouddhistes chinois qui peuvent également se rendre en Inde, par cette voie, sur les traces de Siddharta Gautama.

En 704, les Tibétains doivent affronter la révolte du Népal, pays qu'ils avaient également conquis, en même temps que les Arabes arrivent à leurs frontières. Le roi Me Aktsom conclut un accord de paix avec la Chine (730) destiné à lui permettre de se concentrer sur la défense des autres frontières, mais Trhisong Detsen – qui accède au trône en 755 – reprend les expéditions militaires. Profitant des difficultés rencontrées par les *Tang*, les armées tibétaines vont même réussir à occuper brièvement (pour un mois !) *Chang An* en 763.



C'est au début du IXe siècle, sous le règne de Ralpâchen, que le bouddhisme fait son entrée officielle au Tibet, dont la religion traditionnelle d'origine cha-

**Les redoutables arbalètes à répétition**

Sous les *Tang*, les ingénieurs militaires chinois étaient capables de construire de gigantesques arbalètes à répétition. Ces armes redoutables, qui pesaient près de 500 kg, permettaient de propulser d'affilée à plus de neuf cents mètres douze carreaux de près de deux mètres cinquante de long.

Les arbalètes – qui restèrent jusqu'à l'invention (après l'an mil) des armes à feu le principal atout de l'artillerie chinoise – furent mises au point dès l'époque des Royaumes Combattants en même temps que les catapultes dont l'utilisation, pour propulser des bombes incendiaires à poudre (au milieu du XIe siècle), débouchera sur l'invention, un siècle et demi plus tard, des premiers canons.

## Le cheval, animal roi des *Tang*

Sans chevaux, les victoires militaires des *Tang* n'auraient jamais été aussi importantes.

À l'instar de ce qui était advenu, au IIIe siècle av. J.-C., pour le royaume de *Qin*, c'est grâce au nombre gigantesque des chevaux qu'elles furent capables d'aligner sur les champs de bataille que les armées impériales de l'époque des *Tang* obtinrent leur suprématie.

C'est dire l'importance de cet animal qui servait de monture aux archers et dont l'élevage, développé de façon systématique à partir du VIIe siècle, devint un enjeu politico-militaire considérable.

Au début de la dynastie, le nombre de chevaux possédés par les armées chinoises ne dépassait pas — d'après les sources écrites – cinq mille, dont deux mille appartenaient à des tribus d'origine turque avant d'être saisis comme butin de guerre. Un siècle plus tard, vers 650, au moment des grandes offensives militaires menées par les armées chinoises, on évalue à plus de sept cent mille le nombre des bêtes élevées dans les haras impériaux dont les immenses pâturages s'étendaient sur des centaines de milliers d'hectares au *Shaanxi* et au *Gansu*. En 727 fut établi à *Yinchuan* (capitale de la province du *Ningxia*), au bord du fleuve Jaune, un marché aux chevaux où de nombreux marchands turcs venaient échanger leurs bêtes contre de la soie et des armes en fer forgé.

L'importance stratégique du cheval va se doubler d'un extraordinaire engouement pour cet animal, ainsi qu'en témoignent la pratique du polo, très répandue dans les milieux aristocratiques du Nord, mais surtout l'existence de nombreuses céramiques funéraires vernissées à thème équestre, ou encore de peintures sur soie représentant des chevaux dont le célèbre peintre-calligraphe *Han Gan* (720-780) s'était fait une spécialité, sans oublier les célèbres bas-reliefs du tombeau de l'empereur *Taizong* le Grand (626-649) représentant ce dernier entouré de ses montures.

manique – le Bon – continue néanmoins à marquer les us et coutumes de cette société si particulière.

En 831, la perte de l'oasis de *Dunhuang* va sonner le glas des conquêtes tibétaines dont il ne reste plus rien à la fin du IXe siècle.

**Sous les *Tang*, 2300 poètes, pour plus de 48 000 poèmes**

Si l'on voulait une preuve de l'importance prise par la poésie sous les *Tang*, on retiendra que le *Recueil intégral des poètes Tang (Quantangshi)* publié en 1705 sous les *Qing* contient quarante huit mille poèmes et deux mille trois cents auteurs.

Parmi les plus célèbres, on citera *Li Bai* (701-762) et *Du Fu* (712-770) qui vécurent à l'époque de l'empereur *Xuanzong*, lui-même excellent peintre, acteur, poète et calligraphe.



## LA RÉBELLION POPULISTE DU GÉNÉRAL FÉLON *AN LUSHAN*

Mais ce système centralisé à l'extrême et parfaitement huilé, du moins en apparence, masque de nombreux changements sociaux qui vont provoquer, avec la rébellion militaire de *An Lushan*, l'un de ces grands soubresauts politiques comme seule la Chine est capable d'en produire.

La crise agricole ayant mis à mal le système de conscription, c'est faute d'avoir vu venir la montée en puissance des chefs de guerre, qui fournissaient l'empire en mercenaires et en milices indispensables à sa défense et à ses conquêtes militaires, que la fin du règne de *Xuanzong* va subir une crise sans précédent.

L'un d'eux, du nom de *An Lushan*, de père sogdien et de mère turque, ayant embrassé avec succès le métier des armes, ne gouverne pas moins de trois régions militaires : *Fanyang*, autour de Pékin, *Hedong* au *Shanxi* et *Pinglu* au

*Shandong.* À ce titre, il dispose de plus de deux cents mille hommes et de trente mille chevaux. En 755, constatant la faiblesse du pouvoir central et fort de sa puissance militaire, le général félon décide de marcher sur *Luoyang* et *Chang An* dans lesquelles il entre sans même livrer bataille, obligeant l'empereur *Xuanzong* à s'enfuir au *Sichuan*.

La rébellion dure huit ans et ne s'achève qu'en 763, année au cours de laquelle les Tibétains pénètrent au *Gansu* où ils s'emparent des chevaux des haras impériaux ; entre-temps, après la mort d'*An Lushan* (757), *Shi Siming*, un autre chef de guerre, a pris la relève du général turco-sogdien et est entré à son tour en rébellion. Le pouvoir impérial a le plus grand mal à reconquérir, grâce à l'aide des Ouïgours et des Tibétains, les régions de *Chang An* et de *Luoyang*.

Cette révolte, qui constitue le grand tournant de l'histoire de la dynastie des *Tang*, ouvre une période intermédiaire pendant laquelle la Chine, dont le système de protection des frontières de l'empire va se désagréger, est obligée de mettre fin à ses velléités impérialistes.



## La lente désagrégation de l'empire des *Tang*

La fin de la grande rébellion militaire s'accompagne d'une lente désagrégation de l'empire qui se poursuit tout au long du VIIIe siècle.

À partir de 790, tous les territoires situés à l'ouest de la Grande Muraille échappent peu à peu au contrôle chinois : en quelques années, l'Empire du Milieu va revenir à sa taille originelle.

Pour mettre fin aux révoltes qui le minent et sont souvent liées à la famine, le pouvoir central instaure un dispositif politico-militaire, sous la forme de commissaires impériaux (*jiedushi*) dotés de pleins pouvoirs et notamment de celui d'administrer les régions militaires (*fanzhen*). Mais ce dispositif, en provoquant un morcellement du territoire dont la Chine mettra plus de cent ans à se remettre, produit l'effet inverse de celui recherché.

Vers la fin de la dynastie des *Tang*, on ne compte pas moins d'une cinquantaine de ces circonscriptions dirigées par des « commissaires impériaux », en réalité des chefs de guerre, issus dorénavant d'autres milieux que celui des nobles ou des lettrés. Ils exercent un pouvoir sans tutelle tout en s'efforçant de contenir les actions des pillards et des bandes armées qui font régner la terreur auprès des populations. Désireux d'établir un pouvoir dynastique, ces hommes autoproclamés généraux en chef n'hésitent pas à adopter leurs lieutenants et à fonder d'immenses familles fictives qui vivent en autarcie et dont la puissance et la farouche volonté d'indépendance sapent les bases du pouvoir impérial.



## Une succession de rébellions

Entre 874 et 883, une rébellion, fomentée par des contrebandiers qui s'adonnent au trafic du sel, *Wang Xianzhi* et *Huang Chao*, fait à nouveau trembler le régime sur ses bases. En 878, leurs bandes armées se livrent à un pillage systématique du bassin moyen du fleuve Bleu ainsi que du *Zhejiang*. En 897, les insurgés gagnent même Canton, où ils se signalent par un massacre de marchands qu'ils avaient pris en otages.

Quelques années plus tôt, en 881, la mise à sac de *Chang An*, totalement laissée à feu et à sang par le bandit de grand chemin *Huang Chao*, avait déjà témoigné de l'ampleur que pouvaient prendre ce type d'exactions.

Une dizaine d'années plus tard, dans le sud-ouest, la royauté du « Prince du Sud » (*Nanzhao*), connue sous le nom de royaume de Dali à partir de 903, menace sérieusement le *Sichuan*. Au nord-est (Mongolie orientale) s'affirme aussi l'empire sinisé des Kitan sur lequel le pouvoir chinois n'aura plus aucune prise. Au même moment, c'est le Vietnam qui échappe à son tour à la tutelle des *Han* du Sud établis à Canton.

L'organisation politico-militaire de la Chine se délite. Le pouvoir est obligé de se replier à *Luoyang*, où règnent les derniers empereurs de la dynastie devenus, à leur grand dam, les instruments de condottieres le plus souvent d'origine turco-chinoise. L'un d'entre eux, *Zhu-Wen* (852-912), fils de petit lettré campagnard plus entreprenant que les autres, a commencé par être ouvrier agricole puis chef de section militaire avant d'atteindre le grade de commissaire impérial grâce à ses faits d'armes. En 907, scellant l'extinction officielle des *Tang* qui n'avaient plus d'une véritable dynastie que le nom, il fonde le nouvel empire des *Liang*.

## Des moines bouddhistes à l'esprit d'aventure

Sous les *Tang*, deux célèbres moines voyageurs, *Xuanzang* (602-664) et *Yijing* (635-713), dont les relations des pèlerinages en Inde constituent de véritables romans d'aventures, marquent un tournant dans l'implantation du bouddhisme en Chine, bientôt promu au rang de religion officielle. Le premier, originaire du *Henan*, se rend en 627 sur les traces du Bouddha pour en revenir en 645 par la voie de terre, porteur de plus de six cents ouvrages et



### Le successeur du Bouddha et de Jésus

Sous les Tang, une religion étrange était présente en Chine, venue d'Iran. Elle avait pour prophète un certain Manès, ou Mani, (d'où manichéisme, *monijiao* en chinois), né à Babylone en 216 et mort persécuté en 276. Considéré comme l'ultime successeur de Zoroastre, de Bouddha et de Jésus à la fois, il avait eu la révélation du dualisme entre l'Esprit et la Matière, le Bien et le Mal, d'où l'homme ne peut s'extraire qu'en adoptant une conduite totalement pure et austère. Mani, dont certains adeptes n'hésitaient pas à se suicider par inanition, est le seul fondateur d'une religion du Livre à avoir lui-même écrit les révélations et la doctrine.

Contrairement au christianisme nestorien, une hérésie chrétienne orientale, le manichéisme bénéficia des faveurs de l'impératrice *Wu Zetian* qui autorisa officiellement sa pratique.

couvert d'honneurs ; à son époque, il a été sans conteste le seul Chinois à maîtriser dans toute son ampleur la complexité de la pensée bouddhique. Le second, originaire du *Hebei*, utilise la voie maritime pour partir dans le golfe de Bengale, d'où il revient en 695 avec quatre cents ouvrages et autant de reliques saintes, triomphalement accueilli par l'impératrice Wu Zetian, non

## La pagode, forme chinoise du stûpa indien

La pagode à étages s'est répandue en Chine en même temps que le bouddhisme. Elle est la forme chinoise du prototype indien appelé « stûpa », une construction de forme ovoïde censée représenter le mont Meru (ou Sumeru) qui est le sommet du monde pour les bouddhistes. Souvent, le stûpa était coiffé par un ou plusieurs parasols d'apparat empilés les uns sur les autres.

À l'instar des stûpas indiens, les pagodes chinoises sont des reliquaires. Sous les *Tang*, au moment de l'apogée de leur construction, certaines pagodes pouvaient atteindre près de soixante-dix mètres de haut.

Toujours associées à un temple bouddhiste dont elles forment le cœur, les pagodes commencèrent par être construites en bois ; puis elles le furent en briques (la première d'entre elles, à *Songyue* au *Henan*, date de 523) et en pierres. L'érection de ces bâtiments à plusieurs étages et à encorbellements, dépourvus de structures de soutainement et de contreforts, témoigne de la grande maîtrise de leurs architectes. On imagine aisément la stupeur dont étaient saisis les visiteurs des grandes villes impériales comme *Chang An* et *Luoyang* lorsqu'ils découvraient la véritable forêt de pagodes dont elles étaient recouvertes, à l'époque où la ferveur bouddhique était à son comble.

Sous les *Yuan* apparurent des pagodes de couleur blanche en forme de cloche appelées « dagoba » ; construits par des architectes népalais ou tibétains, ces édifices d'un type caractéristique servaient de lieu de culte aux adeptes du bouddhisme tibétain (lamaïsme).

sans avoir eu le temps de rédiger à Palembang (Sumatra) deux traités indispensables à la compréhension du bouddhisme, l'un sur les origines indiennes de cette religion et l'autre sur les plus éminents moines chinois qui avaient fait le pèlerinage en Inde sur les lieux sacrés du bouddhisme.

Quelques années plus tard, Amoghavajra (705-774), un moine originaire de Ceylan mais élevé en Chine au cours de son adolescence, sera l'un des premiers à y introduire le bouddhisme tantrique dont les textes ésotériques incantatoires et de haute portée symbolique connaîtront rapidement un vif succès à la cour des *Tang*. Après les premières grandes persécutions de la fin du IXe siècle, la fermeture des principales routes de l'Asie centrale, occupées d'abord par les Tibétains puis par les Arabes, aboutit au tarissement des grands voyages de moines chinois en Inde.



### « Subitistes » et « quiétistes », la querelle de l'Illumination

Au sein du bouddhisme chinois *Chan*, deux conceptions de l'Illumination (l'appréhension immédiate de la nature et des propos du Bouddha qui sommeille en chacun de nous) s'affrontent. Pour les « quiétistes », l'Illumination, qui suppose de faire taire les obstacles encombrant l'esprit grâce à l'absence totale de toute pensée (*wu xin*), ne s'obtient que graduellement (*jian*), au moyen d'exercices spirituels appropriés ; pour les « subitistes », l'Illumination ne s'acquiert que de façon spontanée ou subite (*dun*).

Pour d'autres, c'est en invoquant indéfiniment le nom du Bouddha du Futur Amithaba que s'ouvre la Voie du Salut : ce sont les adeptes de la secte de la Terre Pure (*Jingtu*) qui connut un essor considérable à partir de sa fondation par *Shandao* (613-681), son premier patriarche.

**Le moine *Xuanzang*, la légende des rats du Khotan**

Le moine bouddhiste chinois *Xuanzang* (602-664) peut être considéré comme le meilleur reporter de son temps sur la Route de la Soie. Revenu en Chine en 645 après un périple de près de quinze ans qui l'avait mené jusqu'en Inde, il relata son extraordinaire voyage dans ses *Notes sur les religions occidentales*, et rédigea le *Traité des terres des maîtres du Yoga*, resté une véritable somme des connaissances sur le bouddhisme indien.

Son périple donna lieu à une célèbre adaptation par le romancier *Wucheng* à la fin des Ming (XVIe siècle) sous le titre *Le Singe pèlerin*, où le moine bouddhiste prend la forme d'un vieux singe malicieux qui va de découverte en découverte.

*Xuanzang* raconte, par exemple, comment une princesse chinoise emporta dans son corsage des graines de mûrier et des cocons de ver à soie au roi de Yutian auquel elle était promise, permettant ainsi la diffusion du secret de fabrication de la soie jusque-là jalousement gardé par les Chinois. D'autres épisodes de son voyage sont encore plus rocambolesques, tel celui des gros rats du désert des environs de Khotan, des animaux à la fourrure dorée et soyeuse qui n'avaient pas hésité, pour rendre service au roi des lieux, à ronger les harnais des chevaux et les cordes des arcs des guerriers nomades prêts à attaquer l'oasis... En leur honneur, le souverain de Khotan avait construit un temple en forme de pagode...

Le succès des livres écrits par *Xuanzang* déclencha une vague de pèlerinages en Inde. Le dernier d'entre eux, auquel participaient plus de cent cinquante moines, eut lieu en 966 et dura dix ans.

## 真 Le pouvoir s'en prend au bouddhisme

Depuis le VIIIe siècle, une certaine méfiance accroît chaque jour le fossé qui sépare les autorités politiques d'un clergé bouddhique peu enclin à se conformer

### L'éléphant Vinâyaka, symbole érotique du tantrisme

*« Faites entrer le Vajra gorgé dans l'ouverture au centre du Lotus ; puis faites-le aller et venir mille fois, cent mille fois, dix millions de fois dans mon Lotus à trois pétales entouré de son cercle de chair... »*

Plusieurs textes de ce genre, écrits au début du VIII^e^ siècle, font état, mais de façon toujours allusive, des pratiques sexuelles du bouddhisme tantrique (*mijiao* en chinois, forme magique du bouddhisme originaire du Bengale et passée par le Tibet), qui fut introduit en Chine par le moine indien Amoghavajra (*Bukong*) vers 770.

C'est l'éléphant Vinâyaka, proche cousin du dieu indien Ganesh et représenté sous la forme de deux figures de forme humaine mais à tête d'éléphant étroitement enlacées, qui sert le plus souvent de symbole aux rituels amoureux dont les adeptes du tantrisme faisaient usage tout en jurant de ne jamais les dévoiler à quiconque. Certains rituels amenaient l'officiant à enduire d'huile une statuette de Vinâyaka puis à en mâcher la tête, avant de faire mine de la manger entièrement : on pensait que c'était la meilleure façon pour capter l'énergie aphrodisiaque du divin pachyderme dont la trompe était considérée comme le symbole même de l'attribut sexuel masculin...



aux directives draconiennes qu'elles lui imposent. Au siècle suivant tombent les premières mesures répressives. *Hanyu* (768-824), un lettré nationaliste qui s'était déjà signalé, en 819, par une célèbre diatribe où il fustigeait les bouddhistes pour s'être laissés aller à des scènes d'hystérie collective à l'occasion du transfert d'une relique du Bienheureux dans une pagode de *Luoyang*, prône le retour au « style antique » (*guwen*), c'est-à-dire à la tradition purement chinoise.

Ce sentiment antibouddhique, d'abord diffus essentiellement dans les couches mandarinales et lettrées, prend une dimension politique à partir de

842 et jusqu'en 845, moment-clé où une série de décrets officiels édictent la proscription des « religions étrangères ». Il est désormais interdit à tout Chinois de fréquenter les « gens de couleur », c'est-à-dire, précisément, les étrangers originaires des régions de l'Ouest et du Sud, celles-là même où le bouddhisme a pris son essor… S'ajoute à ce sentiment ultra-nationaliste une volonté politique de museler la puissance des grands monastères qui n'ont cessé d'accumuler d'immenses richesses, alors que l'État éprouve de plus en plus de mal à lever l'impôt pour faire face à ses propres dépenses.

Après la première grande vague de persécutions de 845, le bouddhisme ne dominera plus jamais la société chinoise comme cela a été le cas au temps de sa splendeur.

Loin, toutefois, de disparaître, il se mêle de plus en plus à la religion populaire pour donner lieu à un syncrétisme de bon aloi où les pratiques cultuelles finiront par l'emporter définitivement sur les spéculations ésotériques et philosophiques qui avaient fait pourtant les délices des grands maîtres bouddhistes chinois du IV^e au VIII^e siècle.



## UNE CHINE À NOUVEAU MORCELÉE : LES CINQ DYNASTIES (907-960) AU NORD ET LES DIX ROYAUMES (902-979) AU SUD

On désigne par « Cinq Dynasties » les régimes qui se succèdent, en Chine du Nord, à *Kaifeng* (*Henan*) de 907 à 960, tandis que le sud du pays reste, jusqu'en 979, morcelé en dix royaumes en proie aux révoltes et aux sécessions.

D'anciens brigands, esclaves ou soldats en rupture de ban prennent le pouvoir à la tête de régions indépendantes désormais désignées par le terme *guo*, c'est-à-dire royaume. Quelques années plus tard, les mêmes n'hésitent plus à s'arroger le titre d'empereur. Il faut attendre l'avènement en 951 du général *Guo*

*Wei* qui va fonder à *Kaifeng* la brève dynastie des *Zhou* postérieurs (951-960) pour assister à une ébauche de réunification du territoire.

Celle-ci s'accompagne, à partir du début du xe siècle, d'un regain de nationalisme dont la manifestation la plus éclatante est la confiscation des biens des monastères bouddhiques, dont les cloches et les statues de bronze seront fondues et transformées en monnaies et en armes (955). À ce moment-là, de nombreux écrivains et intellectuels n'hésitent pas à fustiger les débordements qui, selon eux, accompagnent la ferveur bouddhique chez les gens simples.

## CHEVAUX CÉLESTES ET SALIVE DE DRAGON : LA ROUTE DE LA SOIE...

Imaginons une piste de près de huit mille kilomètres, qui relie l'Occident à la Chine à travers le Moyen-Orient puis l'Asie centrale, sur laquelle marchent des caravaniers, des soldats et des brigands, mais aussi des religieux : telle est la « Route de la Soie », expression inventée à la fin du xixe siècle par le géographe allemand Richthofen.



Pendant des siècles, ces routes (car il y en avait plusieurs) ont servi de vecteur à tous les échanges entre l'Extrême-Orient et l'Occident.

Car le commerce de la soie, même s'il en est l'un des principaux éléments, ne constitue pas, loin de là, la seule activité des marchands qui empruntent cet itinéraire.

Les caravanes de chameaux et de chevaux (appelés aussi, lorsqu'il s'agissait de chevaux de guerre, « chevaux célestes » en raison de leur allure et de leur galop) relient ainsi la Chine aux rives de la Méditerranée. De Chine arrive la soie, bien sûr, mais aussi le fer et le bronze, certains bois précieux, les fourrures, la cannelle et la rhubarbe, sans oublier quantité de plantes médicinales ou encore les matières ignifuges comme l'amiante ou particulièrement odorantes comme l'ambre gris des cétacés de la mer de Chine ou de la mer Rouge (« salive de dragon » en chinois) ; de l'Ouest, les marchands apportent la verrerie et la pourpre, les tapis caucasiens et persans, l'encens (récolté dans la péninsule arabique) et l'huile d'arganier ; de l'Inde proviennent l'or, les pierres précieuses, l'ivoire et les perles. Tout ce qui est beau, rare et cher transite ainsi d'oasis en oasis ; celles-ci sont séparées par une nature très hostile, faite d'immenses étendues désertiques comme le Gobi ou le Taklamakan, où les voyageurs égarés ont toute chance de mourir de faim et de soif, ou encore de très hautes montagnes, telle la chaîne des Pamirs, qu'il faut traverser dans des conditions extrêmes de chaleur ou de froid.

### 善 ... mais aussi la route des religions et les idées

Il n'y a pas que les marchandises et les hommes à cheminer sur cet itinéraire : les religions et les idées pénètrent d'un territoire à l'autre, chamboulant parfois les mentalités et l'histoire des nombreux peuples — sédentaires ou nomades – vivant dans les régions traversées par cette route mythique. C'est



### La Chine et l'Islam

Du VII^e^ au XIII^e^ siècle, la confrontation n'a jamais cessé, en Asie centrale, entre la Chine et l'Islam. Dès 635, la conquête arabe s'est mise en marche. Les armées omeyyades, composées de guerriers du désert habitués à combattre avec peu de moyens, ne font qu'une bouchée de l'Iran sassanide. Face au danger, les Chinois s'efforcent, pendant un siècle, d'annexer les royaumes susceptibles de tomber dans l'escarcelle de cet envahisseur venu de l'Ouest. Mais en 751, les armées des *Tang* doivent s'incliner devant les Arabes au cours de la bataille de la rivière Talas.

Cette rivalité n'empêche pas une politique d'alliance entre les autorités chinoises *Tang* et les Abbassides. Le calife Harun al-Rachid envoie même une ambassade à *Chang An*, répondant ainsi à la demande de l'empereur qui souhaite son concours pour contrer les offensives tibétaines. Le commerce maritime contribue également à rapprocher les deux mondes. D'ailleurs, le plus ancien témoignage d'un étranger sur le port de Canton (La *Relation de la Chine et de l'Inde*, écrite en 851) est due à un marchand d'origine arabe du nom de Suleiman.

ainsi que le bouddhisme, venu de l'Inde, entre en Chine avant d'y devenir, sous les *Tang*, une véritable religion d'État. Quant au nestorianisme et au manichéisme, ils furent amenés en Chine par des marchands venus d'Iran.

| 1368 | 1644 | 1912 | 1949 | 1976 | 2005 |
|---|---|---|---|---|---|
| …ède …n | La restauration mandarinale des *Ming* | Le deuxième intermède mongol des *Qing* | La République de Chine | La Chine communiste jusqu'à la mort de *Mao* | La Chine d'aujourd'hui et de demain |

## À travers les déserts d'Asie centrale, plusieurs itinéraires

Plusieurs itinéraires étaient possibles quand on se dirigeait vers l'ouest.

Pour atteindre Kashgar, porte avancée de la Chine en Asie centrale, à partir de l'oasis de Dunhuang, les voyageurs avaient le choix entre deux itinéraires, selon qu'ils contournaient le désert du Taklamakan par le nord, via Loulan et Kucha, ou par le sud, via *Hetian* et Yarkand. Après Kashgar, la route de ceux qui allaient en Inde bifurquait vers le Sud, tandis que d'autres continuaient vers l'ouest, jusqu'à atteindre Téhéran, Tachkent ou encore Samarkand, d'où les caravanes pouvaient les emmener jusqu'au bord de la Méditerranée…

## La rencontre de civilisations raffinées et de hordes barbares

Dans cette extraordinaire « zone de frottement » entre la Chine et l'Occident, en lieu et place de l'empire rêvé par Alexandre le Grand (356-323 av. J.-C.), de nombreuses civilisations raffinées vont coexister.

Parmi celles-ci il faut citer le royaume indo-scythe du Kushana, qui, lors de son apogée, aux deux premiers siècles de notre ère, s'étend au nord de l'Inde et du Pakistan actuels. Deux cents ans plus tard émerge le royaume parthe, dont les soldats contrôlent le commerce des produits de luxe et jouent à certains moments un véritable rôle de douaniers sur la Route de la Soie ; sans oublier les Sassanides iraniens, ou encore les Sogdiens, dont le goût pour la vaisselle en or témoigne du très haut degré de culture.

Ces havres de luxe et de préciosité sont souvent envahis et dévastés par des peuplades affamées venues du désert : Xianbei, Tujüe, Qidan ou Nüzhen, qui manquent de tout sauf de chevaux et d'armes. Des cités marchandes à l'insolente opulence, implantées dans les oasis, elles ne font qu'une bouchée…

La Route de la Soie est encore le vecteur de conquêtes sanguinaires et de raids éclair où les guerriers nomades mettent au pas des peuples sédentarisés aux mœurs raffinées qui les rendent vulnérables, car bien moins âpres qu'eux au combat…

Mais le long ruban est aussi vecteur de paix : c'est grâce à lui que put s'établir, aux alentours de 550, un vrai dialogue politique et culturel entre les Empires byzantin et sassanide, ces deux puissants ennemis héréditaires qui dominaient alors la région du Moyen-Orient.

## 善 Le déclin de la Route

Après la fermeture de la Chine, d'abord sous la dynastie mongole des *Yuan* puis sous celle des *Ming*, la Route de la Soie perdit peu à peu de son importance, en même temps que se développèrent les relations maritimes entre l'Occident et l'Asie ; elle devient néanmoins, à partir de la fin du XIX$^{e}$ siècle, le théâtre d'une lutte acharnée entre les archéologues des principaux pays occidentaux qui n'eurent de cesse de ramener dans les musées de Paris, Berlin et Londres les plus beaux vestiges de ces oasis désormais envahies par les sables…

# L'empire mandarinal des *Song* (960-1279)

Le morcellement politico-administratif de la Chine à la fin des *Tang* s'était accompagné d'un essor économique qui avait favorisé l'émergence des tendances régionalistes.



La césure n'a cessé de croître entre la Chine septentrionale et intérieure, minée par la pauvreté, où les autorités ne disposent même plus des moyens d'entretenir convenablement les digues du fleuve Jaune, et la Chine méridionale et orientale, ouverte sur le commerce maritime, où les biens venus du monde entier s'échangent, pour le plus grand profit de la classe des marchands. C'est cette partition à laquelle entend mettre un terme le nouveau régime.

Celui-ci est divisé en deux périodes, celle des *Song* du Nord (960-1126) et celle des *Song* du Sud (1127-1279) consécutive à l'installation du pouvoir à *Hangzhou* (*Zhejiang*) après l'invasion de la Chine du Nord par les Jürchen, une peuplade sinisée venue de la Mandchourie.

# LA MARCHE VERS LA RÉUNIFICATION

Lorsqu'en 960, porté au pouvoir par un coup d'État militaire, le général *Zhao Kuangyin* fonde à *Kaifeng* la dynastie des *Song* du Nord, il se retrouve à la tête d'un empire déjà largement reconstitué par ses prédécesseurs, puisqu'ils avaient annexé le royaume de *Shu* au nord du *Sichuan* et celui des *Tang* du Sud, dans le bassin moyen du fleuve Bleu.

Vingt ans plus tard, en 979, la réunification du pays est pratiquement achevée et les royaumes du Sud ont, du moins la plupart d'entre eux, réintégré le giron du pouvoir central, même si de larges zones, à commencer par celles des Kitan au nord-est, des *Dali* au sud-ouest et du Vietnam (dynastie des Dinh) au sud de Canton, restent à l'écart.

## Un État plus musclé et plus maigre



*Taizong* (976-997), le deuxième empereur des *Song*, promulgue les lois fondamentales du nouveau régime. Celles-ci prévoient une centralisation maximale du pouvoir dont les lourdes structures mises en place sous les *Tang* ont été considérablement allégées pour plus d'efficacité. Il s'agit d'instaurer un État plus musclé et plus maigre. Toutes les décisions remontent à un Conseil de l'État composé de cinq à neuf ministres et présidé par l'empereur, auquel est associé un secrétariat général (le *Xueshiyuan* ou Bureau des Académiciens) chargé d'élaborer tous les textes nécessaires pour faire appliquer les décisions du souverain. La création d'un Bureau des Plaintes et des Récriminations spéciales, dont les membres sont inamovibles, permet aux fonctionnaires de base – et dans certains cas aux simples citoyens – de faire valoir leur point de vue. Trois ministères rassemblent les compétences de l'État : économie et finances ; appareil judiciaire et fonction publique ; défense et armées. Ces administrations totalement indépendantes les unes des autres témoignent de la volonté du pouvoir de recentrer l'État

**À la cour de l'empereur de Chine, la danse à l'occidentale était très à la mode...**

Dans les *Notes sur la musique et sur la danse* (*Yuefu Zalu*), un ouvrage publié à l'époque de l'empereur *Xuanzong*, il est fait état d'une « danse tournoyante à l'occidentale » qui faisait fureur : les danseuses, venues d'Asie centrale, se tenaient en équilibre sur de petites balles et tournoyaient sur elles-mêmes. On imagine aisément l'effet de leurs mouvements sur les longues manches de leurs robes, qui devaient battre comme des ailes de papillon. Le grand poète *Bai Juyi* ne s'y était pas trompé, qui décrivait « la fille tournoyante de l'Ouest, dont les bras se meuvent au rythme des tambours, et qui danse comme un subtil flocon de neige tourbillonnant dans les airs avant de se poser délicatement sur le sol »...

sur ses tâches primordiales en évitant les erreurs commises par ses prédécesseurs.

### La brève apogée de la puissance de la technocratie mandarinale

Les concours de recrutement des fonctionnaires sont unifiés afin de les rendre accessibles à des jeunes gens issus des milieux défavorisés mais à la tête bien faite. Les examens concernent trois niveaux de pouvoir : celui des préfectures, celui de l'administration centrale et enfin celui du cabinet impérial proprement dit, dont il arrive à l'empereur de présider en personne le jury. Pour garantir l'égalité des chances entre les candidats, les copies sont anonymes. Jamais, dans l'histoire de la Chine, l'équité et la rigueur n'ont été à ce point recherchées par les autorités publiques. La technocratie mandarinale dispose désormais des pleins pouvoirs et le temps paraît loin où les intrigants, les courtisans et les favorites arrivaient, comme sous les *Tang*, à tirer les ficelles du pouvoir en faisant fi des prérogatives de l'appareil administratif.

Vers la fin du XIe siècle, sous l'ère *Yuanfeng* (1078-1085), la fonction de Premier ministre ne cesse de prendre de l'importance au point de reléguer au second plan celle de l'empereur.

### Poigne de fer politique et essor économique

Cette politique de la poigne de fer politique et de la rigueur judiciaire se révèle particulièrement efficace, notamment sur le plan économique.

C'est ainsi que des provinces entières se spécialisent dans la production de soie (*Shaanxi*) ou de brocart (*Sichuan*) tandis que d'autres (dans le bassin du *Yangzi* ou au royaume de *Min* au *Fujian*) mettent à profit leurs atouts géographiques (présence de ports ou de grandes voies navigables) pour devenir

#### Quand le protocole impérial réglait jusqu'aux activités sexuelles de l'empereur

Le protocole impérial ne laissait rien de côté dans la vie quotidienne du souverain. En sus de l'impératrice, épouse légitime, l'empereur disposait de nombreuses concubines. Il semble que leur nombre se soit accru au fil des siècles. Sous les *Tang*, l'empereur *Xuanzong* en entretenait plusieurs milliers. Sous les *Song*, lorsque le souverain désirait passer du temps avec une des concubines du gynécée impérial, on lui portait un plateau sur lequel étaient disposées des tablettes de jade où figurait le nom de celle qu'on lui réservait. Puis un eunuque vérifiait que la dame était bien déshabillée, lavée, parfumée et soigneusement épilée. L'intéressée était alors conduite devant l'empereur, revêtue d'un simple voile, pour être sûr qu'elle ne dissimule aucune arme. L'eunuque se postait devant la chambre impériale et attendait patiemment la fin des ébats, avant de consigner sur un registre la durée du temps passé par l'empereur avec la concubine. Plus ce temps était long, et plus la concubine était susceptible d'atteindre le grade de « *fei* », c'est-à-dire celui de « concubine de premier rang », juste derrière les épouses officielles.

d'importants centres commerciaux ouverts sur le reste du monde. Canton est alors – et de loin – le premier port chinois et dynamise tout le sud du pays, tandis que le nord, dévasté par la guerre civile, peine davantage à se relever.

Cet essor économique permet à l'État de contenir les avancées des peuplades qui continuent à menacer les frontières septentrionales de la Chine.

### *Wang Anshi*, ministre et grand réformateur, se heurte à la classe dirigeante très conservatrice

Le réformisme des *Song* fut tel que certains historiens de l'ère maoïste n'hésitèrent pas à voir dans cette période les prémisses d'un véritable socialisme à la chinoise !

Convaincus que la Chine a besoin de davantage d'égalité et de fluidité sociales, deux hommes originaires du Sud-Est – une région très peuplée où l'économie est dynamique et où l'argent circule – prônent des réformes particulièrement osées, compte tenu de leur contexte.

Il s'agit de *Fan Zhongyan* (989-1052), à l'origine un modeste fonctionnaire provincial qui devient ministre en 1044 après avoir proposé à l'empereur un plan de réformes en dix points, et surtout de *Wang Anshi* (1021-1086), auquel l'empereur *Shenzong* (1067-1085) décide de faire appel, en 1068, pour faire face à la menace persistante des *Xia,* ce peuple d'origine tangut dont le royaume s'étendait sur le Ningxia actuel.

Le souverain confie à son ministre la tâche de restructurer l'État. Il s'agit notamment, en autorisant la conversion des corvées en taxes, d'améliorer le rendement de l'impôt, compte tenu des tributs gigantesques que l'État chinois est tenu de verser à ses adversaires pour acheter leur bienveillance. Mais dans le programme de ce réformateur persuadé que la crise de l'État est liée à l'excès de pression fiscale dont sont victimes les paysans pauvres, on trouve certains éléments de justice sociale. Il prône la suppression des corporations marchandes (*hang*), où le pouvoir appartient aux gros commerçants au détriment des petits marchands, et établit un système de prêts étatiques sur gages pour mettre un terme aux abus des innombrables officines de prêts aux taux usuraires. Les salaires des agents de l'État sont fortement augmentés, tandis que sont ouvertes, dans chaque préfecture, des écoles de préparation aux concours d'entrée dans la fonction publique afin d'en élargir la base de recrutement. Enfin, la création de milices paysannes (*baojia*) regroupant chacune dix familles vise à alléger les effectifs de l'armée régulière.

Sous l'impulsion du ministre réformateur, de nombreuses institutions caritatives et sociales voient le jour : orphelinats, cimetières publics, greniers de prévoyance, dortoirs pour nécessiteux sont construits dans les principales villes du pays, là même où l'afflux de population accentue la précarité des conditions d'existence des plus démunis. Ces fondations caritatives disposent de terres inaliénables qui assurent leur financement.



**Les premiers forages miniers pour le sel et le gaz naturel**

C'est au *Sichuan*, au début du XI^e^ siècle, qu'apparaît à grande échelle la technique (déjà connue sous les *Han*) consistant à ajuster des trépans de fer à l'extrémité de longues tiges de bambou pour procéder à des forages miniers profonds destinés à l'extraction du sel. La saumure était ramenée à la surface grâce à des récipients fixés au bout de tubes pouvant atteindre quarante mètres de long et équipés de soupapes à clapet qui permettaient leur obturation au moment de la remontée.

Cette technique fut aussi utilisée, à la même époque, pour l'extraction de gaz naturel méthane dont les forgerons chinois se servaient comme combustible pour la fabrication du fer et de l'acier.

Un mémorandum administratif daté de 1132 fait état de l'existence de près de cinq mille forages sur l'ensemble du territoire.

## La réaction conservatrice de *Sima Guang*

*Wang Anshi* se heurte à l'hostilité de la classe dirigeante composée de grands propriétaires fonciers et de riches marchands ; déjà contraint de s'effacer une première fois en 1076, avant d'être rappelé au pouvoir deux ans plus tard, il quitte définitivement celui-ci en 1085, au moment de la mort de son protecteur, laissant sa place à *Sima Guang* (1019-1086), un homme féru d'histoire, auteur d'une histoire générale de la Chine depuis le Ve siècle av. J.-C. jusqu'à l'an mil, intitulée *Miroir exhaustif sur l'illustration du gouvernement* (*Zizhi Tongjian*), rédigée sur le modèle des célèbres *Mémoires historiques* de *Sima Qian* (voir p. 134).



Devenu chef du clan des conservateurs, l'historien se mue en homme de pouvoir et annule les unes après les autres les mesures progressistes de son prédécesseur. Cette reprise en main s'accompagne d'une répression féroce à l'encontre des partisans de la réforme. Comme souvent en Chine, les penseurs sont appelés à la rescousse par les politiques. Les « conservateurs » du clan de *Sima Guang* disent agir « au nom de Confucius », en accusant les réformateurs de bafouer les « idées sages » du grand philosophe et d'avoir laissé s'installer l'anarchie dans le pays.

Mais cette « contre-réforme » conservatrice a pour conséquence de déstabiliser le régime impérial, accusé de s'appuyer sur une classe de rentiers « improductifs ». Elle affaiblit un peu plus l'autorité du régime face à la menace des « empires périphériques » des *Liao*, des *Xia* et des Jürchen.

En 1126, l'invasion du nord du pays (Mandchourie) par les Jürchen, devant lesquels les armées chinoises s'avèrent incapables de présenter un front uni, témoigne du manque de cohésion du pays suite à ces mouvements de balancier entre les partisans de la réforme et ceux de la réaction.

## L'Empire chinois doit verser de lourds tributs aux *Liao*

En 1004, l'empire des *Liao* Kitan (ou Kitai) – nom par lequel les Persans désignent la Chine – lance depuis la Mongolie orientale des offensives concluantes au *Hebei* et au *Shanxi*. Ces lointains descendants des *Xianbei* du IVe siècle contraignent Zhengzong (997-1022), troisième empereur des *Song*, à signer la paix de *Shanyan* par laquelle il s'engage à leur verser un important tribut annuel (les textes font état de 100 000 onces d'argent et de 200 000 coupons de soie, portés respectivement à 200 000 et à 300 000 à partir de 1042).

Tout au long du Xe siècle, les *Liao* Kitan ont réussi à fédérer, à partir du *Hebei*, d'autres peuplades sinisées d'origine turco-mongole, auxquelles ils ont transmis les éléments techniques et culturels soutirés aux Chinois en 946, au moment où ils envahissent *Kaifeng* : instruments de musique, cartes et archives, bijoux en or (les parures et les masques très caractéristiques des *Liao* en font des objets extrêmement prisés par les collectionneurs), horloges hydrauliques, stèles gravées de textes classiques. Les *Liao* Kitan rayonnent sur l'Asie centrale avec laquelle ils nouent, grâce à l'apport des *Song*, de fructueux rapports commerciaux. Dès 920, pour faciliter l'occupation des territoires conquis, ils ont pris soin d'adopter une langue écrite (il semble qu'ils n'en possédaient pas) similaire au chinois classique. Cette acculturation chinoise, en élevant le degré de raffinement intellectuel de l'empire des *Liao* Kitan, se traduit aussi par une perte de sa capacité guerrière qui entraîne son déclin à partir de la fin du XIe siècle.



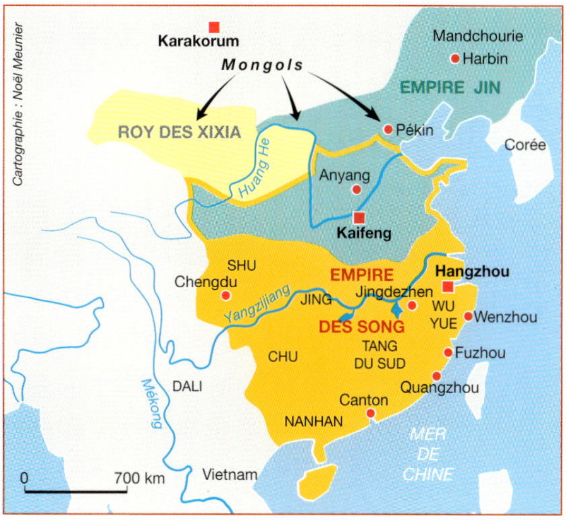


## Les *Song* face aux *Xia*

Un autre empire menace la frontière des *Song* : il s'agit de celui des *Xia* occidentaux (*Xixia*), fondé en 1083 par les Tangut. Leur zone d'influence s'étend de la Mongolie du Sud au *Qinghai* et empiète largement sur le *Gansu*, le *Shaanxi* et le *Shanxi*, contraignant les Chinois à signer, en 1044, un onéreux armistice (le traité en question porte sur 135 000 coupons de soie, 72 000 onces d'argent et 30 000 livres de thé !) avec ce peuple d'éleveurs et de caravaniers.

Basés à *Yinchuan* (*Ningxia* actuel), ville aux alentours de laquelle ils ont érigé de vastes nécropoles pour enterrer leurs souverains, les *Xia*, qui ne possèdent pas au départ de langue écrite (ils parlent un idiome proche du tibéto-birman) et dont la classe dirigeante est formée de Tangut mâtinés de *Xianbei*, s'adonnent à l'élevage du cheval, du chameau et du mouton, ainsi qu'au commerce à destination des oasis d'Asie centrale, grâce aux marchandises (céramiques, laques, soieries, bijoux d'or et d'argent) achetées aux Chinois. Ils tirent également de substantiels profits de la contrebande du sel produit en Chine.

L'empire de ce peuple d'éleveurs au sens commercial très aigu sera détruit par les soldats mongols de Gengis Khan en 1227.

### Le redoutable empire guerrier *Jürchen* des *Jin*

Outre ceux des *Liao* Kitan et des *Xia* occidentaux, un autre empire se fait de plus en plus menaçant à l'encontre du régime des *Song* : il s'agit de celui des *Jin* ou Jürchen, issus des tribus toungouzes.

Lorsqu'ils entament avec les *Song* un dialogue pour le moins « musclé », ces redoutables guerriers, qui occupent la région de *Harbin* (*Heilongqiang*) ont pris soin, dès 1115, de se doter d'un empereur en la personne de leur chef Aguta. Le nom de *Jin*, qui signifie « or » en chinois, lié à la présence de sable aurifère dans leur sous-sol, témoigne de leur volonté d'en découdre avec leur illustre voisin. Ils commencent par sceller une alliance avec les Chinois (1120) pour mieux réduire les Liao, mais au lendemain de l'effondrement de ces derniers, en 1125, ils s'attaquent à la Chine et envahissent le *Shandong* et le *Henan*. Un an plus tard, *Kaifeng* est prise et l'empereur

### *Huizong*, l'empereur mécène

Dernier empereur de la dynastie des *Song* du Nord, *Huizong* (1082-1135) fut le plus grand mécène de son temps. Pétri de taoïsme, il était à la fois poète, peintre et calligraphe. Mais son grand œuvre fut d'organiser l'Académie Impériale de peinture dont il influença les travaux, imprimant son style aux académiciens qu'il avait choisis personnellement : ceux-ci bénéficiaient de conditions matérielles très confortables et travaillaient dans des ateliers qui donnaient sur de somptueux jardins peuplés d'oiseaux rares.

*Huizong* et ses académiciens pratiquaient volontiers une peinture d'essence plutôt « conservatrice » et raffinée, où abondent les motifs de fleurs, d'oiseaux et d'insectes dont l'empereur affirmait qu'il fallait des heures d'apprentissage pour arriver à les reproduire. Ses calligraphies, qui font de lui un grand artiste, témoignent d'une fougue et d'une liberté qu'on ne retrouve pas dans ses peintures.

Les collections impériales de peinture, sous *Huizong*, comptaient plus de cinq mille rouleaux.

À l'issue de la prise de *Kaifeng* par les Jürchen, Huizong fut contraint à un douloureux exil.

*Huizong* emmené en captivité à *Harbin* avec plus de trois mille membres de la famille impériale. En 1135, les « barbares à cheval » mettent à feu et à sang la plupart des grandes cités chinoises. À la suite du transfert de leur capitale à *Hangzhou* (1138), les *Song* finissent par signer avec eux un traité de paix (1142) qui délimite la frontière entre les deux États – elle passe désormais par la vallée de la *Huai* – et les oblige à verser aux Jürchen un tribut d'un montant équivalent à celui qu'ils donnaient aux *Liao*.

La sinisation de l'administration jürchen explique la facilité avec laquelle se fait la conquête du territoire chinois. Après le déplacement de leur capitale à Pékin en 1153, les aristocrates et les hauts fonctionnaires jürchen adoptent les mœurs et la langue des *Han*, ce qui provoque une réaction nationaliste de

l'empereur jürchen *Shizong* (1161-1189). Le début du XIIIe siècle marque le déclin de l'empire des *Jin* Jürchen ; contraints de se retirer de la Mandchourie face aux avancées des Mongols, ils quittent Pékin pour se replier à *Kaifeng* (1214). Quelques années plus tard, l'alliance entre les *Song* et les Mongols oblige le pouvoir jürchen à aller de ville en ville jusqu'au *Henan* où leur empereur choisit de se donner la mort plutôt que de se rendre (1234).

### Les *Song* du Sud (1127-1279) dans la tourmente



Pour les *Song*, les années 1126-1138 sont celles d'une terrible débâcle extérieure, on l'a vu, mais également intérieure. Des troubles éclatent dans la région du lac *Tongding* (*Hunan*), fomentés par des magiciens taoïstes qui galvanisent une paysannerie de plus en plus frustrée et écrasée par les taxes et les corvées. L'un d'eux, *Zhongxiang,* qui présente les capacités d'un chef de guerre, est resté célèbre pour ses propos sur l'égalité sociale. « Je ferai publier une Loi qui fera en sorte que le Haut et le Bas, ainsi que le Pauvre et le Riche deviennent la même chose ! » crie-t-il à une foule de gueux (1130) qu'il va lancer sur les routes. Les autorités mettent cinq ans à réduire ce mouvement qui, entre-temps, a tourné à un brigandage des plus classiques et gêne passablement les opérations militaires qu'elles tentent de mener contre les envahisseurs *Jin* Jürchen.

Une lignée de Premiers ministres tente d'organiser tant bien que mal la contre-offensive contre ces envahisseurs : *Qin Gui* (1090-1155), *Han Tuozhou* (1151-1202) et *Shi Miyuan* (1160-1233) disposent désormais d'un pouvoir équivalent à celui de l'empereur. Ils arrivent à neutraliser les partisans d'une paix avec l'empire *Jin* Jürchen, qui voient dans la création des milices paysannes un ferment propice à des rébellions populaires.

Compte tenu du repli des autorités dans la vallée du fleuve Bleu, ces dirigeants ordonnent la construction d'une marine de guerre composée de bateaux ultra-rapides propulsés par de multiples roues à aubes (certains en comptaient une vingtaine !) et font appel à des ingénieurs artificiers qui mettent au point les premières armes à feu de l'histoire de l'humanité.

### Une révolution dans l'art de la guerre : l'invention de la poudre

L'invention de la poudre à canon à base de salpêtre, de soufre et de charbon, avérée dans un traité militaire daté de 1044 (il s'agit des *Principes généraux du classique de la Guerre* – en chinois *Wujing Zongyao* – qui vont jusqu'à détailler le procédé de fabrication de la grenade fumigène et du projectile incendiaire propulsé à l'aide de catapultes) est l'œuvre d'alchimistes taoïstes de l'époque des *Tang*. Ces armes redoutables auraient pu assurer la suprématie des armées chinoises sur celles des empires périphériques… si ces derniers n'avaient pas réussi – probablement en payant très cher ! – à se les procurer. C'est ainsi que les Mongols font usage, dès le début du XIIIe siècle, au moment de leur tentative d'invasion des îles japonaises, de tubes remplis de poudre et de limaille ou de billes de fer qui terrorisent les fantassins nippons. Quelques années plus tard, les ingénieurs artificiers chinois mettent au point des mortiers d'une grande précision de tir, qu'ils réalisent avec des troncs de bambou dans lesquels est introduit le projectile ; des fusées incendiaires et surtout une catapulte à contrepoids (*pao*), qui fera trembler plus d'une ville assiégée, la puissance de lancement pouvant mettre à mal des murs de plusieurs mètres d'épaisseur.



La poudre à canon changera le cours de l'histoire du Moyen Âge européen, où son introduction vers la fin du XIIIe siècle par l'entremise des Arabes (qui avaient pris la recette aux Chinois !) révolutionnera l'art de la guerre (voir aussi p. 366).

### La révolte gronde, dans les campagnes, sous les *Song* du Sud

L'une des conséquences de la profonde désorganisation du territoire chinois, dont toute la partie nord échappe désormais au contrôle des autorités, est la montée en puissance des grands domaines privés (*Zhuangyuan*) appartenant à de riches familles qui s'arrangent pour se soustraire au prélèvement fiscal, laissant celui-ci reposer essentiellement sur les familles de brassiers. Le système mis en place sous les *Tang*, qui encourageait une répartition plus équitable des champs cultivables entre les familles, est peu à peu abandonné.

En 1263, *Jia Sidao* (1213-1275), un Premier ministre à la volonté réformatrice, décide de limiter la surface des propriétés à 500 *mu* (27 ha environ) et de faire exproprier le reste par l'État, moyennant versement d'une indemnisation aux propriétaires, dans le but de créer une sorte de vaste réserve foncière publique (*guantian*) dont les revenus sont affectés à l'entretien des armées. Vers la fin des *Song* du Sud, 20 % des terres situées autour du bassin inférieur du fleuve Bleu sont ainsi « nationalisées »... et se retrouvent dans l'escarcelle des Mongols qui s'empresseront de les récupérer au profit du Grand Khan...



Une autre conséquence des traités de paix signés avec les empires périphériques qui obligent les *Song* à se replier sur un territoire beaucoup moins vaste est le développement d'une riziculture intensive autour de la rivière *Huai* et du bassin du fleuve Bleu. Désormais, il faut nourrir plus de monde (on estime que, sous les *Song*, la population chinoise a doublé, passant de 50 à 100 millions d'habitants !) à partir de surfaces cultivables d'une étendue beaucoup plus faible.

### L'indispensable riz...

De toutes les plantes cultivées, le riz – qui a toujours été la nourriture des sociétés très peuplées – est celle qui permet d'atteindre les plus forts rendements à l'hectare. Aussi, depuis le néolithique, les paysans chinois n'ont-ils cessé d'innover pour améliorer ses conditions de production... Les progrès les plus

spectaculaires de la riziculture, tant en matière de sélection des semences que d'irrigation des rizières, datent de la période charnière entre le premier millénaire et le deuxième millénaire. Tirant profit de l'expérience des agriculteurs du Champâ (sud-est du Vietnam), l'administration chinoise importe des variétés de riz plus précoces (*xian*) qui permettent une double récolte et font du bassin inférieur du fleuve Bleu le grenier à riz de tout le pays.

Mais la riziculture intensive, qui suppose une organisation du travail extrêmement rigide dans les rizières, loin de profiter aux agriculteurs, les transforme au contraire en esclaves. Les propriétaires, devenus le plus souvent des rentiers résidant à la ville, obligent leurs intendants (*ganren* ou *ganpu*) à accroître leur pression sur la paysannerie afin d'améliorer le rendement de leurs terres.



Cet égoïsme (à très courte vue !) des grandes familles, peu soucieuses de l'environnement social dans lequel évolue le pays, aboutit à une dislocation des liens de subordination/protection soumis au droit, tels que les *Tang* avaient réussi à les instituer, y compris entre propriétaires et cultivateurs. Ajouté à la paupérisation des campagnes, elle précipite la débâcle des *Song* du Sud face à l'envahisseur mongol.

## LES GRANDES VILLES : DE VÉRITABLES MÉGAPOLES COMMERCIALES ET INDUSTRIELLES

Le doublement de la population de la Chine, sous la dynastie des *Song*, s'accompagne d'un développement urbain sans précédent. Les grandes villes de Chine sont de véritables mégapoles commerciales et industrielles lorsqu'on les compare aux cités occidentales de la même époque, lesquelles font figure, à côté, de gros villages...

Les difficultés de la vie dans les campagnes provoquent (déjà !) des déplacements de population vers les centres urbains où se trouvent les bureaux de conscription militaire ainsi que les activités artisanales et industrielles qui requièrent une abondante main-d'œuvre. Mais c'est surtout l'essor du commerce et des moyens de transport maritime et fluvial (la Chine compte alors plus de cinquante mille kilomètres de voies navigables, naturelles et artificielles) qui favorise l'accroissement du nombre des habitants des grandes villes situées le long des côtes, depuis *Quanzhou* au *Fujian*, jusqu'à *Hangzhou* au *Zhejiang,* ainsi que le long du bassin moyen et inférieur du fleuve Bleu.



### Des médecins qui avaient échoué aux examens de lettré-fonctionnaire

Sous les Song, les médecins étaient déjà en très grand nombre. Ils allaient de village en village, soignant les patients auxquels ils distribuaient également des plantes médicinales. Les candidats qui avaient échoué aux concours administratifs devenaient médecins, le plus souvent après être entrés au service d'un praticien plus âgé. Les chroniques judiciaires abondent en exemples de familles ayant poursuivi un médecin parce que le malade était mort. Avec l'introduction du bouddhisme, certains bonzes se transformaient également en médecins et fournissaient les patients en amulettes diverses.

Soucieux d'éviter le développement d'une médecine qui s'apprenait essentiellement sur le tas ou qui faisait la part trop belle aux superstitions, les empereurs *Song* firent inscrire l'étude du *Classique de l'Interne de l'empereur Jaune*, le livre fondateur de la médecine traditionnelle chinoise au programme de l'académie impériale.

La croissance démographique exponentielle de certaines villes fortes les amène parfois à déborder de leurs enceintes et à s'exposer à des attaques venues de l'extérieur. Il en est ainsi de la capitale *Kaifeng* où les portes de la ville ne ferment plus la nuit, parce que les autorités, dans le but de favoriser le commerce, ont décidé d'y supprimer le couvre-feu (1063). Le quadrillage policier d'antan n'est plus de mise, et dans cette ville grouillante, qui n'est plus réservée à l'élite, les commerces restent ouverts 24 heures sur 24 et les noms de rues remplacent désormais ceux des quartiers.

Dans cette société très mobile, où les revers de fortune n'épargnent personne et où les individus doivent avant tout compter sur eux-mêmes, chacun doit lutter pour sa survie économique et sociale. Les liens de solidarité qui existaient hier entre les membres d'une même corporation (fonctionnaires, lettrés, militaires) ont tendance à s'estomper au profit d'une logique de la débrouille individuelle.



### 善 Au XIe siècle, la marine chinoise est déjà la plus puissante du monde

Tous les récits des voyageurs européens et arabes du XIIe et du XIVe siècles concordent : comparée à la marine méditerranéenne au Moyen Age, celle de la Chine faisait figure de géant.

C'est des *Song* que date l'essor de la flotte marchande et militaire chinoise grâce à la mise au point, vers l'an mil, par les ingénieurs navals des ports du *Shandong* et du *Zhejiang*, de la grande jonque de haute mer, capable de transporter, avec ses quatre ponts et ses douze voiles, plus de mille passagers. Sa coque est constituée de compartiments étanches tandis que la paroi verticale de sa poupe permet de fixer un gouvernail à axe vertical, lequel sera repris par les navigateurs arabes vers la fin du XIIe siècle.

Contrairement à la Méditerranée, où les périodes de vent alternent avec celles de calme plat, obligeant les navires militaires à se doter de bancs de rameurs esclaves, la navigation sur les mers qui bordent la Chine s'est toujours faite à la voile. Celle-ci peut être en toile ou en natte plus rigide, selon la vitesse recherchée, pour le navire ; elle peut en outre pivoter ou s'incliner, afin de s'adapter le mieux possible à la direction et à la force du vent ; les jonques sont dotées de cabestans et de dérives amovibles qui font l'admiration de Marco Polo.

En ce même an mil, les navigateurs chinois connaissent l'usage des boussoles marines, issues des instruments inventés, quelque trois mille ans plus tôt, par les géomanciens... et que les Européens adopteront à leur tour, à la fin du XIII^e siècle ; leur cartographie est déjà d'une précision exceptionnelle et repose sur des critères scientifiques, alors qu'à la même époque les cartographies arabes et occidentales restent très marquées par les considérations religieuses.

Divers ouvrages, dont les plus célèbres sont les *Réponses aux questions sur les régions situées au sud* (*Lingwai daida*) de *Zhou Qufei* (1178) et les *Relations sur les pays étrangers* (*Zhufanzhi*) de *Zhao Rugua* (1225), décrivent les escales de ces commerçants chinois, véritables « voyageurs-reporters », aux Philippines et à Bornéo, et de l'océan Indien jusqu'à la Méditerranée, en passant par la mer Rouge.

## L'AVÈNEMENT DU COMMERCE ET DE L'INDUSTRIE D'ÉTAT

Pour approvisionner et entretenir ses armées, l'État *Song* n'hésite pas à se faire producteur et commerçant. Partout où c'est possible, l'administration chinoise met en place des monopoles industriels et commerciaux. C'est ainsi que voient le jour de nombreux arsenaux et des entreprises commerciales d'État, dirigées par des fonctionnaires qui rapportent directement à l'empereur ou à ses collaborateurs directs.

Des pans entiers de l'économie sont placés sous tutelle, pour remplir les caisses publiques mais surtout pour lutter contre les trafics encouragés par les empires périphériques

### *Fan Kuan*, le plus grand peintre de l'époque *Song*

La tradition de représenter la nature remonte, en Chine, à des milliers d'années, mais il ne reste aucune trace des premières peintures naturalistes, si ce n'est sur les parois de certaines tombes datant de l'époque des Royaumes Combattants et des *Han*.

En revanche, à partir de la dynastie des *Tang*, les superbes peintures de paysages exécutées à l'encre de Chine sur des rouleaux de papier permettent d'affirmer que cette forme d'art connaît alors un âge d'or qui se poursuivra tout au long des *Song*.

Élève du peintre mythique *Li Cheng* (918-967), dont il ne reste que des copies d'attribution discutable, *Fan Kuan* (955-1025) est sans conteste le plus grand artiste de l'époque *Song*. C'est dans le massif du pic de *Huashan*, où il s'était retiré pendant sa jeunesse, qu'il trouva son inspiration et son style, qualifié d'« héroïque » par *Han Zhuo*, un grand critique de cette époque. On peut contempler au musée du palais de Taïwan un admirable paysage de montagnes de *Fan Kuan* intitulé V*oyageurs dans les gorges d'un torrent* ), où les lavis savants alternent avec les griffures d'un pinceau trempé dans une encre plus sèche. La représentation de la nature, toujours assortie d'un poème, était alors considérée comme la quintessence du raffinement.

Dérouler un rouleau sur une table, puis l'admirer en silence en dégustant une tasse de thé : tel est le moment d'exception auquel aspiraient tous les grands lettrés de la dynastie des *Song*.

des *Jin*, des *Xia* et des *Liao*, lesquels n'ont pas tardé à comprendre tout le parti qu'ils pouvaient tirer de l'arrivée sur leurs territoires, en franchise de toute taxe, des biens précieux produits par les orfèvres, les potiers ou les soyeux chinois.

Toutes sortes de biens de transformation (livres imprimés, thé, céramiques, porcelaines, coupons de soie, outils de fer et d'acier, bijoux en or, plantes

## LE BANDAGE DES PIEDS DES FEMMES S'EST RÉPANDU SOUS LES *SONG*

Les textes chinois anciens abondent en figures de femmes à la grande beauté et aux pieds minuscules. Le corps de *Ta Qi*, l'épouse d'un certain empereur *Zhou Wong*, était de toute beauté... surtout avec ses pattes de renarde à la place des pieds, dont la très faible taille semble avoir toujours eu en Chine une étroite corrélation avec les canons de la beauté féminine.

C'est sous les *Song* que commence à se répandre la coutume consistant à bander les pieds des petites filles, à partir de l'âge de cinq ans. Selon la tradition, c'est un prince du nom de *Li Yu*, qui régnait sur un petit royaume du sud de la Chine, qui lança la mode des pieds bandés, fasciné par les pointes d'une jolie danseuse dont le nom était « Petite Chose Précieuse ». La belle en question s'exhibait en public, les pieds complètement cambrés, sur des socques très hauts...

La technique des pointes, telle que l'utilisent encore les danseuses de ballet classique, semble donc avoir été à l'origine du bandage des pieds en Chine.

Mais le bandage pratiqué pendant un bon millénaire dans l'Empire du Milieu allait beaucoup plus loin dans la contrainte des os du pied que les chaussons de satin rose de nos ballerines. Avant de bander les pieds des fillettes (l'opération commençait souvent à l'automne, le vingt-quatrième jour du huitième mois lunaire, ou encore pendant l'hiver, lors de la fête de *Guan Yin*), il fallait en effet, au prix de douleurs insupportables, briser leur voûte plantaire pour replier leurs orteils sous leurs coussinets. On surnommait « petites fleurs de lotus d'or » les pieds bandés dont les os étaient rapidement atrophiés par ce traitement barbare. Le bandage rendait impossible toute marche naturelle des intéressées. En ce sens, c'était un redoutable moyen de les cantonner dans la sphère familiale.

Sur un plan idéologique, il n'est pas illégitime de faire un lien entre le confucianisme, d'où la misogynie n'est pas absente (Confucius considérait que la place d'une femme n'était jamais hors de chez elle), et le bandage des pieds.

Plus les pieds d'une femme étaient petits, et plus celle-ci était l'objet d'attentions de la part des marieuses. Les broderies des minuscules chaussons portés par les femmes élégantes étaient aussi sophistiquées que celles de leurs robes.

Le bandage concerna toutes les couches sociales, y compris les plus pauvres. Il est fascinant de constater à quel point une coutume aussi douloureuse et contraignante fut acceptée par la société chinoise. Lorsque les Mandchous remplacèrent les Qing, ils essayèrent d'y mettre fin, sans succès. Jusqu'à l'abolition de l'empire, quatre-vingt-dix pour cent des femmes chinoises (et plus encore pour celles d'origine *Han*) avaient encore les pieds bandés.

Cette pratique (d'essence ô combien fétichiste !) avait également une connotation sexuelle : les femmes de la haute société portaient des chaussons brodés – y compris sur les semelles ! – spécialement réalisés pour aller au lit ; dans les peinture érotiques chinoises, les femmes de plaisir apparaissent totalement nues, à l'exception de leurs pieds ; la passe d'une prostituée était d'autant plus chère que l'intéressée avait des petits pieds.

Le bandage des pieds tomba progressivement en désuétude à compter de la fin du XIXe siècle (l'impératrice douairière *Cixi* n'y était elle-même pas favorable) avant d'être définitivement abandonné après l'arrivée au pouvoir des communistes...

médicinales et aromates, épices transformées, colorants, etc.) sortent de Chine pour être achetés à prix d'or par des marchands étrangers qui les revendent à leur tour aux pays « barbares ».

Ce commerce peut être source de revenus pour l'État, à condition qu'il franchisse légalement les postes de douanes : une flottille côtière de barges appartenant à l'État assure le transport de marchandises entre les grands ports du *Zhejiang* et du *Shandong*, moyennant un prélèvement qui peut s'élever à plus de 40 % des biens transportés. À Canton, les mêmes douanes maritimes (littéralement « offices pour les bateaux marchands » ou *shibosi*), qui deviendront à la fin des *Song* du Sud l'un des plus grands pour-



### *Huizong*, l'empereur archéologue

Non content d'être un peintre et un collectionneur avisé, l'empereur Huizong, qui régna de 1101 à 1125, désirait mieux connaître le passé. Aussi fit-il fouiller le site d'Anyang, la dernière capitale des *Shang*, d'où ses terrassiers retirèrent quantité de vases de bronze et d'objets rituels en jade.

Ce goût pour l'archéologie témoigne de l'immense respect du passé dont ont toujours fait preuve les Chinois et qui conduit les artisans bronziers de l'époque des *Song* à reproduire les formes des vases archaïques fabriqués trois mille ans plus tôt. En 1092, l'historien impérial *Lu Dalin* publie le premier essai de classement scientifique des cloches et des tripodes antiques ; un siècle plus tard, l'historien *Hong Zun* fait paraître *Monnaies anciennes* (*Guoquan*), le premier livre consacré à la numismatique.

Dans un domaine connexe, celui de l'épigraphie, le couple de lettrés *Zhao Mingcheng* et sa femme, la poétesse *Li Qingzhao* édite, vers 1110, plus de 2 000 inscriptions anciennes, relevées sur des bronzes, des jades ou des stèles. Leur *Catalogue des inscriptions sur pierre et sur bronze* (*Jinshilu*) restera longtemps l'une des sources les plus importantes pour l'histoire de la Chine archaïque.

### La Tour de l'Horloge cosmique de *Susong*, première horloge mécanique au monde

C'est en 1092 que *Susong* édifia sa « Tour de l'Horloge Cosmique », une gigantesque horloge mécanique en bronze juchée sur un échafaudage de plus de 10 mètres de haut au sommet duquel avait été placée une sphère armillaire qui permettait d'observer les étoiles ; elle était actionnée automatiquement et synchronisée avec le globe terrestre installé à l'étage inférieur. Le tout était gouverné par une roue hydraulique entourée par des coupelles qui se remplissaient d'eau et constituaient un véritable mécanisme d'échappement.

À ce titre, l'œuvre de *Susong*, qui rassemblait la quintessence des connaissances des Chinois en matière d'astrologie et d'horlogerie (à cette époque on ne connaissait encore que les horloges à eau), est considérée comme la première horloge mécanique au monde.



voyeurs de fonds de l'administration chinoise, peuvent s'emparer de plus de la moitié de la cargaison des navires !

## Déjà, l'atelier du monde...

Sous les *Song*, la Chine apparaît déjà comme « l'atelier du monde ».

Loin de se cantonner à l'agriculture, l'économie chinoise tourne à plein régime, qu'il s'agisse de la production de textile (à partir de chanvre, de mûrier et de coton) ou de thé. Dans le domaine de la métallurgie, la houille remplace désormais le simple charbon de bois, permettant d'atteindre des températures beaucoup plus élevées, tandis que l'invention de souffleries actionnées par des machines hydrauliques améliore considérablement les conditions de fabrication de pièces de grande taille en fer et en acier destinées aux machines et aux armements (catapultes et arbalètes géantes). Dès le début du XIe siècle, à *Kaifeng* et à *Dingxian* (*Hebei*), sous l'impulsion directe des ateliers impériaux, les fabricants de céramiques et de porcelaines

réalisent des prodiges que le monde entier commence à s'arracher. C'est d'ailleurs de cette époque que date la production de céramiques et de porcelaines dédiées à l'exportation et acheminées vers l'Inde et le Moyen-Orient par bateau. Plusieurs d'entre eux feront naufrage et les pilleurs d'épaves retrouveront leurs extraordinaires cargaisons parfaitement intactes, dormant sagement dans leurs caisses au fond de l'océan…



Chaque région du pays est spécialisée dans une production particulière : le *Hebei* produit du fer et de la houille ; le *Zhejiang* et le *Sichuan* du papier et de la soie ; les villes du bassin inférieur du fleuve Bleu des livres imprimés et du tissu de chanvre ; le *Jiangxi* (avec la ville de *Jingdezhen*) de la porcelaine et des cordages.

## 善 L'essor du commerce clandestin

Entre ces zones où l'administration veille, un commerce clandestin va pourtant se développer, fondé sur le troc. La demande en objets de luxe et en équipements de prix (meubles, bijoux, soieries), loin d'être cantonnée aux familles régnantes et à leurs somptueux palais, est désormais relayée par une classe de riches commerçants et propriétaires fonciers. Ces « nouveaux riches » qui contribuent à l'essor des villes où ils ont pignon sur rue répugnent à payer les taxes qui sanctionnent tout transfert de marchandises d'une ville à l'autre. Une économie parallèle voit le jour. Des demeures somptueuses sont construites grâce à ces recettes cachées. Des corporations entières (charpentiers, tailleurs de pierre, maçons) y trouvent leur compte, qui voient le nombre de chantiers augmenter d'année en année. Ces échanges d'ordre strictement privé, échappant à l'impôt, n'en constituent pas moins le moteur essentiel de la croissance économique de la Chine qui apparaît, pour les pays qui l'entourent, proches ou lointains, comme une contrée immensément riche…

### L'inflation monétaire : cuivre contre argent...

Vers l'an mil, la généralisation de la monnaie de cuivre, déjà en cours au Nord, imposée par les autorités en remplacement des pièces de fer et de plomb jusque-là utilisés dans le Sud, constitue un puissant accélérateur pour les échanges commerciaux entre les régions.

Malgré de gigantesques opérations de fonte de monnaie en cuivre qui mobilisent des statues de bronze arrachées aux pagodes suite aux lois anti-bouddhiques, les *Song* du Nord ont le plus grand mal à satisfaire les besoins de l'économie. Face à cette pénurie, les empires périphériques se mettent à battre monnaie eux-mêmes, en utilisant du minerai d'argent (fourni en général par les Ouïgours qui le récupèrent au Moyen-Orient). C'est ainsi que, peu à peu, on voit apparaître une concurrence entre les pièces de cuivre,



#### *Jingdezhen*, capitale mondiale de la porcelaine

C'est sous les *Song*, dès la fin du XIIIe siècle, qu'une modeste ville du *Jiangxi* du nom de *Jingdezhen* commença à être connue pour la qualité de ses artisans potiers et porcelainiers.

Au départ cantonnée à la fourniture de riches amateurs, la production de *Jingdezhen* devint rapidement une affaire d'État. Les empereurs *Song* y firent ouvrir une fabrique de porcelaine céladon qui sera érigée sous les *Ming* en manufacture impériale. Très vite, ses porcelainiers deviennent experts dans la fabrication des vases et des assiettes « bleu et blanc » (*qingbai*), grâce au cobalt importé du Moyen-Orient. L'Occident s'en étant rapidement entiché, la plus large part de la production de porcelaine « bleu et blanc » fut écoulée dans le reste du monde où personne n'était encore capable de la réaliser.

Au fil du temps, *Jingdezhen* devint le plus important centre mondial de production de porcelaine, ce qui demeure le cas de nos jours.

dans le circuit officiel, et celles d'argent introduites frauduleusement comme moyen de paiement.

La cacophonie monétaire oblige les grands marchands de *Chengdu* au *Sichuan* et de *Guilin* au *Guangxi* à mettre en place leurs propres moyens de paiement sous la forme de véritables « billets à ordre » (*feiqian* ou monnaie volante), qui sont les ancêtres de la monnaie de papier.

À la fin de la dynastie des *Song*, signe d'un affaiblissement de l'État, contraint d'abandonner ses prérogatives monétaires, l'usage de la monnaie de



**L'invention de la porcelaine sous les *Song* du Nord**

La porcelaine, issue de la cuisson à haute température (plus de 3 000 degrés) d'argile riche en kaolin (*gaolin*) combiné à de la « terre de porcelaine » riche en feldspath (*baidunzi*) et en alcali qui se vitrifie à la chaleur, a fait la réputation de la Chine.

Cette technique de cuisson, combinée à l'application de vernis liquides qui donnent à la porcelaine son aspect lustré, apparaît en Chine sous les *Song* du Nord ; des gigantesques fours (munis de brûleurs au charbon de bois à courant descendant, certains d'entre eux permettent de cuire 25 000 pièces en une seule journée !) construits dans les ateliers de *Ru* (*Henan* occidental), sortent des vases et des assiettes aux formes dépouillées et élégantes qui connaissent un succès foudroyant.

Au Sud, lorsque l'empereur de Chine est contraint de s'y installer, la présence d'un argile bleuté (*guan*) permet de fabriquer les poteries – aux glaçures couleur de jade et aux craquelures parfaitement maîtrisées – connues sous le nom de « céladon » et qui seront copiées en Corée et en Asie du Sud-Est. Quant aux porcelaines blanches, dites « *ding* », fabriquées au *Hebei*, la pureté de leur forme n'a d'égale que le raffinement de leur décor, toujours discrètement gravé dans l'épaisseur d'une matière translucide.

papier s'est généralisé entre les principaux agents économiques (producteurs, artisans et marchands). Un peu partout, dans les centres urbains, s'ouvrent des boutiques de change.

## L'invasion mongole de 1272

L'empire des *Song* n'est plus que l'ombre de lui-même lorsque *Xiangyang*, la place forte qui défendait l'accès au bassin moyen du fleuve Bleu, est prise par les armées mongoles en 1272. Le sort de la dynastie des *Song* du Sud est officiellement scellé lors de la prise de *Hangzhou*, en 1276, puis de celle de Canton, l'année suivante.

Deux ans plus tard, c'est toute la Chine du Sud qui est occupée par l'envahisseur mongol, lequel aura réussi, en moins d'un siècle, à étendre son influence sur la quasi-totalité du continent eurasien.

# Le premier intermède mongol des *Yuan* (1206-1367)

C'est une nation mongole déjà fortement sinisée qui s'empare de la Chine, une proie devenue facile. En s'inspirant des méthodes de l'administration des *Han*, les Mongols vont étendre leur influence d'une façon aussi efficace qu'implacable.

Leur irruption sur la scène chinoise, au début du XIIIe siècle, consacrée par l'occupation de Pékin en 1215, s'accompagne d'un reflux progressif des valeurs d'origine *Han* sur lesquelles les dynasties des *Tang* et des *Song* avaient assis leur pouvoir.

Elle doit tout, de surcroît, à un homme au destin unique : le chef de tribu Temüjin, plus connu sous le nom de Gengis Khan (1167-1227), qui réussit à fédérer les peuples de la steppe.

## GENGIS KHAN, LE TERRIBLE « EMPEREUR DES MERS » AUQUEL RIEN NE RÉSISTE

En mongol, Gengis Khan signifie « Empereur des mers ». C'est dire l'ambition de ce chef de guerre qui inscrit ses conquêtes dans le droit-fil de l'illustre tradition de ses prédécesseurs *Xiongnu* (IVe- IIe siècle av. J.-C.) et Tabghatch (*Toba*) (Ve-VIe siècle apr. J.-C.) dont les armées avaient réussi à rivaliser avec l'empire des *Han*.

À partir de sa capitale Karakorum, à l'ouest de l'actuelle Oulan Bator (Mongolie-Extérieure), Gengis Khan lance des offensives victorieuses tous azimuths : vers l'ouest, au Caucase, en Ukraine, en Crimée, en Roumanie et jusqu'en Pologne, qui aboutiront, après sa mort, à la constitution d'empires distincts : ceux d'Ögödei (1224-1310) dans l'Altaï, de Chagatai (1227-1338) en Asie centrale et en Transoxiane, celui des Il-Khan (1259-1411) en Iran, en Afghanistan et au Pakistan, ainsi que celui de la Horde d'Or (1253-1502) en Russie d'Europe ; vers l'est, en Mandchourie et en Corée, où pénètrent les puissantes armées des Il-Khan, bientôt suivies par celles de l'empereur mongol Ögödei (1229-1241).



En 1218, Gengis Khan anéantit l'empire Kitan des *Liao* occidentaux, puis celui des *Xia* occidentaux en 1227, juste avant de mourir, non sans avoir laissé à ses successeurs les bases d'un système auquel les institutions chinoises ne vont pas résister.

### 美 Les Mongols s'appuient sur les hauts fonctionnaires chinois

Malgré leur faible nombre, et grâce à l'appui de hauts fonctionnaires avisés d'origine chinoise, les Mongols vont réussir à imposer leur loi.

Plus aptes à combattre qu'à diriger des États conquis, les Mongols ne tardent pas à faire appel à des Chinois, à des Kitan *Liao* ou encore à des Jürchen *Jin* pour les aider à administrer les immenses territoires dont ils viennent de prendre possession. Ce pragmatisme s'avère payant : en quelques années, avec le concours de ces hauts fonctionnaires, les Mongols mettent au point un système qui leur permet de s'installer durablement au sommet de l'Empire chinois.

Passé au service de Gengis Khan au moment de la prise de Pékin (1215) *Yelü Chucai* (1190-1244), un aristocrate d'origine kitan *Liao*, devient le principal conseiller de l'empereur mongol Ögödei (1229). Il lui souffle l'idée de rétablir un système fiscal régulier destiné à remplacer les ponctions erratiques et autoritaires qui exaspèrent les paysans et les agents économiques chinois, ce qui lui vaut d'être nommé au poste envié d'« administrateur général de la Chine du Nord ». Des services administratifs à la chinoise, tels des bureaux de poste et de douane revoient le jour, tandis que des greniers publics sont rétablis. En 1236, les Mongols – qui ne juraient jusque-là que par le troc – consentent même à imprimer du papier-monnaie. Au même moment, les empereurs



## Gengis Khan, le terrible conquérant qui s'était entiché de taoïsme

Gengis Khan était fasciné par les recettes de longévité et par la recherche de l'immortalité dont les taoïstes firent toujours grand cas. C'est ainsi qu'il décida d'exempter les monastères taoïstes et leurs moines du paiement de tout tribut fiscal. À l'époque, la secte taoïste la plus importante avait pour nom « École de la Réalisation de la Vérité « (*Quanzhen*). Ses membres, qui pratiquaient l'alchimie, proclamaient l'unité fondamentale du bouddhisme, du taoïsme et du confucianisme. Fasciné, Gengis Khan convoqua *Qiu Changchun*, le célèbre grand maître de la secte syncrétique et lui demanda la recette pour atteindre l'immortalité. « Que Votre Grandeur, malgré ses innombrables concubines, décide de dormir seul, fût-ce une seule nuit… cela fera plus pour prolonger sa vie que mille doses quotidiennes d'élixir de mille ans ! » lui répondit le Grand Maître.

mongols font traduire les principaux textes de la littérature et de l'histoire chinoises ; ils fondent également une Académie historique (*Hanlin Guoshiyuan*) dont les annalistes sont chargés de rapporter par écrit tous leurs faits et gestes, à l'instar de ceux de l'empereur de Chine.

### 美 Le moine défroqué *Liu Binzhong*

Appelé en 1249 à Karakorum auprès de l'empereur mongol Qubilaï, celui-là même qui recevra, quelques années plus tard, le Vénitien Marco Polo, le moine bouddhiste défroqué *Liu Binzhong* (1216-1274) est resté célèbre pour sa formule « Si on conquiert le monde à cheval, il ne peut en être ainsi de son gouvernement », qui résume le contenu du mémoire de mille caractères d'écriture qu'il rédige à l'intention du Grand Khan et dans lequel il préconise une méthode d'adaptation des us et coutumes mongols à ceux de l'administration chinoise. En récompense de ses bons conseils, cet ex religieux est chargé par le Grand Khan de superviser la construction de Pékin (Khanbalik en mongol), la nouvelle capitale. L'architecte chargé de diriger les travaux – qui commencent en 1267 – est de religion musulmane. C'est lui qui supervise les milliers d'ouvriers chinois requis par les Mongols pour bâtir les hautes murailles et les célèbres portes de la ville, dont la Cité interdite sera achevée vers la fin du XIII^e^ siècle.

## LA NOUVELLE DYNASTIE DES *YUAN* INSTAURE UNE HIÉRARCHIE ENTRE LES PEUPLES DES PAYS CONQUIS

C'est en 1271, au moment du transfert à Pékin du centre du pouvoir, que les Mongols à l'instar des Chinois adoptent un nom de dynastie, celui des *Yuan*.

Cet événement, qui témoigne de son légendaire pragmatisme, constitue un tournant dans l'histoire de ce peuple nomade. En décidant ainsi de se sédentariser définitivement, il asseoit d'autant mieux son contrôle sur une Chine qui regorge de richesses.

Pour le traitement des nations conquises, les Mongols, partisans du système des castes héréditaires, adoptent une hiérarchie selon leurs ethnies.

Au sommet, il y a, bien sûr, les tribus mongoles, principales bénéficiaires du système ; puis viennent les peuples ni mongols ni chinois d'Asie centrale, anciennement conquis ou *Semuren* (Tanguts, Turcs de Transoxiane, Ouïgours, Iraniens et même Tibétains) ; enfin, tout au bas de l'échelle, il y a les *Han* ou *Hanren*, habitants de la Chine (au sens large du terme puisqu'on y trouve les *Xia* occidentaux et les Jürchen *Jin*) récemment conquise et auxquels l'essentiel de l'effort économique et fiscal est demandé.



## 美 La discrimination anti-Chinois

Méthodiquement, l'Empire du Milieu est mis en coupe réglée par ses envahisseurs. À la tête de chaque circonscription administrative, les autorités placent des affidés, mongols de préférence, ou musulmans. Les fonctionnaires chinois y sont flanqués d'adjoints mongols. Les mariages interethniques sont interdits. Les peines réservées aux Chinois sont plus lourdes que celles dont écopent les autres ethnies. Tuer un Mongol est puni de mort pour un Chinois, alors que l'inverse entraîne le versement d'une simple amende. Le port d'armes est interdit aux *Hanren* alors qu'il est permis aux Mongols. Lorsque le système des concours administratifs est restauré en 1315, sur un total de trois cents postes à pourvoir, un quart est réservé aux candidats d'origine mongole (même s'ils sont, pour la plupart, incultes et incapables de répondre correctement à la moindre question de droit administratif), un quart aux *Semuren* et la moitié seulement aux *Hanren*, qui constituent pourtant de loin le plus gros des troupes des apprentis fonctionnaires.

## 美 Les richesses de la Chine confisquées

Tirer le plus grand parti possible des immenses richesses minières, agricoles et artisanales du pays conquis : tel est l'unique objectif du pouvoir mongol, lequel, à force de trop exiger, se verra de plus en plus contesté par la population chinoise. Son système d'appropriation des richesses est basé sur un cloisonnement social très rigide (y compris pour l'aristocratie mongole elle-même), auquel les autorités superposent un prélèvement fiscal qui ne laisse rien passer. Aucun individu exerçant un métier dans une entreprise d'État n'est autorisé à en changer ; surveillé jour et nuit par les « soldats des entreprises d'État », on l'oblige à vivre dans des bâtiments spécialement aménagés pour les artisans d'État. L'activité économique dans son ensemble est sous haute surveillance. Dans les salines (une activité ô combien stratégique car très lucrative, compte tenu du monopole du sel), les piètres conditions de vie des travailleurs vont les amener à se révolter contre le joug mongol. Vers le milieu du XIVe siècle, ils fomenteront de nombreux troubles qui sonneront le glas de la dynastie des *Yuan*.



Au nord du pays, où les paysans sont soumis à un régime fiscal classique (à base de corvées et de fourniture de grains et de tissu) qui n'est pas sans rappeler celui institué par les *Tang*, la situation est relativement sous contrôle.

Ce n'est pas le cas au Sud, où les recensements sont plus difficiles à mettre en œuvre. Deux impôts (l'un d'été, en tissu, et l'autre d'hiver, en grains) sont institués, dont les montants sont proportionnels aux surfaces cultivées, ce qui génère une forte activité de la part de l'administration cadastrale au sein de laquelle la corruption apparaît. Acheminer vers le nord les richesses produites au Sud oblige de surcroît les Mongols à développer les transports maritimes (par le creusement du canal *Jiao Lai* qui permet aux bateaux de couper à travers la péninsule du Shandong) et surtout à parachever l'aménagement du Grand Canal des *Song* qui n'arrivait pas jusqu'à Pékin, autant de chantiers qui pèsent lourdement sur les finances publiques.

# LA RÉBELLION EN MARCHE

Les zones méridionales, qui fournissent le plus de recettes à l'État, ne tardent pas à devenir les principaux foyers de la rébellion à laquelle les Mongols sont confrontés dès le milieu du XIVe siècle. Dans toute la Chine, les familles sont tenues de mettre gracieusement une partie de leurs membres à la disposition de l'administration et ce dans les domaines les plus divers, allant du gardiennage à la maintenance ainsi qu'à la construction des édifices publics, en passant par des tâches de pur maintien de l'ordre. Lorsque c'est nécessaire, la conscription obligatoire est instituée, obligeant les jeunes paysans chinois à rejoindre les armées mongoles.

Ces mesures sont de moins en moins bien tolérées par la population des *Hanren*.



L'incapacité des Mongols à contrôler la croissance de la pression fiscale aboutit à des rébellions dont les initiateurs s'enhardissent à mesure que se fait jour, au sein de la population, un sentiment nationaliste de rejet de l'envahisseur. C'est autour du bassin inférieur du fleuve Bleu, ainsi que sur les côtes maritimes du *Shandong* et du *Zhejiang*, que la situation commence à dégénérer.

## 美 La révolte des populations chinoises contre le joug mongol

À partir de 1300, suite à des hausses de prix qui font baisser drastiquement le niveau de vie dans les campagnes, les révoltes paysannes se multiplient à l'encontre de l'administration mongole. Certaines mesures édictées par celle-ci font figure de provocation, telle l'obligation faite aux agriculteurs de niveler les tombes creusées en plein champ pour améliorer le rendement des récoltes, qui déclenche une série d'émeutes sanglantes (1315), ou encore les brimades infligées aux bouddhistes.

Les institutions civiles chinoises étant incapables de les fédérer, le bouddhisme devient l'ultime refuge detous ceux qui luttent contre l'envahisseur.

### À la terrible échelle des peines pour les condamnés à mort, les *Yuan* ajoutent la méthode du « découpage lent »

Depuis la nuit des temps, les Chinois ont mis sur pied un système judiciaire sophistiqué et implacable qui a donné lieu, sous l'impulsion des théoriciens légistes (voir p. 20) à la rédaction de codes pénaux dès le deuxième millénaire av. J.-C.

Au sommet de l'édifice judiciaire, il y a l'empereur, lequel délègue une partie de ses pouvoirs au ministre des Peines. À sa base, il y a le bourreau qui exécute celles-ci. D'une façon générale, un jugement ne peut intervenir que lorsque le justiciable (toujours présumé coupable) a avoué. L'aveu peut être obtenu par la torture, ce qui contribue à une image terrifiante de la justice pour les citoyens de base.

L'arrivée au pouvoir des *Yuan* mongols ne bouleverse pas le système judiciaire chinois et ses cinq degrés de peine pour les crimes les plus graves : flagellation au bambou ; bastonnade ; travaux forcés ; bannissement et mort. Quant aux voleurs, ils pouvaient voir leurs pieds et leurs mains amputés. D'autres supplices (qualifiés en Occident de « chinois ») existent, pour les délits plus légers : goutte d'eau tombant sur le crâne, port de la cangue, exposition à la foule dans des cages ou sur un pilori, etc.

Aux deux principales méthodes d'exécution, la strangulation et la décapitation, les Mongols ajoutent celle du « découpage lent », qui consiste à larder le corps du supplicié de dizaines de coups de couteau (en Occident on a parlé, à tort, de « supplice des mille couteaux ») qui finissent par entraîner la mort par hémorragie. Le bourreau était censé commencer par extraire les yeux de la victime afin que celle-ci ne puisse assister à son macabre découpage.

C'est ainsi que la secte du Lotus Blanc (*Balian*), fondée à Suzhou au début du XIIe siècle et dont les adeptes – qui pratiquent le végétarisme et refusent de se soumettre au paiement de l'impôt – vouent un culte au Bouddha d'âge infini Amithaba, ouvre massivement ses portes à une paysannerie pauvre en mal de repères. D'autres bouddhistes, persuadés que la venue du Bouddha du Futur, Maitreya, est toute proche, incitent la population du *Shandong*, persuadée que les *Song* vont revenir, à rejoindre leurs mouvements millénaristes. Comme souvent, les prédicateurs profitent de l'extrême dénuement dans lequel vivent ceux qui tendent l'oreille à leurs propos. D'étranges religions sectaires voient le jour, où se mélangent bouddhisme, taoïsme et même manichéisme. La résistance à l'occupant prend des formes de plus en plus obscures.



## Comment on encourageait la piété filiale sous les *Yuan*

Depuis Confucius selon lequel « la principale infraction au devoir de piété fililale consiste à ne pas avoir de descendants », les personnes âgées, dans la Chine d'hier, l'emportaient toujours sur les plus jeunes. La « piété filiale » était donc l'un des principes essentiels de la société chinoise où les « ancêtres », dont les noms étaient gravés sur une tablette de pierre ou de bois, étaient vénérés par leurs descendants qui brûlaient de l'encens pour eux et se prosternaient devant leur autel.

Tout était bon pour encourager cette pratique qui était un gage de cohésion sociale. C'est ainsi que, sous les *Yuan*, une collection de livres intitulés « Les 24 exemples de la Piété filiale » fut éditée et diffusée dans tout le pays. Parmi les histoires les plus édifiantes relatant les incroyables exploits d'enfants désireux de faire plaisir à leur parents, on citera celle du très vieux *Lao Laizi* qui, à l'âge de 70 ans, continuait à amuser son père et sa mère par des danses et des culbutes comme un tout petit enfant, ou encore celle de *Hua Mulan*, une jeune fille qui avait accepté de prendre la place de son père, vieux et malade, pour servir dans les armées.

## La révolte des Turbans rouges

À partir de 1327, une série de famines meurtrières, consécutives aux débordements récurrents du fleuve Jaune, accentue le rejet de la population pour laquelle ces catastrophes naturelles à répétition sont le signe que l'empereur mongol n'exerce pas convenablement le « mandat du Ciel ».

Entre 1335 et 1337, au *Henan*, au *Hunan,* au *Sichuan* et au *Guangdong*, les émeutes se multiplient, entraînant une répression de plus en plus sanglante. En 1344, les digues du fleuve Jaune se rompent en aval de l'ancienne capitale *Kaifeng*. Les Mongols attendent près de cinq ans pour les faire réparer. Le grand soulèvement (1351) de la secte bouddhiste des Turbans rouges (*Hongjin*), dont les membres se recrutent essentiellement au sein des dizaines de milliers de travailleurs forcés présents sur les chantiers de consolidation des berges du grand fleuve, marque un tournant. Le chef de cette secte, un certain *Han Shantong*, se considère comme une réincarnation de Maitreya. À sa mort, son fils prend le titre de « Nouvel Empereur des *Song* ».



## La déliquescence du pouvoir mongol

À partir de cette date, les révoltes, par leur ampleur et leur violence, deviennent d'autant plus inquiétantes pour le pouvoir central que tout le bassin inférieur du fleuve Bleu est en proie à la sécession. Celle-ci est menée par les contrebandiers du sel, qui contrôlent peu à peu toutes les voies de passage entre les ports et les salines. Au *Sichuan*, une région plus difficile d'accès et située fort loin de leurs bases, les autorités mongoles ont déjà perdu la partie, tant y sont demeurées vivaces les traditions proprement chinoises, qu'ils ont été incapables d'éradiquer.

Partout, de proche en proche, des mouvements armés de libération éclosent, qui prennent le pouvoir sans remettre en cause les institutions existantes : les Mongols disparaissent, mais l'administration chinoise demeure. Nulle

**Les prédécesseurs de Marco Polo en Chine : Jean Du Plan Carpin et Guillaume de Robrouck**

Même s'il reste incontestablement le plus célèbre, Marco Polo ne fut pas le premier visiteur occidental de la Chine à raconter ses souvenirs de voyage.

Il fut notamment précédé par deux moines franciscains intrépides : l'Italien (originaire de Pérouse) Jean Du Plan Carpin (1182-1252) parti de Lyon vers Karakorum en 1245 et qui rédige une histoire des us et coutumes mongols (*Yistoria mongolorum*) après être revenu, deux ans plus tard, dans la capitale des Gaules ; et le Flamand Guillaume de Robrouck, parti en Mongolie en 1253, à la demande du futur Saint Louis, roi de France, et du pape Innocent IV, dans le but de demander l'aide des Mongols pour chasser les musulmans des Lieux saints ! Arrivé à Karakorum en 1255, Robrouck y séjournera plus d'un an et demi.



anarchie ni chaos dans un pays qui sait déjà que les jours de ses envahisseurs sont comptés.

## MARCO POLO, LE VÉNITIEN EXPLORATEUR DE LA CHINE

Le récit de l'extraordinaire voyage de Marco Polo (1254-1324), tantôt publié sous le titre du *Devisement du Monde*, tantôt sous celui de *Livre des Merveilles* ou encore *Il Milione* – et réédité d'innombrables fois – a fait le tour du monde et contribué à rendre célèbre le marchand vénitien.

L'envie de se rendre en Chine lui a été donnée par son père Niccolo et son oncle Matteo, lesquels y étaient eux-mêmes partis en 1254, dans l'espoir de trouver des marchandises à revendre en Europe, sans savoir que leur périple les mènerait si loin (ils projetaient en fait de s'arrêter sur les bords de la mer Noire !)

Accompagné par les deux hommes porteurs d'un message du pape au Khan mongol Qubilai, Marco part à son tour en 1271. Il a à peine dix-sept ans. Après un crochet qui les mène au sud de l'Iran, sur les bords de la mer d'Oman, les Vénitiens passent les Pamirs, empruntent la Route de la Soie et atteignent le *Gansu* où ils s'installent pendant un an à *Zhangye*. Arrivés à Pékin en 1275, après avoir gagné la capitale d'été *Shangdu*, ils sont reçus en grande pompe par le Khan Qubilai qui les retient à son service. Le jeune Marco y restera dix-sept ans. Ignorant le chinois, il maîtrise en revanche parfaitement le persan et le mongol. Le Grand Khan lui confie l'administration de la ville commerçante de *Yangzhou*. Après avoir visité *Hangzhou*, il s'embarque pour le Vietnam, Java, la Malaisie, Ceylan, les côtes de Malabar, les rives méridionales de l'Iran et parvient en 1294 à Ormuz d'où il repart enfin pour Venise.



### 美 Le *Livre des Merveilles*

Fait prisonnier pendant la guerre contre Gênes (1298), Marco Polo met à profit ses trois années de détention pour dicter en français d'oïl (une langue très prisée à l'époque par l'élite italienne) ses souvenirs de voyage au romancier pisan Rusticchiello. Ils ont pour titre *Le Livre de Marco Polo* et connaissent d'emblée un immense succès.

Bien que le manuscrit original ait été perdu, il en reste de nombreuses versions. Le livre de Marco Polo comprend trois parties : le voyage d'aller où il décrit de façon plutôt succincte les villes d'Asie Mineure et d'Asie centrale qu'il a traversées ; le séjour en Chine, de loin la partie la plus passionnante, où il s'attache à relater tout ce qu'il a vu à Pékin de la cour du Grand Khan – dont le faste l'a laissé pantois ; le voyage de retour, enfin, par les mers du Sud, où il ne se prive pas de faire des digressions sur le Japon (où il n'est pas allé !).

Partisan convaincu du bien-fondé de l'occupation mongole (il consacre plusieurs chapitres de son livre à raconter les campagnes victorieuses de Gengis Khan), Marco Polo voue une admiration sans borne à Qubilai, lequel s'est manifestement comporté de façon très habile avec lui. Son approche de la société chinoise est celle d'un Occidental de la fin du Moyen Âge, imprégné de religiosité chrétienne. C'est ce qui l'amène, par exemple, à mettre l'accent sur la tolérance de l'empereur Qubilai à l'égard de nombreuses religions étrangères, ainsi qu'en témoigne la coexistence, dans la capitale mongole, de nombreux temples bouddhistes, taoïstes, lamaïstes tibétains, nestoriens, et même manichéens.

En bon Vénitien amateur de luxe et de raffinement, c'est avec lyrisme qu'il s'emploie à détailler la munificence des fêtes et des chasses du souverain mongol ainsi que les fabuleux présents (soieries, bijoux et fourrures) dont ce dernier gratifie ses douze mille vassaux lorsqu'ils viennent lui faire allégeance. Marco Polo n'hésite pas à grossir les chiffres : ainsi prétend-il que le Grand Khan entretient pas moins de cinq mille astrologues à Pékin et que ce même souverain a eu plus de cinquante fils...



## 美 Marco Polo a ouvert la voie vers la Chine

Même s'il faut attendre le XV^e^ siècle pour qu'on finisse par juger son récit digne de foi, ce regard émerveillé de journaliste reporter avant l'heure que Marco Polo porte sur la Chine marque profondément les esprits de générations entières d'aventuriers laïcs ou religieux qui se lanceront à leur tour sur le chemin qui mène à l'empire du Milieu.

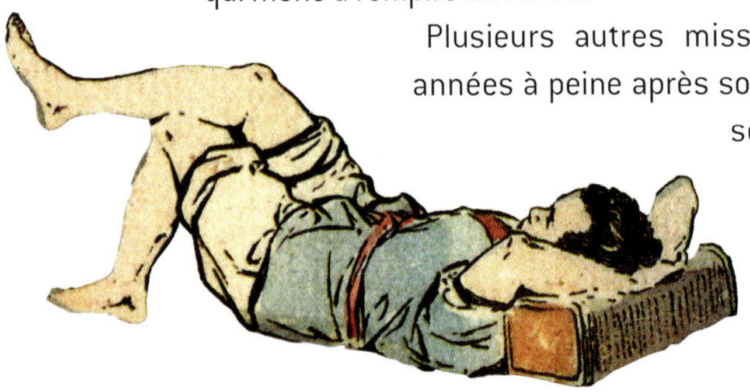

Plusieurs autres missionnaires franciscains, quelques années à peine après son retour en Europe, suivent les brisées du marchand vénitien : Jean de Montcorvin (1247-1328) gagne par mer, depuis Ormuz, le port chinois de *Quanzhou* (*Fujian* actuel) avant d'être nommé par le pape Clément VII archevêque de Pékin.

### Ibn Battuta, le Marco Polo arabe

Originaire de Tanger, Ibn Battuta (1304-1377) fut l'un des rares voyageurs arabes ayant atteint la Chine qui écrivit ses Mémoires. Après avoir gagné successivement l'Égypte, La Mecque, l'Iran, puis l'Inde du Nord et sa capitale Delhi (où il séjourne huit ans), il s'embarque à bord d'un navire vers Sumatra et Java, puis la Chine, qu'il atteint à *Quanzhou.* Il arrive à Pékin par le Grand Canal impérial. De retour à Tanger en 1349, il rédige des notes de voyage saisissantes de précision puisqu'on y trouve tout aussi bien des descriptions des machines hydrauliques, du papier-monnaie que de la fabrication de la porcelaine et de la construction des navires.



C'est le passage à Rome, où il a été reçu par le souverain pontife, du moine nestorien d'origine turque, né à Pékin, Rabban Bar Sauma (1250-1294), qui a incité le pape à l'envoyer en Chine.

On citera aussi Odoric de Pordenone, qui arrive dans la capitale sino-mongole vers 1320 en empruntant le Grand Canal impérial, après avoir séjourné à Canton puis à *Hangzhou*.

# La restauration mandarinale des *Ming* (1368-1644)

Au terrible joug mongol – mélange d'asservissement et d'instrumentalisation – et à ses effroyables conséquences sur certaines couches de la société chinoise succède enfin un empereur chinois. Son arrivée au pouvoir tient du miracle.

## *HONGWU*, LE PREMIER EMPEREUR *MING* : UN HOMME DE PEU QUI A SU RÉUNIFIER LA CHINE

Le fondateur de la dynastie des *Ming* est un homme de peu. Né en 1328, *Zhu Yuanzhang,* petit-fils d'un laveur d'or du *Jiangsu* et fils d'ouvrier agricole, n'a pas d'autre issue, comme de nombreux jeunes garçons de son âge, que d'entrer dans un monastère où il devient novice puis moine (1344), pour échapper à la famine. Profitant de l'aura messianique de la secte des Turbans Rouges qui continue à y sévir, il réussit à s'emparer (1352), à la tête de sa bande armée, d'une petite ville située au nord-est de l'actuelle province de l'*Anhui*. Les ralliements se succèdent. De victoire en victoire, Nankin finit par tomber entre ses mains (1359), puis les provinces du *Jiangxi* et du *Hubei*

(1360-1362). Il prend alors le titre d'Empereur du royaume de *Wu* sans que les Mongols puissent faire quoi que ce soit pour l'en empêcher. Après avoir réduit ses rivaux des provinces du Sud, il fonde à Nankin la dynastie des « Grands *Ming* » en même temps qu'il s'empare de Pékin (1368) où il se fait proclamer Empereur sous le nom de *Hongwu*.

L'élimination totale des Mongols, qui occupent encore une large partie du territoire, prend une vingtaine d'années. Successivement sont reconquis la Mongolie-Intérieure (1369), le *Sichuan* (1371), le *Gansu* (1372) et le *Yunnan* (1382), jusqu'à la victoire finale de 1387.

Lorsque *Hongwu* meurt (1399), la Chine est totalement réunifiée.

## 看 L'empereur *Hongwu* restaure l'ordre dans les campagnes

Au moment où *Hongwu* accède au pouvoir, les campagnes chinoises déstabilisées par des transferts massifs de population initiés par les Song sont en proie au chaos. Tous les aménagements (digues, systèmes d'irrigation, terrasses) qui permettaient l'existence d'une agriculture intensive sont à refaire. Des zones entières demeurent vides, les paysans ayant fui l'insécurité endémique et les catastrophes naturelles qui se sont succédé sans discontinuer durant près de 50 ans. La tâche de reconstruction est immense. Pour la seule année 1395, selon des documents d'archives, près de 50 000 réservoirs sont ainsi remis en état ou creusés sur l'ensemble du territoire. Entre 1371 et 1379, une dizaine de millions d'hectares sont repeuplés de façon autoritaire.

Les conséquences sur l'accroissement des recettes fiscales de l'État sont immédiates : en 1393, six ans après la reconquête totale du territoire, l'impôt agraire passe de 7 à 20 millions de quintaux. Les exigences de la bonne perception fiscale – il faut remplir les caisses (vides) de l'État — obligent les *Ming* à établir un nouveau cadastre au titre poétique de *Registres assortis de cartes en forme d'écaille de poisson* (*Yulin Tuce*), et à recenser la population (*Registre Jaune* ou *Huang Ce*).

### 看 La population chinoise organisée comme un outil économique et fiscal

Pour l'empereur *Hongwu*, disposer d'une population active fortement spécialisée et bien répartie sur l'ensemble du territoire est le meilleur outil économique et fiscal. En s'inspirant du cloisonnement social héréditaire du système mongol, il s'efforce de mettre en place une « organisation idéale » qui ne résiste pas durablement à la réalité de la société chinoise.

Selon qu'un individu est paysan, artisan ou soldat, il est censé dépendre respectivement du ministère des Finances (*Hubu*), de celui des Grands Travaux (*Gongbu*) ou de celui des Armées (*Bingbu*). Chacune de ces administrations dispose de ses propres moyens de transport et de stockage sur l'ensemble du territoire, ainsi que de son propre système de collecte de l'impôt.

Pour des raisons fiscales, les familles, organisées par groupes de dix (*lijia*), ne sont pas autorisées à changer de lieu de résidence. Chaque *lijia* doit répartir les corvées et les impôts entre ses membres tout en assurant collectivement le maintien de l'ordre.

Ce système ultratotalitaire se trouve rapidement en butte à la résistance des notables et des paysans riches qui mettent tout en œuvre pour se soustraire au carcan inventé par *Hongwu*. Sur les routes apparaissent des cohortes de paysans errants (*taomin*) qui n'ont d'autre recours que la rapine, voire le grand banditisme ; dans le meilleur des cas, ils sont enrôlés dans les armées en tant que mercenaires. L'administration des *Ming* (malgré une organisation au niveau de chaque sous-préfecture ou *xian*, mais dont les effectifs ne dépassent pas quinze mille fonctionnaires sur l'ensemble du pays) se révèle incapable de mettre en place les moyens de contrôle et de coercition nécessaires pour faire cesser une telle dérive.

Au xv^e siècle, les chiffres officiels des recensements (qui font état d'une baisse du nombre des habitants alors même qu'ils augmentent !) ne correspondent plus à la réalité et témoignent des nombreux dysfonctionnements qui affectent l'appareil d'État.

## 看 Un milliard d'arbres plantés pour construire des bateaux

Afin d'accélérer la construction de navires de haute mer, le reboisement intensif de la région de Nankin est également décidé. Sous le contrôle étroit des autorités administratives, les familles paysannes sont tenues de planter elles-mêmes un nombre minimum de sterculiers, de palmiers et d'arbres à laque. En 1394, cette obligation est étendue à tout l'empire pour le mûrier et le jujubier. Deux ans plus tard, au *Hunan* et au *Hubei*, et de façon tout aussi autoritaire, il en va de même pour plus de 84 millions d'arbres fruitiers.

Certains historiens évaluent à un milliard le nombre des arbres plantés en Chine sous l'ère *Hongwu*.



## 看 Le fondateur des *Ming* exerce le pouvoir de façon autocratique

Faute de contre-pouvoirs (les grandes familles aristocrates sous les *Tang* ; les structures administratives « indépendantes » mises en place sous les *Song*), le despotisme impérial marque la façon de gouverner des *Ming*.

L'empereur *Hongwu*, qui sait de quoi il parle, compte tenu de la manière dont il est arrivé au pouvoir, s'empresse d'organiser une police secrète (les « Gardes aux habits de brocart » ou *Jinyiwei*), destinée à épier les faits et gestes des membres de son gouvernement et de son administration. En 1380, il élimine son compagnon de route *Hu Wei Yong*, accusé d'être en relation avec les Mongols et les Japonais. Le procès du « traître » implique près de 15 000 personnes qui sont pour la plupart condamnées à mort, tout comme le principal intéressé.

D'une méfiance maladive, et qui augmente avec l'âge, le fondateur de la dynastie des *Ming* concentre peu à peu tous les pouvoirs entre ses mains en supprimant le Secrétariat général de l'Administration impériale et en se rattachant directement les six ministères (Fonctionnaires, Rites, Armées, Finances, Justice et Travaux Publics) coiffés par celui-ci. Les eunuques de son entourage proche voient leur puissance encouragée et développée. La prospérité matérielle du pays et sa réunification ont été acquises moyennant un système profondément dictatorial et un climat de méfiance et de suspicion généralisées entre les dirigeants et le peuple qui perdure tout au long de cette dynastie.

*Hongwu* va transmettre sa façon de gouverner à ses successeurs, *Yongle* (1403-1424), *Xuande* (1426-1435) et *Zhentong* (1436-1449). Partout, la méfiance s'installe.



### 看 La revanche des *Ming* contre les Mongols et l'expansion militaire vers le Vietnam

C'est d'un pays refermé comme jamais sur lui-même mais qui a la volonté d'en découdre avec les Mongols, histoire de leur faire payer les humiliations subies, qu'hérite *Zhudi,* celui qui deviendra empereur sous le nom de *Yongle* (1403-1424), après avoir renversé le successeur de *Hongwu.* Oncle de ce dernier, au moment où il entre en rébellion contre le nouvel empereur, il commande les armées de la région de Pékin. De Nankin, sur laquelle il marche à la tête de ses troupes, il ne fait qu'une bouchée (1401).

Dans le droit-fil des actions militaires déjà menées sous son prédécesseur, et profitant de l'essor économique qui a renfloué les caisses de l'État, il se lance à la conquête de la Mongolie en cantonnant respectivement au Nord-Ouest et Nord-Est les Qirats et les Tatars (d'où le nom de Tartares, qui leur sera donné par les Européens, à ne pas confondre avec les Tartares de Russie, d'origine turque), deux puissantes tribus qui tiennent tête au régime des *Ming* tout au long de leur règne. En 1403, à la tête de ses troupes, *Yongle* remporte la victoire décisive de la rivière Onon (nord-est d'Oulan-Bator) qui lui permet de contrôler une partie de l'actuelle Mongolie-Extérieure et la vallée du fleuve Amour.

Fort de ses succès contre les anciens occupants du territoire chinois, *Yongle*, dont le long règne correspond à l'une des périodes les plus fastes de la dynastie des *Ming*, lance une armée de plus de 200 000 soldats à l'assaut du Nord-Vietnam, où il parvient à s'emparer de la ville de Dai Viêt et à mettre fin au royaume des Trân (1406). Les armées *Ming*, rapidement confrontées à la révolte des populations locales très nationalistes, réussissent néanmoins à garder le contrôle de tout le nord de la péninsule indochinoise jusqu'en 1427.

Ces hauts faits militaires ne doivent pas faire oublier l'intense activité diplomatique menée tous azimuts, du Japon au Moyen-Orient par la Chancellerie Impériale chinoise. C'est ainsi qu'elle mandate une mission diplomatico-religieuse du moine bouddhiste *Zongle* qui se rend notamment au Japon et en Corée entre 1382 et 1386 ; sous *Yongle*, le diplomate expérimenté *Chen Cheng* est envoyé à trois reprises (en 1413, 1416, 1421) en Asie centrale d'où il rapporte la relation de voyage (*Mémoires sur les royaumes de la Sérinde* ou *Xiyu Fanguo Zhi*) qui constitue une mine de renseignements sur la situation de ces pays vue par un Chinois du XVe siècle.



## 看 Le temps des grandes expéditions maritimes

C'est avec près d'un siècle d'avance sur le Portugal et l'Espagne, grâce au niveau technique atteint par ses chantiers navals, que la Chine des *Ming* se lance dans l'aventure du voyage maritime au long cours sous la forme d'expéditions officiellement commanditées par *Yongle* et dont les moindres détails figurent, à ce titre, dans les Annales impériales de la dynastie. Leur objectif n'est pas simplement économique et commercial. Il s'agit avant tout, pour un Empire chinois devenu très imbu de sa puissance, de se faire reconnaître comme tel par les « pays périphériques situés au-delà des mers », ce qui suppose d'aller y porter la bonne parole en gonflant ses biceps.

*Yongle* charge *Zhen He* (1371-1435), un eunuque musulman originaire du *Yunnan* et dont le père a fait le saint pèlerinage de La Mecque, de conduire sept expéditions maritimes dont les dernières se dérouleront sous le règne de *Xuande* (1425-1435) : la première a lieu de 1405 à 1406 et la dernière de 1431 à 1433. L'eunuque se rend ainsi au Champâ (sud-est du Vietnam), à Java, à Sumatra, à Malacca, à Ceylan, à Calicut (Inde du Sud), à Ormuz, en Arabie et pousse même jusqu'en Somalie et à Zanzibar. Dans certaines régions d'Asie du Sud Est, ses visites ont un tel retentissement qu'il y est encore vénéré (notamment au Laos et au Cambodge) dans des temples dédiés à son nom.

### 看 Se faire reconnaître comme le pays du Centre par ceux de la périphérie

À ces très longs voyages, menés sur des dizaines de grandes jonques capables de relier entre elles des escales distantes de près de 6 000 kilomètres, peuvent participer plusieurs milliers de passagers. Le navire amiral de *Zhen He* fait plus de 130 mètres de long sur 60 mètres de large, ce qui lui permet d'accueillir près de mille passagers au nombre desquels on compte des astrologues, des traducteurs, des médecins, ainsi que des mandarins diplomates professionnels, tous experts en protocole !



On imagine aisément les conséquences sur le prestige dont jouira la Chine, auprès des peuples qui ont l'insigne honneur de recevoir une ambassade aussi énorme, laquelle ne rechigne pas, lorsque c'est nécessaire, à se mêler des affaires intérieures du pays visité, soit pour installer des stèles à la gloire des *Ming*, soit pour régler d'éventuels points de friction entre les autorités locales et les colonies chinoises, de plus en plus nombreuses à s'implanter dans les grands ports de l'océan Indien.

Les trois livres rédigés par l'eunuque *Ma Huan*, l'un des compagnons de *Zheng He*, *Mémoires sur les royaumes barbares des mers occidentales* (*Xiyang Fanguo Zhi*), *Merveilles découvertes par bateau en naviguant avec les étoiles* (*Xingcha Shenglan*) et *Merveilles des Océans* (*Yingya Shanglan*), publiés respectivement en 1434, 1436 et 1451, relatent avec une précision stupéfiante ces voyages qui, à leur époque, marquèrent durablement les esprits.

### De redoutables eunuques étaient les yeux et les oreilles des empereurs *Ming*

Préposés, pour d'évidentes raisons, à la surveillance des harems et des concubines, les eunuques (souvent des enfants très intelligents issus des milieux pauvres et vendus par leur famille à la cour impériale à l'âge de la puberté) apparaissent dans l'entourage des empereurs dès la période archaïque. Au Ier siècle, l'empereur *Guang Wudi* des *Han* promulgue un décret qui oblige à châtrer tous les domestiques mâles qui s'occupent de son gynécée. Cette intimité avec le centre même du pouvoir suprême permet à de nombreux eunuques d'être les témoins (et souvent les acteurs !) de l'histoire de la Chine.

Mais c'est sous les *Ming* que cette corporation très particulière commence à sortir de l'ombre dans laquelle elle s'est toujours complue. L'empereur *Hongwu* avait pourtant strictement interdit à ses membres d'apprendre à lire et à écrire… et avait prévu la peine de mort pour ceux qui seraient tentés de se mêler de politique ! À partir du début du XVe siècle, et notamment de la création (1423) par l'empereur d'un Conseil Privé (*Neige*) qui remplace les structures ministérielles de l'administra tion impériale, les eunuques (qui ont déjà favorisé l'accession au pouvoir de l'empereur *Yongle*) dominent le gouvernement chinois dont ils manipulent les hauts dirigeants.

Dès l'avènement de *Yongle*, c'est fort habilement qu'ils mettent la main sur la police secrète dont le nom poétique « Hommes de l'Esplanade de l'Est » (*Dongchang*) recouvre mal la terrible efficacité coercitive et meurtrière. À partir de 1465, les « Cavaliers Rouges de l'Esplanade de l'Ouest » (*Xichang*) remplacent les précédents, mais à une échelle plus importante, puisque leur rôle s'étend à l'ensemble du territoire. Pressions occultes, chantages divers, enlèvement et mise à mort des récalcitrants, provocations destinées à piéger leurs cibles : les hommes de main des eunuques ne reculent devant rien.

La liste est longue de *Liujin* (sous l'ère Y*ongle*) à *Wang Zhongxian* (sous l'ère *Wanli*) de ces eunuques tout-puissants et redoutés dont le pouvoir était dans certains cas équivalent à celui de l'empereur lui-même…

Cette politique de présence active de la puissance chinoise dans l'océan Indien – qui délivre également cette zone de la présence des pirates japonais et javanais – explique l'envoi à Pékin, par l'Egypte des Mameluks, de deux ambassades, l'une en 1418 et l'autre en 1441 : la Chine des *Ming* apparaît déjà comme une nation avec laquelle il faut compter sur la scène internationale.

**La Cité pourpre interdite**

C'est en l'an 18 de l'ère *Yongle*, soit en 1406, que commencèrent les travaux de la Cité Pourpre (la couleur de l'étoile polaire, qui signifiait que l'édifice était bien le centre de l'univers) Interdite (*Zijincheng*), le palais impérial de Pékin. L'édifice, dont les travaux d'aménagement – auxquels participèrent plus de 200 000 ouvriers – s'étalèrent sur 15 ans, s'étend sur plus d'un kilomètre de long et 760 mètres de large. Isolée du reste de la ville par des douves et une haute muraille, elle s'ouvre, au sud, par la célèbre porte de la Paix céleste (*Tian Anmen*). À l'intérieur, une succession de cours où se dressent de gigantesques portes et des bâtiments officiels en forme de hall (porte de l'Harmonie suprême, pavillons de l'Harmonie du Milieu, de l'Harmonie protectrice et enfin de la Pureté céleste, où se tenaient les audiences impériales) mènent jusqu'à la résidence privée du souverain, à laquelle seuls ses proches (dont les eunuques) avaient accès.

L'architecture de la Cité pourpre interdite illustre la façon dont la plupart des empereurs de Chine dirigèrent le pays : depuis leur « Saint des Saints » inaccessible au commun des mortels car l'empereur doit gouverner loin du peuple pour mieux s'en faire respecter ; de façon extrêmement ritualisée car le Fils du Ciel est l'égal d'un dieu ; et surtout de façon… quasiment invisible car c'est la condition nécessaire pour que son peuple soit sur ses gardes en permanence : dès lors que que nul ne peut savoir où se trouve l'empereur, c'est qu'il peut être partout, grâce à ses « multiples oreilles et à ses multiples yeux ».

## LA FERMETURE PROGRESSIVE DU PAYS AU MILIEU DU XVe SIÈCLE

Précédée par le transfert de la capitale de Nankin (ville très ouverte et cosmopolite) à Pékin (ville excentrée où les influences mongoles de la steppe restent très vivaces) en 1421, la fin des expéditions de *Zheng He* (1433) marque le début d'une longue période de fermeture progressive du pays. Celle-ci se traduit à la fois par l'effacement de sa présence sur les mers (d'où la réapparition de la piraterie en mer de Chine et dans l'océan Indien qui y rend très périlleuse la navigation à partir de la fin du XVe siècle) et par les nombreuses restrictions désormais imposées aux relations commerciales avec la steppe, qui provoquent un retour des incursions nomades en territoire chinois.



Des tensions se font de nouveau jour entre les *Ming* et les Qirats. Elles atteignent un point extrême en 1449, lorsque l'empereur *Zhengtong* (1436-1449) est fait prisonnier par les Mongols à *Tumu,* dans le nord du *Hebei*. Il ne sera relâché qu'en 1457, contre le versement d'une importante rançon.

La construction, sous l'ère de *Zhengtong*, puis celle de *Chenghua* (1465-1487), d'une Grande Muraille Intérieure (*Neichangcheng*), dont il reste encore de beaux vestiges au nord de Pékin, destinée à doubler l'ancienne fortification construite neuf cents ans plus tôt, n'empêche pas la pression des tribus mongoles, qui va amener les autorités chinoises à négocier avec celles-ci un compromis pendant la période de captivité de l'empereur.

### 看 La lente dislocation du système social mis en place par l'empereur *Hongwu* provoque l'instabilité

Le système totalitaire mis en place par le fondateur des *Ming* reposait sur une organisation pyramidale et compartimentée d'une société divisée en « familles » (militaires, paysannes et artisanales). Il a aussi pour but de faire de l'armée une organisation autonome dont le recrutement et le financement

### « Fleur de Fiole d'Or » (*Jin Ping Mei*), le plus célèbre roman érotique chinois

C'est sous le drôle de nom de plume « le Rigolo » que *Li Kaixian* (1501-1568) rédigea le *Jin Ping Mei,* un très gros roman de mœurs qui décrit les pratiques libertines du riche marchand *Ximen Qing,* lequel consacre l'essentiel de son temps à conquérir les jolies femmes sous le regard compréhensif d'une épouse attendrie. S'ensuivent de nombreuses descriptions des plus pimentées sur l'« Art de la Chambre à Coucher » : les amants n'hésitent pas à jouer avec des fruits, à s'asperger mutuellement de vin, à jouer aux cartes d'un jeu aux formules paillardes et aux figures lascives ; ils feuillettent même un album érotique composé de vingt-quatre peintures sur soie représentant des couples faisant l'amour dans des postures qu'ils s'efforcent de copier…

Le *Jin Ping Mei* apparaît comme un texte érotique maîtrisé (et même quelque peu édulcoré) lorsqu'on le compare à des romans licencieux beaucoup plus pornographiques, comme ce texte de *Liyu* (1611-1680), un lettré excentrique de la dynastie des Ming, auteur du célèbre « La chair comme tapis de prière » (*Rouputuan*) dont le héros est un libertin qui se fait greffer un sexe de chien pour satisfaire ses multiples conquêtes, ou encore cette mère maquerelle qui emmène sa nièce assister à l'accouplement de cochons pour mieux l'émoustiller. Sous les *Ming* et sous les *Qing,* bien qu'ils aient été officiellement proscrits, de nombreux romans pornographiques circulaient sous le manteau. On trouvait également des manuels de pratiques sexuelles dont le plus diffusé, sous les *Ming,* semble avoir été le *Maître du Pavillon de la cueillette des femmes* où l'on trouve toutes sortes de précisions sur les vertus comparées des pénis…



reposent sur les « familles militaires » (*Junhu*) qui sont installées sur des terrains agricoles militaires (*Juntu*) dont elles ont la libre disposition moyennant la fourniture de la corvée agricole et guerrière (sur dix hommes, trois devaient être affectés dans les armées et sept travailler aux champs). Malgré ses contraintes, le système des « familles militaires » prend racine assez facilement au début des *Ming* (le pays compte alors environ deux millions de soldats, soit entre 2 % et 3 % de la population totale) parce qu'il permet aux paysans pauvres de disposer des terres nécessaires à leur subsistance.

Les colonies militaires sont implantées dans les zones où une présence militaire est indispensable : sur les côtes (du *Liaoning* au *Zhejiang*) pour faire face aux éventuelles menaces venues de la mer ; au nord et à l'ouest de Pékin afin de contrer les incursions mongoles ; dans les provinces du Sud- Ouest (*Guangdong*, *Guangxi, Yunnan, Guizhou, Hunan*) où il s'agit de contenir l'ébullition endémique des tribus locales jalouses de leur autonomie ; autour de Pékin et Nankin, pour protéger le centre du pouvoir ; le long du Grand Canal, pour sécuriser le transport des marchandises qui transitent par cette voie d'eau essentielle pour le pays.

## 看 Les défections des « familles »

À partir du début du XVe siècle, on remarque toutefois des défections chez ces militaires-paysans, lesquels n'hésitent pas à revendre leurs terres (qui ne leur appartiennent pas !) à de riches propriétaires fonciers. Ce phénomène provoque un affaiblissement du financement des dépenses militaires, qui oblige l'État à prélever d'autres impôts et à faire appel à des mercenaires destinés à remplacer les paysans militaires qui désertent de plus en plus fréquemment.

Une évolution parallèle à celle des « familles militaires » affecte celle des « familles artisanales » (*minban*) que l'empereur *Hongwu* avait mises en place dans le même esprit en instituant deux catégories d'artisans : ceux (*Zhuzuo*) qui travaillent à demeure dans des ateliers d'État où ils vivent avec leur famille (ils dépendent du ministère des Travaux Publics) et ceux (*Lunban*) qui peuvent travailler chez eux pour leur compte, moyennant l'obligation de donner une partie de leur temps à un atelier d'État.

La rigidité du système (certains artisans du « secteur libre » sont contraints de faire de longs trajets pour s'acquitter de leur obligation) encourage de nombreuses fraudes et entraîne une désaffection encore plus rapide que pour les « familles de l'armée ». La propension des Chinois au commerce incite par ailleurs les autorités à privilégier les taxes en argent (dont le rendement, indexé sur l'activité, est forcément plus élevé) au détriment des corvées. Le nombre des artisans d'État ne cesse de baisser (de 150 000 environ sous *Yongle* il n'était plus que de 40 000 à la veille de l'invasion mandchoue) en même temps que celui des artisans du « secteur libre ».

Sur le plan économique et social, il s'est donc produit sous les *Ming* une évolution assez comparable à celle de la Chine d'aujourd'hui : le passage d'une économie administrée et bloquée à une économie privatisée et libéralisée.

## 看 Le règne de la débrouille individuelle annonciatrice de graves troubles sociaux



La dislocation du système des « familles » tel que *Hongwu* l'avait imaginé a des conséquences d'autant plus importantes qu'elle s'applique à une population dont le nombre a doublé sous les *Ming* (on l'estime à 150 - 180 millions d'habitants vers 1600).

Dès le début du xv$^{e}$ siècle, d'importants déplacements de population résultent de la pauvreté croissante d'une paysannerie prolétarisée qui fait voler en éclats ce qui reste des « familles paysannes ». Lorsqu'ils restent sur leurs terres, les paysans abandonnent souvent leurs activités traditionnelles (riz ou céréales) qui leur permettaient l'autosuffisance alimentaire pour se consacrer à des cultures plus lucratives, tels le coton ou la feuille de mûrier, ce qui les oblige à acheter leur nourriture.

À un système contraignant mais organisé succède peu à peu le règne de la débrouille individuelle et des menus trafics. La campagne chinoise voit ses structures sociales se déliter. Il n'est pas rare que d'anciens petits

propriétaires ruinés deviennent « paysans errants » (*Taomin*) puis bandits de grand chemin. En 1420 éclate l'une des premières grandes insurrections populaires telles qu'en connaîtra désormais la Chine jusqu'à la fin des *Ming*. À sa tête on trouve une femme se prétendant la « Mère de Bouddha », *Tangsai Er*, qui réussit à entraîner plusieurs centaines de paysans armés pour semer la terreur dans certaines villes du sud-est du *Shandong*.

Les corporations les plus exploitées peuvent parfois se liguer pour se soulever. Il en va ainsi des paysans pauvres des confins du *Fujian* et du *Zhejiang* qu'un certain *Deng Maoqi* amène à participer à une révolte conjointe avec celle des ouvriers des mines d'argent emmenés par *Ye Zongliu* ; leur révolte dure deux ans (1448-1449).



À partir du milieu du XVe siècle, la Chine est privée du socle indispensable que constitue une paysannerie organisée, taillable et corvéable à merci, et surtout pourvoyeuse en piétaille pour les forces armées. En la surexploitant, les *Ming* ont tué la poule aux œufs d'or !

## La monnaie-papier dévaluée

L'affaiblissement du pouvoir politique allant de pair avec celui de la monnaie, les dévaluations de la monnaie-papier (non convertible) mettent également en difficulté les autorités qui continuent à payer leurs fonctionnaires et leurs soldats avec des billets dont la valeur ne cesse de baisser. Peu à peu, notamment dans le sud du pays, l'utilisation du lingot d'argent s'impose pour les transactions commerciales importantes (d'où l'accroissement de la contrebande avec le Japon, devenu principal producteur de minerai d'argent). À partir de la fin du XVIe siècle, suite à l'arrivée des Espagnols à Manille, aux Philippines (1564), l'argent venu des Amériques et déversé en Chine par les « conquistadores » accroît de façon très sensible la masse monétaire en circulation sur le territoire chinois.

Les autorités, soucieuses de réserver les métaux précieux à d'autres usages, restent tant bien que mal accrochées à leur dogme de l'instrument monétaire fiduciaire mais se voient contraintes d'arrêter à partir de 1450 les émissions de billets (qui restent néanmoins officiellement en circulation jusqu'à la fin du XVIe siècle). Le gouvernement a recours une ultime fois à la planche à billets en 1643, juste avant la chute de la dynastie des *Ming*, au moment où le pays est plongé dans le chaos économique et social.

Avant cette extrémité, entre 1570 et 1580, pour endiguer la déferlante des paiements en argent-monnaie, l'administration chinoise a mis au point une vaste simplification fiscale du nom de « système de l'unique coup de fouet » (*Yitiao Bianfa*) censée pénaliser – sans grand résultat – l'usage de l'argent illégalement importé.



**Le cérémonial très simple du mariage sous les *Ming***

De nombreuses peintures et gravures d'époque *Ming* pemettent de se faire une idée précise de la cérémonie du mariage, telle qu'elle se pratiquait en Chine depuis des temps immémoriaux. Les mariages étant arrangés entre les familles, celle du jeune homme demandait à une entremetteuse de lui trouver une jeune fille susceptible de devenir une épouse. Après quoi, on se mettait d'accord sur les termes économiques du mariage (les dons exigés par la famille de l'épousée pouvaient être en nature ou en argent), et il appartenait aux astrologues de confronter les horoscopes des intéressés et de vérifier qu'ils n'étaient pas incompatibles afin de décider d'une date opportune.

Le cérémonial était très simple : l'épousée gagnait la maison de son futur mari dans une chaise à porteurs ou un palanquin et ne se dévoilait qu'au dernier moment. Souvent, ce dernier la voyait alors pour la première fois. Pour devenir mari et femme, il suffisait aux mariés d'aller se prosterner devant l'autel des ancêtres du fiancé. Ce rituel immuable était (c'est toujours le cas) suivi d'un grand banquet.

### Déjà, les « damnés de la terre »

Le dynamisme artisanal de la Chine des *Ming* cachait un véritable enfer pour de nombreuses corporations.

Il en allait ainsi pour les ouvriers des mines d'or, de plomb, de cuivre, d'étain et de mercure, mais aussi des houillères, des puits de gaz naturel et de pétrole (qu'on appelait « huile de pierre » et dont les Chinois maîtrisaient déjà l'extraction à grande profondeur) ; dans les mines appartenant à l'État, souvent supervisées par des eunuques, la condition des hommes était bien pire encore que dans celles concédées à des particuliers ; les mineurs y étaient la cible de « bandits de mines » qui se livraient au pillage et à l'assassinat. Les sauniers des salines de mer travaillaient aussi dans des conditions très pénibles, qui les obligeaient à transporter l'eau salée à dos d'homme pour la faire évaporer au soleil. Dans les mines de sel, on utilisait le bambou pour effectuer les forages et les malheureux auxquels incombait cette tâche y laissaient la peau de leurs mains. Denrée précieuse et rare, malgré les multiples contrôles de l'administration, le sel faisait l'objet d'une importante contrebande.

Tous les autres métiers manuels (construction de maisons ou de navires, fabrication de meubles et de charrettes, etc.) s'exerçaient dans des conditions effroyables, sans oublier la multitude de ceux qui n'avaient que la force de leurs bras à vendre (coolies, haleurs de navires, ouvriers des pressoirs à huile, etc.) parmi lesquels on trouvait des bagnards évadés reconnaissables à la marque au fer rouge sur leur front.

Cette « population flottante » dont le nombre ne cessa d'augmenter constitua un terreau fertile pour les grandes révoltes qui éclatèrent au début du XVI^e^ siècle et finirent par emporter le régime des *Ming*.

## 看 Les grandes avancées techniques des Chinois de la fin des *Ming*

Au XVI^e^ siècle, la Chine apparaît déjà, à l'instar de ce que sera l'Angleterre deux siècles plus tard, comme un pays industriel avec sa classe ouvrière, ses moyens de production organisés à grande échelle et ses capitaines d'industrie qui dirigent leurs affaires d'une poigne de fer pour leur compte ou pour celui de l'État.

Cette industrialisation galopante explique largement les grandes avancées techniques de la fin de la dynastie des *Ming*. C'est ainsi que la mise au point du métier à tisser la soie à 3 voire à 4 dévidoirs accroît sensiblement les rende-

### Pirates en mer de Chine

Au XVIe siècle et plus précisément dans les années 1553-1557, les pirates japonais, appelés *Wokou* (*wo* signifiant « nain », terme par lequel on désignait alors les Japonais) et dont le chef fut un Chinois originaire de *l'Anhui* et surnommé le « Roi qui purge la mer », firent régner la terreur au point de faire chuter de façon drastique les échanges en mer de Chine. Leurs exactions rendirent délicates les relations diplomatiques entre les deux pays : les ambassades japonaises – qui s'accompagnaient de la vente de milliers de sabres – furent limitées à une tous les dix ans sous l'ère *Yongle* (1402-1424), même si cette réglementation ne fut jamais respectée.

La piraterie maritime, parce qu'elle engendrait la contrebande terrestre, devint l'un des plus grands fléaux économiques sous les *Ming*. Au début de la dynastie, elle fut soutenue par les opposants à la mainmise de *Hongwu* sur l'État, ce qui explique la célérité avec laquelle les autorités mirent en œuvre des mesures répressives, à commencer par la constitution d'une flotte de bateaux de guerre et par l'instauration d'un commandement naval unique. Cette politique porta ses fruits tout au long du XVe siècle, et particulièrement pendant ses premières décennies.

La recrudescence de la piraterie, au siècle suivant, reflète la déliquescence des institutions chinoises. Elles se bornèrent à édicter des mesures bureaucratiques, dont la plupart demeurèrent sans suites. Malgré une spécialisation des ports, censée juguler les trafics (*Ningbo* avait le monopole du commerce avec le Japon ; *Fuzhou* (puis *Quanzhou)* celui des relations avec les Philippines ; Canton celui des échanges avec le Vietnam et l'Indonésie), la contrebande sévit tout le long des côtes chinoises.

### Les relations entre le Japon et la Chine des *Ming* étaient délicates

Avec la Chine des *Ming*, qui lui avait légué le bouddhisme mille ans plus tôt, le Japon entretint des relations passablement tumultueuses. Jusqu'en 1522, les voyageurs japonais – il s'agissait surtout de moines bouddhistes – avaient le droit de circuler librement en Chine. Inversement, les moines bouddhistes chinois furent nombreux à se rendre dans l'archipel nippon pour étudier les us et coutumes (très bizarres pour un Chinois) de ses habitants. Un célèbre marchand chinois du nom de *Song Suqing* (1496-1523) se fixa au Japon en 1510, où, par son entregent, il réussit à renforcer les liens diplomatiques entre les deux pays, quelque peu ternis par les attaques des pirates japonais : la soie chinoise étant vendue au Japon cinq à six fois son prix en Chine, elle attirait les convoitises. Il en allait de même pour les céramiques chinoises, très prisées par les Japonais, et pour le thé en provenance du *Fujian* et du *Zhejiang*.

Suite aux mesures de restrictions prises par les autorités chinoises à l'encontre des voyageurs japonais, une violente dispute éclate à *Ningbo*, en 1529, entre celles-ci et deux ambassades japonaises composées de marchands et de moines. En 1530, les ambassades japonaises à *Ningbo* furent purement et simplement interdites, mais il fallut attendre la fin du XVI<sup>e</sup> siècle (précisément 1573 et 1587, date des opérations de la marine de guerre chinoise conduites par les amiraux *Yu Dayou* et *Qi Jiguang*) pour que les côtes chinoises soient enfin débarrassées des pirates japonais.

ments des grands ateliers de tissage impériaux ; il en va de même pour les métiers à tisser le coton (devenu, à compter du XIVe siècle, d'usage courant pour le vêtement, le coton emploie, à la fin du XVIIe siècle, plus de 200 000 ouvriers autour de la ville de *Songjiang*). L'organisation de l'industrie textile fait déjà appel à la spécialisation des tâches : cardeurs, calandreurs, fileurs, teinturiers et brodeurs travaillent de façon séparée. Les commandes spéciales de l'empereur (toujours supervisées par les eunuques) sont parfois si importantes qu'elles déséquilibrent le plan de charge des ateliers de production.

Dans le domaine de l'imprimerie, l'amélioration des processus de calage permet d'utiliser, sous l'ère *Wanli* (1572-1620), jusqu'à cinq planches de couleurs différentes ; les livres sont imprimés avec des caractères mobiles réalisés dans un alliage spécial de cuivre et de plomb.

**La naissance du polar**

Quoique déjà en vogue sous les *Song*, c'est sous les *Ming* que se généralisa une forme de littérature très prisée par les lecteurs chinois. Écrite en « langue parlée » (*baihua*), elle avait pour sujet de grandes enquêtes criminelles menées par des policiers ou des juges incorruptibles qui finissaient, après mille péripéties, par dénouer les énigmes les plus complexes.

Le personnage le plus célèbre de cette littérature fut le Juge *Bao Cheng*, héros de plus d'une centaine d'intrigues menées avec une maestria digne des auteurs de la « Série noire ».

Au XX^e^ siècle, le grand sinologue hollandais Robert Van Gulik prendra modèle sur ce genre littéraire en campant son célèbre personnage du « Juge Ti ».



À compter du début du XVII^e^ siècle, le *Jiangxi* est la principale région de production du papier : on y compte plus de 30 papeteries, employant en tout plus de 50 000 ouvriers. Quant au commerce des livres, les deux centres principaux en sont *Jiangyang* et *Huizhou*, dont les immenses imprimeries sortent à la chaîne des milliers d'exemplaires des « Classiques », le livret de chevet que tout lettré se doit de posséder, ainsi que les manuels de préparation aux concours de fonctionnaire.

Dans le domaine agricole, les progrès pour le rendement des terres sont considérables, qu'il s'agisse des machines et instruments agraires, de la sélection des variétés existantes et de l'introduction de variétés nouvelles (arachide et patate douce, deux plantes qui se contentent de terrains sablonneux, suivies du sorgho – venu de Birmanie – et plus tard du maïs) ou de l'amélioration des sols par l'engrais.

### Un chef suprême aux abonnés absents

Après le répit consécutif au « despotisme éclairé » des ères des empereurs *Longqing* (1567-1573) puis *Wanli* (1573-1620) à son début, qui font confiance à quelques hauts fonctionnaires intègres (on citera *Pan Jinxun* (1521-1595), préposé pendant 29 ans à l'entretien des digues des grands fleuves, ainsi que du Grand Canal Impérial ; et *Zhang Juzheng* (1525-1582), sorte de régent de l'État pendant la minorité de *Wanli*), le désordre s'installe à nouveau, dans une société en voie de dislocation où tout est allé trop vite.

La colonne vertébrale de l'État n'est plus suffisante pour faire face à la gabegie générale et à la corruption qui le minent de haut en bas. Des faux décrets dont les empereurs n'ont même pas vent de la signature – pourtant effectuée en leur nom au moyen de leur propre cachet ! – permettent aux eunuques et aux fonctionnaires prévaricateurs de s'enrichir en toute impunité. Les limites de l'exercice du pouvoir à l'ancienne – un Fils du Ciel coupé de la réalité et surprotégé, tributaire par conséquent de la loyauté de ses proches acquise par la terreur et par la peur qu'il leur inculque, bref, aux abonnés absents – éclatent au grand jour. L'État chinois manque désormais cruellement de chef suprême.

À la fin du XVI^e siècle, l'exécrable exemple de gaspillage donné par la cour impériale des *Ming* déteint sur tout le reste de l'administration chinoise. Entre 1584 et 1590, la seule construction du mausolée de l'empereur *Wanli*, dont les matériaux (briques et pierres du *Shandong*, cèdres du *Sichuan* et du *Guizhou*) proviennent de régions situés parfois à plus de mille kilomètres de son lieu d'implantation, coûte plus de huit millions de taels (ou *liang*, soit l'équivalent d'une once d'argent), c'est-à-dire près du tiers des dépenses occasionnées (26 millions de *liang*) par la campagne de Corée de 1593-1598.

## 看 Les caisses de l'État sont vides

À partir de 1580, les caisses de l'État se vident à une vitesse vertigineuse. Il faut payer à la fois les mercenaires (aussi nombreux qu'inefficaces et à la moralité des plus douteuses) dont l'armée est désormais constituée, mais aussi les colossales rentes viagères que se sont arrogées, au fil des ans, les membres de la famille impériale. Depuis *Hongwu* (qui avait eu 24 fils !), les princes impériaux sont entretenus par l'État, une façon de limiter les risques d'usurpation. Certains princes ont jusqu'à cent descendants, tous pris en charge par le Trésor public. Sous l'empereur *Wanli* (1572-1620), près de la moitié des impôts collectés sont engloutis par l'entretien de ces milliers d'oisifs et de leurs maisonnées pléthoriques, ce qui amène la Chancellerie impériale à réduire drastiquement les autorisations de mariages pour les membres de cette noblesse héréditaire ainsi que l'octroi de nouveaux titres nobiliaires.



### Les « repas de famine »

L'accumulation, sous les *Yuan* et sous les *Ming*, des catastrophes naturelles (séismes, débordement des grands fleuves, pluies torrentielles) et des famines consécutives à celles-ci incita *Zhuxiao*, le cinquième fils de l'empereur *Hongwu*, à publier (1406) un ouvrage censé permettre aux plus pauvres de se nourrir « en cas de disette ». Il s'agit du *Précieux Herbier pour la Survie en cas de Disette* (*Jiu Huang Bencao*) qui recense 444 plantes comestibles susceptibles de servir d'ingrédients au « repas de famine ». On y trouve quantité de recettes sur la façon, par exemple, de combiner la feuille d'ortie à la tige de sorgho et de mélanger le tout avec des écorces tendres, ou encore de piler certaines racines pour obtenir « une pâte nourrissante et au goût délicieux »... L'administration encouragea la diffusion du manuel de survie de *Zhuxiao*, mais sans pour autant empêcher les malheureux, qui n'avaient plus rien à se mettre sous la dent et erraient de village en village à la recherche de quelques grains de riz, de se révolter et de se livrer au pillage...

**Les « banquets officiels »**

Plus encore que sous les dynasties précédentes, les *Ming* érigèrent les « banquets officiels » en véritable institution (une ligne budgétaire spécifique leur était même consacrée au sein du Ministère des Rites). Le nombre des plats servis était fixé de façon très stricte, selon la qualité et l'importance hiérarchique des convives qui y participaient.

Certains banquets étaient présidés par l'empereur en personne : pour honorer les centenaires de l'année (dont le nombre était censé témoigner du bon gouvernement du pays) ; pour les chefs d'impôts (*Liangzhang*) des provinces, qui venaient chaque année à Nankin (cette tradition sera abandonnée après le transfert de la capitale à Pékin) verser en personne les impôts fonciers de leur circonscription dans les caisses impériales ; pour les lauréats des concours administratifs triennaux du plus haut grade. Mais les plus prestigieux des « banquets officiels » étaient réservés aux ambassades étrangères et les récits des voyageurs abondent en témoignages sur la qualité (et souvent la bizarrerie !) des centaines de mets différents qui leur étaient servis pour cette occasion.



À la fin du XVIe siècle, devant l'inévitable et très importante hausse des taxes nécessaire pour faire face à la crise de trésorerie de l'État, de nombreuses corporations artisanales, obligées de fermer leurs usines ou leurs boutiques par centaines, se révoltent, relayées par les ouvriers esclaves des salines. Les émeutes urbaines se multiplient dans les centres économiques les plus actifs, à *Suzhou* en 1595 et 1602, puis à *Hangzhou* et à Pékin en 1605.

### 看 Les fonctionnaires intègres ont du mal avec les eunuques

En 1627 éclatent les grandes insurrections populaires qui finiront par avoir raison du régime. Elles sont précédées (1615-1626) par un très grave différend qui met aux prises un groupe de fonctionnaires intègres aux eunuques, dont le pouvoir occulte et malfaisant n'a cessé de croître. Ces partisans d'un État

confucéen sont regroupés au sein de l'Académie *Donglin* de *Wuxi* (*Jiangsu*), un prestigieux cénacle fondé au XII^e siècle par *Yangshi*, un lettré confucéen épris de justice et de rigueur dans la gestion de la chose publique. Les idées de ces « académiciens » ont un impact important sur la classe des lettrés et accroissent sa méfiance envers les eunuques.

### Wei, l'eunuque escroc

En 1620, derrière la mort des plus suspectes de l'empereur *Taichang* (sans doute un empoisonnement), chacun voit la main de *Wei Zhongxian* (1568-1627), un redoutable escroc qui s'est fait castrer sur le tard afin d'être recruté au palais et d'échapper à une lourde condamnation pour dettes de jeu. Entré au Bureau des Rites par la petite porte, ce personnage trouble et d'une funeste habileté réussit à en grimper les échelons grâce à l'appui d'une des nourrices du futur empereur *Tianqi* (1621-1627). À l'avènement de ce dernier, il devient préposé aux tombeaux et mausolées impériaux (un emploi stratégique pour qui veut s'enrichir compte tenu des énormes sommes d'argent engagées pour leur construction) et engage une partie de bras de fer avec les membres de *Donglin*, revenus aux affaires à l'occasion de l'arrivée du nouvel empereur. *Wei* les fait surveiller par la police secrète avant de les éliminer un à un (la liste des « conjurés » comprenait pas moins de 700 noms !). Fort de son succès, l'eunuque ordonne la fermeture de toutes les académies privées (sur le modèle de *Donglin*) qui se sont ouvertes dans les grandes villes et où se réunissent de nombreux lettrés écœurés par la corruption qui gangrène les hautes sphères du pouvoir. Il va jusqu'à faire ériger des « temples vivants » (*Chengci*) à sa gloire et à celle de sa cause ! Parallèlement, il truffe l'administration de fonctionnaires à sa solde, auxquels il a payé leur place aux concours. En 1628, quand *Chongzhen* (1628-1644), le dernier empereur des *Ming*, monte sur le trône, l'eunuque *Wei Zhongxian* finit assassiné et l'académie de *Donglin* voit sa réhabilitation officiellement prononcée.

# LE POUVOIR DES MING MINÉ DE L'INTÉRIEUR

La même année, une terrible sécheresse provoque dans les campagnes du *Shaanxi* de graves troubles avec des conséquences dramatiques sur l'approvisionnement des armées cantonnées le long de la Grande Muraille. Le ministère de la Guerre est contraint de renvoyer une partie des mercenaires affectés à la surveillance des relais d'estafettes militaires. Toute la chaîne de commandement en est désorganisée.

Les unes après les autres, des provinces entières échappent au contrôle de Pékin. De ce chaos émergent deux chefs de guerre : le premier, *Li Zicheng*, un ancien berger devenu gardien de relais d'estafettes, se proclame (1644) roi du royaume de la Grande Prospérité (*Dashun*), qui recouvre presque tout le nord de la Chine, avant d'entrer dans Pékin en provoquant le suicide (au garrot !) de l'empereur *Chongzhen*, puis de s'introniser lui-même empereur à *Xi'an* en 1645 ; le second, *Zhang Xianzhong*, à l'origine simple fantassin (toute sa vie il gardera la haine des « riches »), réussit à mettre la main sur le *Sichuan* dont il se proclame « roi » à *Chengdu*, ainsi que sur une grande partie du bassin du fleuve Bleu, avant de finir assassiné (1646) par les troupes mandchoues qui, entre-temps, ont attaqué la Chine des *Ming*.



### 看 L'offensive des cavaliers tatars

Dès les années 1438-1449, une poussée mongole a mis fin aux velléités d'expansion chinoise vers la steppe. Un siècle plus tard, à partir de 1540, c'est un empire nomade pratiquement reconstitué sous la houlette du chef mongol Altan Khan (1507-1582) qui menace à nouveau la Chine. Face à ses incursions de plus en plus audacieuses, les armées de l'empereur *Jiajing* (1522-1566) paraissent singulièrement passives, incapables de repousser les milliers de cavaliers tatars qui se ruent à l'intérieur de la Grande Muraille et capturent en à peine un mois

près de 200 000 soldats chinois et un million de têtes de bétail et de chevaux. En 1550, Altan Khan assiège Pékin trois jours durant, avant d'être repoussé *in extremis*. Descendu vers le *Shanxi* en 1552, il s'empare de *Datong*, une ville connue pour son immense marché aux chevaux. La même année, il occupe Karakorum, la capitale mongole, puis, en 1560, le *Qinghai*. En 1575, après avoir écrasé les Kirghiz et les Kazakhs, il pénètre au Tibet.

### 看 Le retournement du prince Nurhaci

En 1570, les Chinois acceptent de signer avec les Mongols un compromis qui contribue à stabiliser leurs relations. Mais au même moment, c'est un autre front qui s'ouvre, au nord de Pékin, avec les Jürchen, un peuple qui réussira quelques années plus tard, sous le nom de Mandchou, à évincer la dynastie des *Ming*.



Ainsi, lorsque, en 1618, le prince Jürchen Nurhaci, appelé à la rescousse par les *Ming* pour les aider à lutter face à l'envahisseur japonais, décide de se retourner contre les Chinois, ceux-ci s'avèrent incapables de lui opposer la moindre résistance : leur État est trop affaibli et leur société en proie au chaos.

Après les prises de *Shenyang* et de *Liaoyang* en 1621, les villes chinoises tombent les unes après les autres et les cavaliers Jürchen se jouent facilement des « murailles frontalières », en fait de simples fossés plantés de rangées de saules (*Liutiao Bianqiang*) censés arrêter la cavalerie mandchoue.

À la mort de Nurhaci (1626), son successeur Abahai (1627-1644) qui change en 1635 le nom de Jürchen en celui de Mandchou (*Manzhou* en chinois), déploie également une intense activité militaire qui lui permet de conquérir la Corée (1638) puis l'ensemble de la Mandchourie jusqu'à la passe de *Shanhaiguan* (1642), ainsi que la région du *Heilongqiang* (1644).

À la veille de la prise de Pékin (1644), il aura fallu à peine un demi-siècle aux Mandchous pour soumettre la Grande Chine à leurs vues.

## Matteo Ricci, le jésuite qui s'était mis en tête de convertir la Chine au christianisme

Lorsque Matteo Ricci débarqua à Macao le 7 août 1582, il n'était pas le premier jésuite à toucher le sol chinois, puisqu'il y avait notamment été précédé par saint François-Xavier, mort de fièvres au large de Canton trente ans plus tôt.

Le père Matteo Ricci, qui s'était mis sans tarder à l'étude du chinois, fut reçu (1583) par le vice-roi de Canton en vue de l'obtention d'un permis de séjour. Muni de ce viatique, il s'installa dans une petite maison qui, sous le joli nom de « Temple de la Fleur des Saints », devint la première église catholique de Chine. Six ans plus tard, les autorités chinoises, agacées par son ardent prosélytisme, lui demandèrent de partir à *Xiushou*, au nord de la province du *Guangdong*, où il put se familiariser avec les us et coutumes du pays dont il décrivit les particularismes dans une longue lettre à son confrère, le père Duarte de Sanda, intitulée Les Trois Sagesses du peuple de Chine, une analyse pénétrante du confucianisme, du taoïsme et du bouddhisme. Nommé en 1597 Supérieur de la Mission de Chine par le père général des jésuites, il fut sommé par ce dernier de se rendre à Pékin afin d'y être reçu par l'empereur *Wanli*. À cette fin, on lui envoya une caisse de cadeaux destinés à l'empereur : un crucifix, une toile d'un peintre espagnol représentant la Vierge ; des horloges de bronze ; une mappemonde et un orgue portatif. Celui qui se considérait à la fois comme « mandarin chinois » et comme « prêtre catholique » attendit toutefois plus de deux ans avant d'être reçu par *Wanli*. Officiellement désigné comme « protégé du souverain du Centre », Ricci se vit octroyer le titre envié de « Grand Lettré parmi les lettrés de la capitale », ce qui n'était pas un mince mérite quand on sait le peu de cas que faisait alors la Chine du reste du monde... Ce prêtre qui proclamait haut et fort sa double appartenance au christianisme et au confucianisme publia aussi un catéchisme en chinois (le *Tianzhu Shiyi* ou *Traité de la Véritable Doctrine de Dieu*), qui devint l'outil indispensable des missionnaires catholiques en Chine.

À sa mort, en 1610, à Pékin, où il fut enterré avec l'autorisation personnelle de l'empereur, le père Ricci comptait environ quatre cents disciples dont il avait baptisé plus de la moitié. Sa volonté de concilier catholicisme et confucianisme débouchera, quelques années après, sur la « Querelle des Rites » (voir p. 287).

# Le deuxième intermède mongol des *Qing* (1644-1911)

Les Mongols sont de retour en Chine. La nouvelle dynastie mandchoue (*Manzhou* en chinois) prend le nom de *Qing* (Lumière) ou *Daqing* (Grande Lumière). Le pays se retrouve ainsi une fois encore sous le joug de ses envahisseurs venus des steppes, dont l'aptitude au combat et la mobilité n'ont fait qu'une bouchée de la cavalerie chinoise des *Ming* finissants.



## LES MANDCHOUS S'EMPARENT DE LA CHINE DU NORD

Après l'entrée dans Pékin du chef de guerre *Li Zicheng* et le suicide du dernier souverain *Ming*, la capitale subit l'ultime assaut des troupes mandchoues massées au pied de ses murailles. L'empereur mongol Abahai étant mort en 1644, le choix du conseil impérial se porte sur un de ses neveux de sept ans à peine qui devient le premier empereur de la dynastie des *Qing* sous le nom de *Shunzhi* (1644-1661), et prend le titre d'Empereur des *Daqing* (Grands *Qing*).

À l'instar de leurs prédécesseurs *Yuan*, illustres descendants de Gengis Khan, les Mandchous s'appuient sur d'anciens hauts fonctionnaires chinois pour prendre pied sur la terre des *Ming*. À ces hommes, tous bilingues et qui leur servent de précieux intermédiaires avec les élites chinoises, toujours réservées et peu enclines à pactiser avec les envahisseurs, ceux-ci donnent le surnom de « gens de la maison » (*baoyi* en chinois ; booi en mandchou). Ils leur confient des postes sensibles sur le plan économique, comme la direction des manufactures de porcelaine et de soie, ou celle des mines de sel ou de fer.

Les Mandchous s'installent aux commandes de la Chine, bien décidés à humilier les *Han* qu'ils considèrent comme des esclaves. Méfiants, ils interdisent aux Chinois l'accès à la Mandchourie (1668), pour en préserver la « pureté culturelle », mais aussi par peur de partager le monopole du *ginseng*, la plante médicinale aux vertus multiples. Les mariages mixtes sont proscrits. Plus humiliant encore pour les *Han*, ils les obligent à changer de costume et à porter la natte (*bianzi*), coiffure des peuples de la steppe. Ils créent des enclaves agricoles (*quan*) à leur seul profit, après l'expropriation des paysans qui deviennent des esclaves attachés aux terres dont ils ont été spoliés.



**Au début du XVIIe siècle fut adoptée la mesure consistant à donner à chaque unité militaire mandchoue un drapeau qui lui soit propre**

C'est le chef mandchou Nurhaci qui instaura la coutume consistant à doter chaque unité de 300 soldats d'une bannière spécifique, que les intéressés portaient au bout d'un long manche fiché dans leur ceinture. Aussi, les soldats mandchous étaient-ils communément appelés « bannières ».

On ignore toujours la raison d'une telle disposition qui obligeait les généraux mandchous à faire réaliser des milliers de bannières spécifiques à chaque unité de combattants. On peut toutefois imaginer – outre le fait qu'elle permettait d'avoir une vision assez claire du champ de bataille – que c'était un bon moyen d'intimider l'ennemi lorsqu'il voyait déferler sur lui ces hordes d'étendards qui claquaient fièrement au vent… Après leur installation à Pékin, les Mandchous s'empressèrent de créer des bannières spécifiques pour les armées chinoises.

## La Chine du Sud, plus coriace, fait de la résistance

En 1644, *Zhou Yousong*, le nouvel empereur des *Ming*, s'est replié à Nankin. Prince de *Fu* et arrière-petit-fils du célèbre empereur *Wanli*, il prend le nom de *Shizou Shangdi*. Mais sa capitale tombe aux mains des Mandchous. Un an plus tard, chassés de la région où ils avaient trouvé refuge, ses descendants errent de province en province, du *Zhejiang* au *Fujian* et au *Guangdong,* à la tête de troupes de plus en plus clairsemées. Les souverains éphémères se succèdent, héritiers spoliés d'une dynastie en totale déconfiture, tandis que les Mandchous poursuivent leur inexorable avancée. *Yongli* (1647-1660), seul empereur des « *Ming* repliés au Sud » (*Nan Ming*) qui continue à régner pendant une certaine durée, lance depuis *Guilin*, au *Guangxi*,une offensive qui lui permet de reprendre Canton (1648) et de reconquérir une partie de la Chine du Sud. Car le nationalisme *Han* demeure vivace, et de nombreux paysans rejoignent les armées chinoises dans leur combat désespéré contre l'envahisseur. En 1660 cependant, face à la pression mandchoue, *Yongli* est contraint de lâcher prise et se réfugie au *Yunnan* d'où il part pour la Birmanie, avant d'être capturé puis exécuté à *Kunming*.

## Les princes feudataires, alliés peu sûrs des nouveaux maîtres de la Chine

Conformément à leur technique, les Mandchous octroient des pouvoirs étendus (ils vont même jusqu'à leur conférer la dignité de « Princes feudataires ») aux généraux chinois qui les ont aidés à se rendre maîtres du sud du pays. Le plus puissant d'entre eux, *Wu Sangui* (1612-1678), contrôle officiellement le *Yunnan* et le *Guizhou,* mais son influence s'étend au *Hunan* et au *Shaanxi*. En 1673, lorsque les *Qing*, conscients du danger, remettent en cause le statut des « Princes feudataires », *Wu Sangui*, qui entre-temps s'est autoproclamé roi du *Yunnan*, entre en rébellion et fonde son propre empire sous le nom de *Zhou* (1673-1681). Trois autres princes lui

emboîtent le pas : *Geng Jinzhong* au *Fujian* (1673), *Sun Yangling* au *Guangxi* (1674) et *Wang Fucheng* au *Shaanxi* et au *Gansu*. En 1676, *Shang Zhixin*, gouverneur du *Guangdong*, se joint à la rébellion. *Wu Sangui* n'est pas loin de la reconquête de l'ensemble du territoire mais la défection de ses principaux alliés l'en empêche. Après sa mort, les armées *Qing* reprennent peu à peu le contrôle du sud de la Chine (1679) et mettent fin à ce que les historiens de l'époque appelleront la « Rébellion des Trois Feudataires » (*San fan*).



### 真 Pour la première fois de son histoire, la Chine devient impérialiste

Une fois l'ensemble du territoire chinois conquis, la politique d'expansion des *Qing* se tourne vers le reste de l'Asie centrale.

Leur premier objectif consiste à chasser du Tibet les Dzoungares, une puissante tribu de la steppe. Le lamaïsme tibétain, en raison de ses racines chamaniques, fait l'objet d'un engouement croissant auprès des populations nomades qui se déplacent de pâturage en pâturage pour nourrir leurs troupeaux de yaks et de chevaux. L'offensive des *Qing* contre les Dzoungares les mène jusqu'aux confins du Népal et sur les rives méridionales du lac Balkhach. En 1696, bien que leur chef, Galdan, ait été défait par les armées mandchoues, les forces dzoungares ne s'avouent pas battues et continuent à empêcher les *Qing* de pénétrer au Tibet. Les Mandchous doivent attendre 1751 pour établir enfin, à partir du *Sichuan* et grâce à l'appui de forces chinoises, leur protectorat sur le Tibet, auquel ils concèdent toutefois une très large autonomie. En 1757, ils réussissent à éliminer définitivement les Dzoungares dont le nom même est aboli !

En 1759, l'empire des *Qing* s'étend sur près de 15 millions de kilomètres carrés, du Népal à la Sibérie et de Taïwan au lac Balkhach. Une taille jamais

atteinte depuis ses origines et qui pose de nombreux problèmes aux Mandchous en raison de la mosaïque extrêmement diverse des peuples (et des langues !) concernés par leur tutelle. Ils sont obligés d'éditer des dictionnaires polyglottes permettant à l'administration de se faire comprendre par les populations locales et d'ouvrir à des milliers de kilomètres de Pékin des Bureaux d'Interprétariat (*Huayi Yiyu*).

La fin du XVIIIe siècle est donc l'un des rares moments de l'histoire de la Chine où celle-ci a adopté un comportement véritablement impérialiste qui l'amène à étendre ses us et coutumes, mais également son mode d'administration, bien au-delà de ses frontières naturelles.



## LES TROIS « GRANDS EMPEREURS ÉCLAIRÉS » DES *QING*

Sous les *Qing*, trois grands empereurs (souvent qualifiés de « Grands Empereurs Éclairés »), *Kangxi* (1662-1722), *Yongzheng* (1723-1735) et *Qianlong* (1736-1795), marquent profondément leur époque, à la fois par leur ouverture d'esprit et par leur sens de l'État. Par leur action, ils vont notamment permettre aux Mandchous de s'appuyer sur les élites chinoises.

Après plusieurs années de chaos consécutives à la violence avec laquelle ils se sont emparés du pouvoir, les *Qing*, conscients des risques que la désorganisation administrative du pays fait notamment courir aux rentrées fiscales, adoptent une attitude plus modérée et plus constructive.

Dès 1656, les examens mandarinaux sont rétablis dans le nord de la Chine, ce qui permet aux *Qing* de bénéficier du concours actif de jeunes gens bien nés, issus de la classe des lettrés, désireux de poursuivre de prestigieuses carrières administratives. Les services de l'État, complètement désorganisés au moment de la chute des *Ming*, sont peu à peu reconstitués. Déjà sous le règne de *Kangxi*, mais spécialement sous celui de *Yongzheng*, pour éviter les risques de corruption, les salaires des hauts fonctionnaires sont très sensi-

### Coxinga, le grand chef des pirates en mer de Chine

La suprématie terrestre des Qing fut très souvent contrariée par la piraterie qui sévissait alors en mer de Chine et priva les Mandchous de la maîtrise complète de leurs côtes. Vers 1650, le chef pirate sino-japonais *Zheng Chenggong* (1624-1662) se rendit maître des côtes du *Fujian* où il rançonna tous les navires, au point de servir de plaque tournante à l'ensemble du commerce maritime et même d'intermédiaire avec les Occidentaux désireux d'établir des contacts avec les *Ming* du Sud. Il fut l'un de leurs plus fervents partisans (en leur nom, mais en vain, il sollicita l'aide du Japon), ce qui lui valut d'être autorisé à porter le nom de *Zhu*, soit celui de la famille impériale au pouvoir dans la région du *Fujian*, leur dernier bastion. À partir de 1661, pour contrer son action, les *Qing* décidèrent l'évacuation de la population des côtes chinoises du *Shandong* jusqu'au *Guangdong*. Imitoyables, ils brûlèrent et pillèrent de nombreux villages et villes, non sans exécuter massivement les récalcitrants. Les répercussions de cette action barbare (comparable en de nombreux points, par son ampleur, à celle de Pol Pot au Cambodge !) sur le commerce en mer de Chine furent colossales, contraignant *Zheng Chenggong* à se replier à Taïwan où il mourut en 1662. Il y est toujours considéré, sous le nom de « Coxinga » que lui donnèrent les Hollandais, comme un véritable héros national).

blement relevés (par l'institution du « supplément de salaire » ou *yanglian*). Sachant que le consensus paysan est essentiel au bon fonctionnement économique du pays, les autorités mandchoues mettent en place dans les campagnes une politique combinée de lutte contre les famines (construction de « greniers de prévoyance ») et de strict maintien de l'ordre (constitution de milices paysannes).

### Des empereurs protecteurs des lettres et des arts

Désireux d'apparaître irréprochables aux yeux de l'élite chinoise, les trois empereurs « éclairés » se lancent dans de gigantesques entreprises éditoriales destinées à séduire les lettrés et à conforter leur image de protecteur des arts et de la culture chinoise traditionnelle. Sans hésiter à employer des milliers de lettrés, l'empereur *Kangxi* (à juste titre qualifié, en son temps, de patron des lettres et des arts puisqu'il patronna quelque cinquante-sept grandes publications officielles) et l'empereur *Qianlong* font compiler des corpus de textes et des dictionnaires. C'est ainsi qu'est publiée à partir de 1679 la « Grande



#### *Shitao*, le moine peintre

Le moine « Vague de Pierre » (traduction de *Shitao*), qui naquit en 1642 et mourut en 1707, était un descendant de la famille impériale des *Ming*. Partagé entre le désir de servir dans la haute administration et celui de vivre caché pour s'adonner à la peinture comme bon lui semblait, il opta pour la seconde voie. À ce titre, il devint l'une des figures les plus connues de ce que l'on appela en Chine les « peintres rebelles » (ou les « peintres fous ») qui n'hésitaient pas à sacrifier à leur art les exigences de la vie sociale. Adepte de tous les genres picturaux (paysages, natures mortes, scènes de genre), *Shitao* défia les canons traditionnels de la peinture. Il fut notamment le premier à utiliser du papier mouillé, ce qui permet au peintre de jouer avec les effets d'absorption et de dilution de l'encre sur son support.

Histoire des *Ming* » (qui ne sera achevée qu'en 1735), puis en 1716 le « Grand Dictionnaire de l'ère *Kangxi* » (*Kangxi* Zidian) où figurent plus de 42 000 caractères classés selon un système comprenant 214 clés, et en 1725 une énorme encyclopédie illustrée comprenant près de 10 000 chapitres et 10 millions de caractères. De 1772 à 1782, une équipe comptant 360 lettrés rassemble tout ce qui existe comme ouvrages publiés en Chine depuis les origines et conservés soit dans les bibliothèques publiques, soit par les particuliers. L'ensemble (environ 80 000 volumes originaux) est recopié par 15 000 copistes assermentés et fait l'objet d'un catalogue exhaustif publié en 1782. Ce livre reste la référence incontournable de tous les sinologues qui étudient les anciens textes chinois.



## 真 Le confucianisme comme pratique gouvernementale

Le modèle de gouvernement choisi par les trois « empereurs éclairés » est celui de Confucius. L'ordre moral s'installe, poussé jusqu'à la persécution religieuse puisque même les princes mandchous convertis au christianisme seront condamnés sous *Yongzheng* et sous *Qianlong*. En 1681, *Kangxi* fait publier les *Saintes Instructions* (*Shengyu*), sorte de manuel du comportement attendu des citoyens dont il impose la récitation publique à tous les carrefours des rues des grandes villes (on y exalte les principes de responsabilité, de vertu et d'obéissance). L'empereur n'hésite pas à se rendre en personne sur le terrain pour vérifier l'état de la société chinoise et la bonne application des lois et règlements par les fonctionnaires impériaux. Quant à *Yongzheng*, il rédige lui-même (1730) un vigoureux plaidoyer pour la domination mandchoue sous forme d'hymne à la morale publique, que les candidats aux concours sont fortement invités à lire, s'ils veulent être reçus... *Qianlong*, enfin, impose la censure (1774-1789) et fait interdire les écrits « barbares ».

### *Kangxi* et Louis XIV

Outre leur concomitance, les règnes de *Kangxi* et de Louis XIV ont fait l'objet, à juste titre, de nombreux parallèles. En 1685, le père jésuite flamand Verbiest (1623-1688) est le premier à comparer la cour de Versailles et celle de Pékin où il a résidé pendant près de trente ans, en tant que directeur de l'observatoire impérial.

Mais c'est le jésuite français Joachim Bouvet (1656-1730) qui popularise en Europe la figure de *Kangxi*, à travers le très flatteur portrait qu'il lui consacre (1697). Cet opuscule – où il est écrit que *Kangxi* a « le bonheur de ressembler par plusieurs endroits » à Louis XIV – est traduit dans de nombreuses langues (et notamment en latin par Leibniz) ; il explique l'intérêt du roi de France pour son homologue chinois, intérêt réciproque, *Kangxi* s'étant souvent entretenu avec les ambassades jésuites dont les voyages étaient financés par la couronne de France.

Signe de l'engouement pour les arts décoratifs chinois, en 1670, Louis XIV fait bâtir le premier Trianon de Porcelaine dans le parc de Versailles : un véritable hommage à la porcelaine chinoise « bleu et blanc ». En 1715, la bibliothèque du roi de France ne comptait pas moins de 78 splendides volumes recouverts de soie bleu foncé, issus des presses impériales mandchoues. Un jeune Chinois ramené par les jésuites à Paris, Hoang, surnommé « Arcade », est chargé d'établir le catalogue de sa bibliothèque chinoise. En 1720, celle-ci comptait déjà près de 2 000 livres ! Au même moment, les bronziers de la cour de France enchâssent, comme s'il s'agissait de pierres précieuses, de somptueuses porcelaines arrivées de Chine, tandis que les soyeux de Lyon copient sans vergogne les motifs inventés par leurs homologues de *Suzhou*.

La Chine est (déjà !) furieusement à la mode. Bientôt, la vogue des motifs chinois appliqués aux meubles, aux tissus, aux tapisseries et aux décors s'abattra sur l'Europe entière : on parlera alors de « chinoiserie ».

# UNE PÉRIODE DE PROSPÉRITÉ POUR UN PAYS QUI « REPREND SON SOUFFLE »

Après les terribles soubresauts de la fin des *Ming* et de la conquête du pouvoir par les *Qing*, la Chine reprend peu à peu son souffle, tandis que s'ouvre, à partir du début du XVIIIe siècle, une ère de prospérité.

Celle-ci repose sur la nette amélioration des rendements agricoles dans les régions qui servent depuis toujours de « greniers » au pays. En favorisant les petits paysans au détriment des grands propriétaires fonciers, les Mandchous ont réussi à rétablir la confiance dans les campagnes. Des cultures permettant de faire la soudure entre les saisons et les récoltes (patate douce, maïs, sorgho notamment) voient le jour, tandis que les cultures industrielles (coton, thé, canne à sucre, mûrier pour la soie) connaissent une expansion sans précédent. La prospérité des campagnes explique d'ailleurs la sensible augmentation (plus de 50 % en moyenne au cours du XVIIIe siècle) de la population chinoise au cours de la même période (à cet égard, l'agriculture européenne, à la même époque, accuse de singuliers retards et le paysan français est sans nul doute beaucoup bien moins nourri que le paysan chinois).



### 真 Déjà le plus grand marché et le plus grand atelier de la planète

La Chine, à cette époque, devient non seulement le plus grand atelier de la planète, mais aussi son plus grand marché. L'essor commercial sans précédent de l'industrie textile, dominée jusque-là par l'Angleterre, fait de celle-ci le principal employeur de main-d'œuvre industrielle (certaines usines de tissage comptent jusqu'à 20 000 ouvriers). Elle est suivie de près par la sidérurgie, les Chinois maîtrisant désormais à merveille les techniques de fonte d'alliages. Les exportations de thé vers l'Europe par mer (via la Compagnie des Indes orientales) connaissent également une poussée foudroyante. Soieries, laques et porcelaines partent par cargaisons entières vers les grands ports européens, pour le plus grand bonheur des amateurs de belles choses.

Tous les pays du monde commercent alors avec la Chine. Ces échanges, où la Chine est toujours excédentaire, expliquent une bonne part de l'essor

économique de la société chinoise. On a calculé que la moitié environ de l'argent rapporté des Amériques par les Espagnols pendant deux siècles, entre 1571 et 1771, a afflué en Chine, ce qui en fait le pays ayant le plus profité de la découverte des Amériques. Pour faire face à cette croissance du commerce, les marchands, déjà organisés en guildes, fondent de véritables compagnies commerciales qui essaiment peu à peu sur le pourtour de la mer de Chine et de l'océan Indien.



## LES PREMIERS RATÉS DU DÉSÉQUILIBRE DÉMOGRAPHIQUE

Avec la fin du règne de *Qianlong* s'ouvre une période moins faste pour le pays. Celui-ci s'est beaucoup développé, notamment sur le plan démographique (les Chinois sont 200 millions en 1762) dans les zones de peuplement traditionnellement denses, ce qui ne va pas sans poser de redoutables problèmes d'organisation aux autorités locales.

Pour faire face à un risque de déséquilibre de l'ordre social, les *Qing* encouragent les *Han* à coloniser « les nouveaux territoires », région comprenant l'actuel *Xianjiang* – ou Turkestan chinois – et qui s'étend du massif de l'Altaï jusqu'aux monts *Kunlun* et de l'oasis de *Dunhuang* jusqu'aux Pamirs. Des « soldats-paysans » chinois s'installent ainsi en milieu hostile, dans des camps militaires qui couvrent près d'un million et demi d'hectares.

Les habitants du *Guangdong* et du *Zhejiang,* où guette le surpeuplement, sont incités à partir au *Guizhou*, au *Guangxi* et au *Yunnan*. Derrière les paysans *Han,* qui s'y emparent sans ménagement des terres appartenant aux populations autochtones, arrivent les commerçants et les prêteurs sur gages, qui ont vite fait de mettre l'économie locale en coupe réglée.

### L'arrivée des Russes

Depuis la Sibérie, où ils avaient pris pied dès le XIVe siècle, les Russes n'ont cessé de lorgner vers cet énorme pays qui les fascine. Sous l'appellation d'« Oros », ils ont fourni des troupes à l'empereur mongol Tob Timour (1329-1332) lorsque celui-ci s'apprêtait à encercler la ville de Pékin. Mais cette alliance avec les Mongols fut de courte durée et la mise en contact des Russes avec les Chinois ne cessa de se heurter à la présence des peuples de la steppe (Yakoutes, Qirats, Toungouses) qui faisaient « tampon » entre les soldats du tsar (dirigés au XVIe siècle par les Stroganov, une puissante famille d'aventuriers qui écuma la Sibérie) et l'empire du Milieu. En 1643, une expédition russe conduite par Vassili Poyarkov réussit à descendre la fleuve Amour jusqu'à son embouchure. Quelques années plus tard, en 1656, ayant compris que la voie diplomatique était la seule issue possible pour nouer des contacts avec les autorités chinoises, le tsar envoya à Pékin une première mission diplomatique, à la tête de laquelle se trouvait Feodor Isakovitch Baïkov dont le voyage dura trois ans et cinq mois et qui apporta en main propre à l'empereur Shunzhi le message dont l'avait chargé le souverain russe.



D'autres colons (essentiellement issus de l'ethnie Hakka) s'en vont à Bornéo exploiter les sables aurifères. Les Chinois qui habitent le sultanat de Pontianak (sur la côte ouest de Bornéo) fondent en 1777 un État quasiment autonome, la Compagnie de *Langfang* (*Langfang Gongsi*), qui subsiste jusqu'en 1884.

La révolte commence à gronder au sein des populations colonisées qui vivent de plus en plus mal la main-mise des *Han* sur leurs richesses. C'est notamment le cas des peuples islamisés du *Xinjiang* qui se révoltent dès 1758-1759 ; ils sont suivis par les aborigènes de *Taïwan* (1787-1788) dont le soulèvement est durement réprimé ; dans les montagnes du nord-est du *Sichuan*, les tribus d'origine mongole entrent aussi en lutte contre les autorités, obligeant celles-ci à de très coûteuses opérations de maintien de l'ordre.

À partir de 1800, les Vietnamiens, dont le pays était indépendant mais soumis au versement d'un tribut annuel aux *Qing*, donnent également du fil à retordre aux Mandchous. Un coup d'État (1787) mené par des généraux félons a renversé la dynastie des Lê, en place depuis 1428, et mis sur le trône l'Empereur Nguyên. De nombreux Vietnamiens fidèles à l'ancien régime se réfugient au *Yunnan*, tandis que d'autres en profitent pour s'adonner à des activités de piraterie au large des côtes chinoises. Souvent alliés des pirates chinois, les Vietnamiens constituent une menace pour le commerce maritime, obligeant les autorités à organiser une répression que mène un amiral du nom de *Li Changgeng*.

## La corruption, un mal endémique, gangrène peu à peu l'administration



En 1775, l'empereur *Qianlong*, que son âge avancé a transformé en autocrate, s'entiche du jeune et fringant général *Heshen* (1750-1799), lequel va exercer une influence telle sur l'administration chinoise que d'aucuns le surnomment « le vice-roi ». Le système mis en place par *Heshen* est basé sur une corruption généralisée. En favorisant la résurgence de l'organisation secrète du Lotus Blanc, celle-là même qui avait été à l'origine de nombreux soulèvements populaires sous les *Yuan* et sous les *Ming* (voir p. 236), ce favori de l'empereur contribue à étendre un peu plus ses pouvoirs ; et comme si cela ne lui suffisait pas, voilà qu'il se lance dans une répression féroce contre ces paysans miséreux. Utilisant des agents provocateurs, *Heshen* va jusqu'à fomenter lui-même certains troubles, pour mieux en châtier les supposés responsables.

La corruption gangrène lentement mais sûrement toutes les strates de l'administration chinoise ; à cette situation quelque peu délétère, il faut ajouter la méfiance qui n'a jamais vraiment cessé entre les *Han*, lesquels forment l'essentiel de l'appareil d'État, et les Mandchous. Le formalisme dont ils abusent a pris le pas sur l'efficacité de l'administration confucéenne et malgré les visites inopinées des inspecteurs

du Censorat (*Dachayuan*) sur le terrain, personne ne trouve son compte dans la jungle paperassière où se débattent des fonctionnaires locaux de plus en plus cyniques qui n'hésitent pas à monnayer leur tampon contre espèces sonnantes et trébuchantes. Partout, la confiance marque le pas. L'État chinois, désormais à l'agonie, s'enfonce dans un chaos dont il ne sortira que bien plus tard, lorsque les communistes prendront le pouvoir.

Comme sous la fin des *Ming*, les digues et les cours d'eau sont moins bien entretenus. Sous l'empereur *Jiaqing* (1798-1820), le fleuve Jaune sort de son lit à sept reprises, provoquant des inondations dévastatrices. Ce sont autant de très mauvais augures pour la population, désormais en droit de se dire que les empereurs mandchous ne sont plus totalement dignes de détenir le Mandat du Ciel...



## 真 L'influence des jésuites en Chine

Grâce à leur entregent qui leur permet d'être au contact direct de l'empereur, les jésuites exercent à la cour de Chine, depuis la fin des *Ming* jusqu'en 1774 (soit au moment où les autorités chinoises ont vent de la suppression de leur ordre, intervenue pourtant un an auparavant !), une influence considérable.

Comme ils sont tous bilingues, ces religieux servent de passeurs, dans les deux sens, entre l'Europe et la Chine. C'est par leurs connaissances dans des matières (l'astronomie, les mathématiques, la cartographie) qui fascinent au plus haut point les Chinois que les jésuites suscitent l'intérêt des autorités. On se souvient de l'admiration qu'a soulevée, dans toute la cour de Chine, l'horloge offerte par Ricci à l'empereur. Lorsque les Mandchous prennent le pouvoir, le directeur de l'Institut astronomique impérial de Pékin (un organisme stratégique quand on connaît l'importance de l'astrologie en Chine) est le père jésuite allemand Adam Schall (1592-1666) qui a été nommé à ce poste par l'empereur des *Ming*. Un temps condamné à mort en 1665 (mais sauvé par un opportun tremblement de terre), il a pour successeur le père jésuite flamand

Ferdinand Verbiest (1623-1688), un éminent spécialiste des calculs astronomiques. Le peintre jésuite milanais Giuseppe Castiglione (1688-1766), arrivé à Pékin en 1725, séduit à ce point l'empereur que ce dernier le fait nommer à l'Académie impériale de peinture. Sous *Qianlong*, il a rang de peintre officiel et adapte son style – la majeure partie de son œuvre (notamment des natures mortes, des portraits de l'empereur et des cortèges de chevaux) est exécutée à l'eau sur rouleau de soie – à celui des artistes chinois dont il devient l'un des modèles favoris. Les gravures de ses œuvres (notamment au Palais d'Été) seront diffusées dans toute l'Europe et contribueront à l'engouement des architectes et des décorateurs pour la « chinoiserie ».

### 真 ... et ses répercussions en Europe

Les jésuites sont également à l'origine de nombreux emprunts de l'Europe à la Chine.



Il en va ainsi de la porcelaine, de la soie, bien sûr, mais aussi de l'anche libre (à l'origine des harmoniums et des accordéons et autres harmonicas), de la rhubarbe, des navires à cales compartimentées, des premières vaccinations (dès le XIV$^{e}$, dans les campagnes chinoises, on inocule dans la narine des patients de minuscules quantités de pustules varioliques), du système des examens et des concours mandarinaux (institués par la Révolution française en 1791), des recensements de la population (conseillés, sur le modèle chinois, par Vauban à Louis XIV !) mais aussi de la technique de construction des ponts. Et cette liste est loin d'être exhaustive !

Les nombreux écrits des pères jésuites vont aussi donner lieu à la naissance de la sinologie européenne.

Leurs *Lettres Édifiantes et Curieuses*, véritable compilation sur les us et coutumes des Chinois, paraissent à intervalles réguliers de 1703 à 1818 ; leurs traductions des principaux auteurs chinois (Confucius, Laozi, les Classiques) sont diffusées auprès de tous les érudits européens, permettant aux philosophes et aux historiens (à commencer par Leibniz) de mesurer la richesse d'un monde qui, déjà, fascine et inquiète à la fois.

### La fameuse « Querelle des Rites » ou « peut-on célébrer la messe en chinois ? »

Durant près d'un siècle, à partir de 1670 environ, un conflit majeur – la « Querelle des Rites » – oppose le Vatican à la Compagnie de Jésus (l'ordre religieux des jésuites), qui aboutira à l'interdiction pure et simple de celle-ci en 1773 par le pape Clément XIV.

Avec l'accord de ses supérieurs, Matteo Ricci a « sinisé » le plus possible son apostolat, ne s'opposant pas à ce que les convertis chinois continuent à professer des idées confucéennes. D'ailleurs, le pape Alexandre VII a expressément autorisé (1658) l'usage du chinois pour la messe.

Mais ce régime favorable aux jésuites est violemment mis en cause par les congrégations rivales (dominicains, franciscains et augustins), qui obtiennent du pape Clément XI la condamnation (1704) de ces pratiques. La Querelle des Rites bat son plein lorsque le souverain pontife envoie en Chine (1704) l'évêque Charles-Thomas de Tournon, un émissaire malhabile qui somme les jésuites d'abandonner tout compromis avec le moindre rituel chinois. Les intéressés, fort bien introduits à la cour impériale mandchoue, n'entendent pas céder. La querelle s'envenime. Furieux d'apprendre qu'une bulle papale exige désormais la prestation d'un serment d'allégeance au Vatican de la part de tous les missionnaires présents en Chine, l'empereur *Kangxi* y interdit (1717) tout catéchisme catholique. En représailles, le pape interdit les « rites chinois » et excommunie les prêtres qui les pratiquent. L'empereur *Yongzheng* tient les propos suivants au père Antoine Gaubil, un sinologue érudit ayant passé 37 ans à Pékin : « Si j'envoyais mes bonzes en Europe, vos dirigeants ne le tolèreraient pas ! »

Dès lors, les jésuites continuent à être présents en Chine de façon presque clandestine, et il n'en reste que quarante-neuf lorsque le Vatican décide officiellement de la dissolution de ce grand ordre religieux en 1773. À partir de 1784, une terrible répression mandchoue va s'abattre sur ce qui reste des jésuites (chinois et étrangers) en Chine.

## LE RETOUR À L'ORDRE MORAL SOUS LES QING

Après la flamboyance de la littérature chinoise sous les *Ming*, où tout était permis aux écrivains et aux essayistes sulfureux pourvu que leurs livres circulent sous le manteau, le symbole du rétablissement d'un ordre moral ancien sous les *Qing* reste le gigantesque autodafé des livres décidé en 1775 par *Qianlong*, dans le droit-fil de celui du Premier Empereur *Qin Shihuangdi* (voir p. 113). Plus de 10 000 ouvrages sont mis à l'index et 2 320 d'entre eux sont brûlés, soit parce qu'ils ne témoignent pas d'une allégeance totale de leurs auteurs à l'égard de la dynastie mandchoue, soit parce qu'ils traitent de thèmes désormais interdits : cela va de ceux qui comportent des références à l'armée et sont par conséquent susceptibles de fournir des indications stratégiques à l'ennemi, aux manuels érotiques, en passant par les études ethnographiques qui mettent l'accent sur les spécificités des us et coutumes des populations « barbares » par rapport à ceux des *Han*. De fortes primes sont proposées à tous ceux qui dénoncent les possesseurs de livres interdits, et nombreux sont les écrivains accusés de libertinage ou d'atteinte à la sécurité publique à être condamnés aux travaux forcés, quand ce n'est pas à la peine capitale.



Pour tenter de se protéger contre la suspicieuse censure officielle, beaucoup d'auteurs optent alors pour un retour au chinois classique, une langue plus difficile et de ce fait moins accessible aux fonctionnaires mandchous que le chinois parlé, lequel est largement utilisé sous la dynastie précédente.

## LA PREMIÈRE GUERRE DE L'OPIUM

L'opium était déjà connu en Chine à la fin des *Ming*, où il avait été importé d'Inde et d'Afghanistan par les Portugais au début du XVII$^{e}$ siècle. En 1731, les

**Le Tribunal des Mathématiques**

Grâce à leurs connaissances astronomiques, les jésuites portugais ne tardent pas à prendre la présidence du « Tribunal des Observations astronomiques » qu'ils rebaptisent « Tribunal des Mathématiques ». Cette prestigieuse administration, qui comprend 190 fonctionnaires chinois de grade mandarinal, est longtemps dirigée par le père jésuite Schall, auquel succèdent ses confrères Terenz, Verbiest, Grimaldi et Kögler. Le dernier jésuite à diriger le Tribunal des Mathématiques est le père Serra qui fut contraint de quitter ses fonctions en 1837.

*Qing* avaient interdit son importation dans tout l'empire. À la suite de l'occupation de l'Inde par les Anglais, la Compagnie des Indes orientales, flairant la bonne affaire, acquiert des droits de culture de l'opium au Bengale (1757) puis au Bihar (1765). À la fin du XVIII^e siècle, elle détient déjà le monopole de la contrebande de l'opium avec la Chine. En 1816, la compagnie – qui sera partiellement abolie en 1833 puis définitivement en 1852 – décide de développer ce commerce particulièrement lucratif et Canton devient la principale porte d'entrée des importations clandestines. Au cours de la décennie 1820-1830, ce trafic passe d'environ 5 000 caisses (de 65 kg d'opium) à plus de 20 000. Après la dissolution de la Compagnie des Indes orientales, le commerce libre de l'opium reprend de plus belle, jusqu'à atteindre près de 80 000 caisses en 1855. Le nombre des adeptes chinois de cette drogue ne cesse de croître, pour atteindre des proportions alarmantes, qui se traduisent par un déficit de la balance commerciale du pays malgré le développement des exportations de thé qui passent de 12 000 tonnes en 1720 à 360 000 tonnes en 1830 !

### 真 L'empereur *Daoguang* contre l'opium anglais

Pour faire face à une situation de plus en plus dramatique, les autorités décident (1836) de taxer lourdement les importations d'opium, avant de les interdire purement et simplement (1839). L'envoyé spécial à Canton de l'em-

pereur *Daoguang* (dont le règne s'étend de 1820 à 1850), le Commissaire Impérial *Lin Zexu* (1785-1850), y fait saisir un peu plus de 20 000 caisses de drogue qui viennent à peine d'être débarquées par les coolies des navires britanniques. La marchandise est brûlée en public, au cours d'une cérémonie expiatoire, avant d'être mélangée avec du sel et de l'eau. Le 5 janvier 1840, *Lin* Zexu ordonne la fermeture « pour toujours » du port de Canton aux navires anglais ainsi qu'aux marchandises de la Grande-Bretagne. En guise de rétorsion, la couronne britannique, en la personne de son représentant l'amiral George Elliot, lance plusieurs attaques à l'embouchure de la Rivière des Perles et au large du *Zhejiang ;* quelques mois plus tard, la flotte anglaise, relayée en cela par ses alliés européens, menace *Tianjin* et finit par arriver jusqu'à Nankin après avoir remonté le cours du fleuve Bleu depuis son embouchure. Malgré leur faible nombre (ils alignent rarement plus de 3 000 soldats en même temps !), les Anglais écrasent les Chinois empêtrés dans leur bureaucratie et incapables d'opposer à l'ennemi la moindre arme à feu, alors même qu'ils en sont les inventeurs...



## 真 Le Traité de Nankin, premier « traité inégal »

Les hostilités prennent fin avec le traité de Nankin, signé en 1842, à bord du vaisseau de guerre anglais *Cornwallis*, par les représentants de l'empereur *Daoguang*, lequel ne sera jamais véritablement informé des conséquences de l'acte juridique sur lequel, par l'intermédiaire de ses Hauts Commissaires Impériaux *Ji Ying* et *Yi Lipu*, il appose sa signature. La Chine cède Hong-Kong à la Grande-Bretagne et s'engage à verser à la couronne britannique (un comble !) une indemnité de 21 millions de dollars ; elle accepte aussi les importations d'opium à condition qu'elles transitent par les ports de *Canton*, *Fuzhou*, *Shanghai*, *Ningbo* et *Amoy* ; la taxation de toute importation étrangère est par ailleurs limitée à 5 % ; la présence des missionnaires étrangers en Chine cesse d'être interdite ; et comme si cela ne suffisait pas, la Chine accorde aux Britanniques la clause d'extraterritorialité en même temps que des « concessions » territoriales, à l'intérieur desquelles le droit chinois ne s'applique pas. Autant d'éléments qui font du document signé à Nankin un véritable « traité scélérat », et à tout le moins une illustration parfaite de la politique coloniale qui sera celle des grandes puissances occidentales tout au long du XIX^e siècle… en Asie comme sur l'ensemble de la planète.

### L'entrée en scène des Américains… puis des Français

La signature du traité de Nankin amène le gouvernement de Washington à dépêcher en Chine un ambassadeur en la personne de Caleb Cushing, originaire du Massachusetts, lequel débarque le 24 février 1844 à Macao où il réussit à signer avec les autorités chinoises un traité du même type.

Quelques mois plus tard, le 13 août 1844, arrive à Macao une délégation française mandatée par le roi Louis-Philippe, lequel s'intéresse à la situation



**L'Opéra de Pékin**

C'est en 1790, à l'occasion de la célébration du 80^e anniversaire de l'empereur *Qianlong* que sont présentés pour la première fois à Pékin des spectacles de théâtre *jingxi* ou « opéra de Pékin », montés par des troupes venues de la province de l'*Anhui*. Ces représentations de scènes historiques ou de comédies de mœurs, où chaque type de personnage est maquillé et costumé de façon spécifique, rencontrent un succès foudroyant au point de supplanter les formes plus traditionnelles de théâtre. Les acteurs de l'Opéra de Pékin, qui est encore aujourd'hui un spectacle très populaire (notamment dans les campagnes), doivent être capables à la fois de déclamer des vers, de jouer la comédie, de danser, d'exécuter des acrobaties et de pratiquer les arts martiaux.

de la Chine depuis 1841, date à laquelle il y a déjà envoyé une « mission spéciale ». Sous la conduite de Théodose de Lagrené, la nouvelle délégation française parvient à conclure un accord similaire au traité de Nankin avec les autorités chinoises le 25 août 1845, à l'embouchure de la rivière des Perles de Canton, à bord de la corvette à vapeur l'*Archimède*.

## LA RÉVOLTE DES *TAIPING* : *DES TAOÏSTES MÂTINÉS DE CHRISTIANISME*

Entre 1850 et 1864, une immense insurrection populaire fait trembler l'Empire chinois sur ses bases : il s'agit de la Révolte des *Taiping*, un mouvement dont les membres se rangent, comme son nom chinois l'indique, sous la bannière de la « Grande Harmonie », une expression d'origine taoïste utilisée en Chine depuis des lustres par de nombreux mouvements protestataires et sociétés secrètes mais dont le dirigeant (voir ci-dessous) a été fortement inspiré par un pasteur baptiste américain.

### Hong Xiuquan, « frère cadet » de Jésus-Christ

*Hong Xiuquan* (1813-1864), le chef des rebelles, est issu d'une famille pauvre du *Guangxi* où il a été en contact avec des missionnaires étrangers, et notamment avec le missionnaire baptiste américain Issachar Roberts, dont il fait la connaissance à Canton. Après un échec aux examens administratifs, il se met à prêcher une sorte de messianisme égalitaire et incite les adeptes de plus en plus nombreux à rejoindre son Association des adorateurs de Dieu (*Baishangdihui*), à s'en prendre aux propriétaires fonciers et aux bureaux administratifs (*Yamen*). Sa doctrine est un mélange inextricable de christianisme (il se proclame frère cadet de Jésus-Christ !), de confucianisme et de taoïsme. Connus sous le nom de *Taiping*, les membres de son mouvement proscrivent l'usage de la natte, d'où

### Les Compagnies des Indes orientales

Pendant près de deux siècles, les Hollandais et les Anglais se livrent une concurrence acharnée sur les mers orientales dans le but de dominer commercialement cette partie du monde.

Toujours pragmatiques, les Anglais ont fondé une première Compagnie des Indes orientales (East India Company) le 31 décembre 1600. Deux ans plus tard, les Hollandais créent la célèbre Compagnie des Indes néerlandaises. Les membres de ces compagnies se voient octroyer par leurs autorités (couronne britannique et couronne batave) le monopole du commerce avec l'Inde et les pays asiatiques. Les échanges commerciaux commencent au début du XVII$^e$ siècle avec le Japon. En 1635, le roi Charles I$^{er}$ d'Angleterre autorise la création d'une compagnie commerciale plus moderne, sur le modèle hollandais, avec des comptoirs locaux. C'est ainsi qu'à partir de la deuxième moitié du XVII$^e$ siècle les Anglais prennent pied dans les principaux ports de la Chine du Sud.

De leur côté, les Hollandais, depuis Batavia (actuelle Djakarta) en Indonésie, grâce à la volonté du quatrième gouverneur de leur Compagnie, Jean Pietersz Coen, ont réussi à établir un courant d'échanges commerciaux avec la Chine dès 1618.

En 1708, le monopole du commerce avec la Chine et le Japon est octroyé à l'Honourable East India Company qui unifie et remplace les diverses compagnies anglaises existantes. Elle conserve ce privilège jusqu'en 1858, date à laquelle il lui est officiellement retiré.



leur surnom de « bandits aux cheveux longs ». Ils prennent le contrôle de nombreux villages où ils établissent un système égalitaire de répartition des terres grâce à l'organisation de la population en unités paramilitaires pyramidales dont la base est la famille [25 familles forment un « entrepôt », *ku*] et l'escouade [5 hommes en âge de combattre forment une escouade ; 5 escouades, une patrouille et ainsi de suite].

En 1851, le chef des rebelles se proclame Roi du Ciel (*Tianwang*) en charge du Royaume du Ciel de la Grande Paix (*Taiping Tianguo*). L'année suivante, le mouvement occupe la région de *Guilin* ainsi qu'une large partie du *Hunan*. En 1853, les Taiping s'emparent de Nankin pour en faire leur capitale (elle le restera jusqu'à leur chute en 1864). Entre 1853 et 1855, *Hong Xiuquan* et ses ouailles, désireux d'abolir la dynastie mandchoue et de rétablir une dynastie chinoise à la tête du pays, étendent leur empire jusqu'au bassin inférieur du fleuve Bleu au point de bloquer la circulation des marchandises sur le Grand Canal Impérial.

## 真 La tardive réaction mandchoue face à la traînée de poudre des Taiping



Les autorités mandchoues, désemparées par l'ampleur d'un mouvement qu'elles ont bien du mal à cerner (on y mélange allégrement la Bible et les Rituels chinois ; on y prône tout à la fois les vertus d'une presse libre et celles du chemin de fer !) mais dont les recrues se comptent déjà par plusieurs dizaines de millions, tardent à réagir. Il faut attendre l'entrée en scène des puissances occidentales (1862) qui voient d'un mauvais œil la montée en puissance de cet État messianique et partageux, tout prêt à se lancer à l'assaut du port de *Shanghai*, pour que les armés *Qing* finissent, au cours de l'année 1864 (voir p. 302), par mettre un terme à ce qui reste incontestablement le plus important mouvement révolutionnaire qu'ait connu la Chine avant l'arrivée au pouvoir des communistes.

Peu après l'éradication des *Taiping*, d'autres insurrections populaires (la plupart d'origine musulmane) affectent une société chinoise qui s'enfonce inexorablement dans le chaos.

C'est ainsi qu'entre 1853 et 1868 l'insurrection des paysans *Nian*, de redoutables cavaliers (idéologiquement proches des *Taiping* avec lesquels ils nouent une alliance) capables de semer la terreur malgré leur faible nombre, affecte huit provinces de la Chine du Nord ; au cours des mêmes années, dans les provinces du Sud-Ouest, les musulmans du *Yunnan* tentent d'installer un sultanat à *Dali* ; vers 1855, les membres de la Triade, une puissante société secrète implantée dans les grandes villes côtières et connue pour ses activités anti-Mandchous, vont jusqu'à installer à *Shanghai* une éphémère dynastie des *Ming* ; dix ans plus tard, au Nord-Ouest, les paysans musulmans du *Shaanxi* et du *Gansu* se révoltent à leur tour ; en 1873, Yakub-beg, le roi des Turcs du *Xinjiang*, implante un État dissident qui ne sera réduit qu'en 1877...

## LA DEUXIÈME GUERRE DE L'OPIUM ET L'ENTRÉE EN SCÈNE DE LA FRANCE



Après la mort de l'empereur *Daoguang* (25 février 1850) et son remplacement par *Xianfeng*, qui ne laisse pas dans l'histoire de la Chine une trace significative, face à ce qu'elle considère comme des violations au traité de Nankin, l'Angleterre, mécontente de la lenteur avec laquelle les ports chinois s'ouvrent à ses importations d'opium, attaque de nouveau l'empire du Milieu. Ces prétendues « violations » ne sont en réalité que des retards bureaucratiques inhérents à une administration mandchoue toujours empêtrée dans ses rituels surannés, mais également tétanisée par la peur et, de ce fait, coupée de la réalité des rapports des forces en présence.

Le 8 octobre 1856, l'Angleterre profite de l'arraisonnement par les autorités chinoises du navire contrebandier *Arrow* – une « lortcha » à coque européenne et à voilure chinoise – pour passer à l'offensive. Le consul anglais Harry Parkes adresse immédiatement une protestation au Commissaire Impérial *Ye*. Le 23 octobre 1856, cinq mille soldats britanniques, sous les ordres de l'amiral Seymour, investissent Canton après l'avoir bombardée, malgré le Commissaire *Ye* qui dénonce « les barbares anglais ». La France, qui s'est toujours cantonnée jusque-là dans une prudente expectative mais dont l'opinion publique a été particulièrement révoltée par l'assassinat au *Guangxi* (février 1856) du père Chapdelaine accusé d'avoir exercé son activité de missionnaire, entre à son tour en guerre. Il est vrai que Napoléon III entretient avec l'Angleterre, notamment depuis la guerre de Crimée (1844), des rapports de cordialité qui amènent les deux puissances à livrer ensemble la guerre à la Chine au cours des années suivantes. Elles y seront accompagnées par la Russie et les États-Unis.

### 真 L'offensive anglo-française et le traité de Tianjin

À partir du printemps 1857, deux diplomates aguerris, un Anglais et un Français, vont conduire les hostilités : lord Elgin, né en 1811, parfaitement francophone (il a passé son enfance à Paris), gouverneur du Canada jusqu'en



#### *Su Renshan*, peintre fou et rebelle

Originaire du *Guangdong*, le peintre *Su Renshan* (1814-1849) fut assurément l'une des figures les plus étranges et les plus brillantes de son temps. C'est après avoir échoué à deux reprises aux examens de fonctionnaire qu'il s'oriente définitivement vers la peinture, un art où il excellait déjà tout jeune. Doté d'une manie obsessionnelle de la propreté et d'une véritable phobie à l'égard des femmes, son psychisme dérangé est certainement pour beaucoup dans son œuvre peinte et gravée. D'un style profondément original (certains de ses dessins font penser à ceux de Van Gogh) quoique s'appuyant sur les canons traditionnels de la peinture chinoise, celle-ci lui valut un engouement immédiat, notamment de la part de collectionneurs japonais.

1846, avant d'entamer une brillante carrière parlementaire, et le baron Gros, un diplomate chevronné plus âgé que son homologue anglais – qui finira sa carrière (1870) comme ambassadeur de France à Londres –, nommé Commissaire extraordinaire de l'empereur des Français auprès de l'empereur de Chine en mai 1857, à l'âge de soixante-cinq ans. Le 28 décembre 1857, après quelques semaines de blocus du port, les deux hommes lancent un ultimatum aux autorités de Canton. La résidence du vice-roi *Ye* est détruite et le grand port chinois tombe après à peine deux jours de siège.

Dans les derniers jours de mars 1858, une demande d'indemnisation pour frais de guerre est adressée par les Anglais et les Français à l'empereur de Chine, assortie d'une série d'exigences concernant notamment l'ouverture des grands ports chinois au commerce européen en franchise de droits de douane. Le délai de réponse est fixé au 1er avril.



Le 18 mai, devant le silence de l'empereur de Chine, incapable de faire face à un tel camouflet, les flottes anglaise et française prennent place au large de *Tianjin*, le grand port chinois du Nord et de surcroît seul débouché maritime de Pékin, afin de faire comprendre à la cour impériale que la ville de Pékin pourrait faire les frais d'une attaque éclair. Les forts de *Dagu*, qui protègent la passe donnant accès à la ville, sont pris d'assaut par les marines alliées. Face à une telle menace, *Xianfeng* accepte de signer les 56 articles du traité de *Tianjin* (le 26 juin 1858 avec lord Elgin, tandis que la version française sera signée le lendemain par le baron Gros). Avec ce texte qui lui a été imposé par la force, c'est une Chine profondément humiliée qui accepte d'ouvrir aux étrangers dix nouvelles villes et de verser 4 millions d'onces d'argent à la couronne britannique ainsi que 2 millions d'onces d'argent à la France, mais également aux États-Unis et à la Russie.

### 真 L'escalade : riposte chinoise et représailles occidentales

Avides de revanche, les autorités chinoises mettent immédiatement en cause le bien-fondé de cet accord qu'elles ont été obligées de signer sous la contrainte. Moins d'un mois après y avoir apposé son sceau, *Xianfeng* s'élève contre ces « barbares ineptes qui ont osé amener leurs vaisseaux jusqu'à

*Tianjin* » et auxquels « nos plénipotentiaires ont fait une sévère réprimande qui les a contraints à reculer » ; ses propos, même s'ils constituent une bien curieuse façon de réécrire l'histoire et témoignent du splendide isolement dans lequel se trouve le souverain, auquel ses collaborateurs cachent soigneusement la vérité, sont néanmoins reproduits dans la *Gazette de Pékin* afin que nul ne les ignore.

Les Mandchous font des manières : ils tardent à ratifier les traités. Les Occidentaux, toujours persuadés que *Xianfeng* apposera son cachet sans le moindre problème, décident de se rendre à *Tianjin* (juin 1859) où ils comptent bien procéder aux actes juridiques nécessaires à la ratification de ces textes. Les troupes chinoises s'opposent à leur entrée dans la ville par la voie fluviale sur laquelle ils ont dressé des barrages « à l'européenne » (constitués de cavaliers surélevés au sommet desquels ont été installées de puissantes batteries d'artillerie rasante), tout autour des forts de *Dagu*. Des eaux du fleuve *Baihe* surgissent trois lignes menaçantes de pieux de fer acérés et de chevaux de frise sur pilotis capables de déchiqueter les étraves des navires qui oseraient s'y aventurer. Le 24 juin 1859, l'amiral anglais Hope décide de faire passer outre la quinzaine de navires sous son commandement ; les Français décident de faire de même avec leur corvette à vapeur *DuChayla* qui s'est jointe, pour l'occasion, à la marine anglaise. À peine la première barrière démontée, les Occidentaux subissent le tir croisé de l'artillerie chinoise, postée dans les forts ; les occupants du *Plover*, leur navire amiral, sont décimés par la mitraille et les obus ; son commandant a la tête emportée par un projectile tandis que l'amiral Hope subit une mauvaise blessure à l'aine. Près d'un tiers des 1 500 militaires anglais engagés dans l'opération sera tué ou blessé.

La troisième guerre de l'Opium, encore plus dévastatrice que les deux premières, n'a plus qu'à commencer…

## 真 La troisième guerre de l'Opium et le regrettable « sac du Palais d'Été »

Pour réparer le terrible affront de la « journée maudite » du 24-25 juin, l'Angleterre et la France passent à l'offensive. Il s'agit désormais d'envoyer en Chine une flotte de guerre nombreuse, dotée d'un vaste corps expéditionnaire capable d'entrer dans Pékin et de faire rendre gorge à l'autorité mandchoue. Les préparatifs vont durer un an. Côté français, la conduite des opérations militaires est confiée au général Cousin-Montauban, un cavalier issu de Saumur auquel la réception de la première reddition de l'émir Abd el-Kader en Algérie a valu la Légion d'honneur ; côté anglais, c'est au lieutenant-général Hope Grant, un militaire colonial dont le principal fait d'armes a été de participer à la terrible répression de la révolte des Cipayes en Inde (1858), qu'il revient de commander les troupes.

Le 17 juillet 1860, lord Elgin et le baron Gros ordonnent à leurs flottes respectives, stationnées dans le vaste golfe de *Zhili*, de « passer à l'offensive et de débarquer en Chine ». Au cours des premiers jours d'août a lieu le débarquement des soldats et de leurs pièces d'artillerie. Les Occidentaux se heurtent rapidement aux troupes du redoutable général mongol *Sengge Linqin*, descendant de Gengis Khan et oncle de l'empereur *Xianfeng*, qui va leur compliquer la tâche. Ils ne rentrent dans *Tianjin* que le 2 septembre, après avoir mis pas loin de trois semaines à faire tomber les forts de *Dagu*. Le 5 octobre, les troupes alliées campent enfin sous les murailles de Pékin.

Mais au lieu d'entrer dans la ville, les troupes françaises et britanniques (près de 20 000 hommes) décident, en plein accord avec leurs chefs, d'aller faire un tour au « Palais d'Été » (*Yuanmingyuan*) situé à une dizaine de kilomètres au nord de la ville et dont l'empereur *Qianlong* a assuré l'embellissement sur les conseils des missionnaires jésuites au point d'en faire un véritable « Versailles chinois ». Désertés par l'empereur *Xianfeng*, en fuite vers la Mandchourie, ces merveilleux pavillons

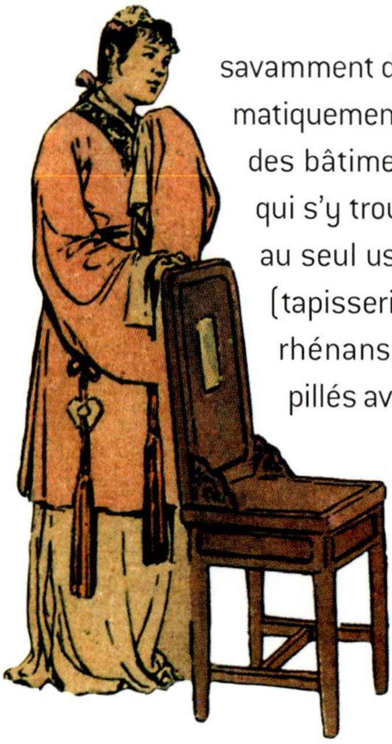

savamment dispersés autour d'un immense lac artificiel sont systématiquement pillés par la soldatesque anglo-française. La plupart des bâtiments sont saccagés. Les innombrables objets précieux qui s'y trouvent – trésors de l'art chinois, porcelaines réservées au seul usage de l'empereur de Chine, sans oublier les cadeaux (tapisseries des Gobelins, meubles français estampillés, ivoires rhénans, émaux italiens, etc.) des puissances alliées – sont pillés avant d'être vendus aux enchères. Les immenses statues de bronze qui ornaient le parc de la résidence d'été de l'empereur mandchou sont fondues pour faire des canons. Jamais sans doute, à l'exception de certaines campagnes napoléoniennes en Europe du Sud, le vandalisme occidental ne se sera exprimé de façon aussi aveugle et barbare.



La mise à sac de ce joyau architectural et paysager dont les Anglais et les Français ne tarderont pas à se renvoyer la responsabilité, restera longtemps gravée dans la mémoire des dirigeants chinois.

Sans doute est-il permis de penser qu'elle n'est toujours pas complètement effacée…

### 真 Le traité de Pékin d'octobre 1860 : l'humiliation suprême de la Chine

Le 13 octobre 1860, Pékin tombe à son tour et, pour faire bonne mesure, quatre jours plus tard, sur les ordres de lord Elgin, le Palais d'Été est incendié, ce qui, au passage, fait entièrement disparaître son extraordinaire bibliothèque, riche de plus de 10 000 ouvrages qui représentent la quintessence des textes chinois anciens.

Les puissances occidentales décident de pousser leur avantage en obligeant la Chine à conclure un nouveau traité à Pékin. Celui-ci est signé avec le prince *Gong*, délégué à cet effet par l'empereur *Xianfeng*, le 24 octobre par les Anglais et le lendemain par les Français. Les deux pays occidentaux obtiennent de la Chine de nouvelles et très lourdes contreparties : outre l'ouverture de la ville et du port de *Tianjin* au commerce avec l'Occident et la totale liberté d'exercice du culte chrétien en Chine, la Grande-Bretagne obtient le versement d'une indemnité de 16 millions d'onces d'argent ainsi que la cession de la presqu'île de Kowloon (face à Hongkong) ; les textiles produits par l'Occident sont exonérés de droits de douane, et les flottes étrangères sont désormais autorisées à circuler librement sur le réseau fluvial intérieur de la Chine. Symbole de la nouvelle situation créée par le traité de Pékin, la cathédrale de Pékin, construite sous Louis XV par les jésuites, est rouverte au culte le 29 octobre 1860.

En imposant à l'empire du Milieu sa rafale de « traités inégaux », l'Occident va priver la Chine pendant près d'un siècle de pans entiers de sa souveraineté.



### Le comte de Palikao

Le 21 septembre 1860, sur la route de Pékin, les troupes occidentales rencontrent un obstacle de taille : le pont de *Bali Qiao* (le pont des « huit *li* », soit la distance – environ 5 kilomètres – qui le séparait de Pékin), une très belle arche de pierre construite au XVII^e^ siècle et qui permet de franchir le canal reliant la capitale au fleuve *Baihe*. L'accès à l'ouvrage est, bien entendu, barré par les forces chinoises et notamment par leur redoutable cavalerie tartare, forte de plus de 20 000 hommes répartis en arc de cercle dans la plaine alentour. Décidant de faire sonner la charge, le général Cousin-Montauban en personne se lance à l'assaut de l'ouvrage qui tombe à l'issue d'une bataille acharnée. La conduite du chef du corps expéditionnaire français lui valut, à son retour en France, le titre de Comte de Palikao (traduction française de *Bali Qiao*) conféré par un décret impérial de janvier 1862.

# LA GRANDE CHINE EN VOIE DE DÉCOMPOSITION TENTE DE SE MODERNISER À L'OCCIDENTALE

Dans un ultime sursaut, la Grande Chine tente de se moderniser à l'occidentale. À partir de 1861, poussée par un groupe de technocrates (parmi lesquels *Zeng Guofan, Zuo Zongtang* et *Li Hongzhang*) au sens aigu des intérêts supérieurs de l'État (et qui se sont révélés dans la lutte contre les factions *Taiping* ou *Nian*), l'impératrice douairière *Cixi* (1835-1908) qui assure la régence de l'Empire mandchou se voit contrainte d'encourager le mouvement dit de « modernisation » (*Yangwu*) ou encore d'« autorenforcement » (*Ziqiang*).



### Comment le prince Gong réussit à éradiquer la révolte des *Taiping*

Malgré sa jeunesse (il est né en 1833), c'est le courageux prince *Gong*, auquel a déjà incombé l'humiliante tâche de signer avec les Occidentaux le traité de Pékin, qui parvient à éradiquer la révolte des *Taiping* dont les bastions du *Zhejiang* (ils occupaient *Hangzhou*, sa capitale, depuis décembre 1861) et du *Jiangsu* paraissaient irréductibles. À compter du début de 1862, pour empêcher le mouvement insurrectionnel de s'étendre à l'ensemble du pays, les puissances occidentales ont constitué « l'armée toujours victorieuse » dont les officiers étaient tous des étrangers : Anglais, Américains (majoritaires), Français, Allemands et Espagnols. Les sous-officiers et les hommes du rang étaient des Chinois. Conscient de la nécessité de prêter main-forte à l'offensive occidentale contre les *Taiping*, le prince *Gong* s'employa à faire converger les efforts de ses propres troupes avec celles de « l'armée toujours victorieuse ». Le 19 juillet 1864, la prise de Nankin, aux mains des rebelles (dont le « roi » *Qian Wang* se suicidera en avalant des feuilles d'or), marque la fin de la révolte des *Taiping* dont certains éléments réussissent à se réfugier au Vietnam.

Les hommes auxquels l'essentiel des leviers du pouvoir est ainsi confié sont principalement des Chinois confucéens de stricte obédience qui s'empressent de restaurer l'ordre ancien dans les provinces arrachées au contrôle des rebelles. Fascinés par le formidable succès de l'ère Meiji au Japon qui a permis à ce pays de passer en quelques années du Moyen Âge à la modernité, ils mettent en exergue le principe selon lequel « le savoir chinois est le fondement ; le savoir occidental est intéressant » (*Zhongxue Weiti ; Xixue Weiyong*). En d'autres termes, tout n'est pas à rejeter dans les méthodes de l'Occident, et il convient par conséquent de mettre un terme à l'attitude quelque peu aveugle et arrogante qui a consisté, jusque-là, à ne voir dans les puissances étrangères que la périphérie du « Pays du Centre »...



## 真 Des réalisations exemplaires mais éphémères

Les néo-confucéens appelés au pouvoir par le régime mandchou ont parfaitement conscience que la bataille est culturelle. Ils s'emploient à faire traduire des livres scientifiques occidentaux et mettent en place des structures industrielles et manufacturières sur le modèle de celles qui existent en Grande-Bretagne dont ils entendent confier la direction à des hommes d'affaires et à des commerçants aguerris. Dès 1860 sont créés les premiers chantiers navals capables de construire des bateaux à vapeur ; quelques années plus tard, en 1894, sort de terre un gigantesque complexe sidérurgique à *Hanyang* avec deux ans d'avance sur son équivalent au Japon, en même temps que commencent à être posées les premières lignes de chemin de fer...

C'est aussi l'époque où la Chine – qui s'est contentée jusque-là d'acheter ses armes et ses munitions – se lance dans l'industrie d'armement, avec l'aide d'ingénieurs occidentaux rémunérés à grands frais. Des arsenaux de *Mawei* et de *Shanghai* sortent les premières canonnières destinées à la marine de guerre chinoise (1869). Le pays se dote aussi d'un réseau télégraphique et deux compagnies sont spécialement créées à *Tianjin* et à *Shanghai*.

### La bien curieuse « mission Burlingame »

Nommé le 14 juin 1861 Envoyé Extraordinaire des États-Unis en Chine, Anson Burlingame, brillant juriste originaire du Massachusetts, s'est installé à Pékin en août 1862. Le 21 novembre suivant, il annonce sa démission au Secrétaire d'État américain avant d'être nommé représentant de la Chine auprès des puissances avec lesquelles elle a signé des traités… C'est sur les conseils de Robert Hart (voir ci-dessous) que les autorités chinoises, conscientes de leur inaptitude aux négociations internationales, ont sollicité le diplomate américain à la disposition duquel elles ont mis une équipe composée de deux commissaires chinois, de l'Irlandais Leavy Brown et du Français de Champs.

La bien curieuse « mission Burlingame » fait le tour des capitales occidentales : Washington (juillet 1868), Londres (novembre 1868), Paris et Stockholm (automne 1869), et enfin Berlin (janvier 1870). Le périple du diplomate américain passé au service des Chinois prend fin le jour de sa mort, à Saint Pétersbourg, le 11 février 1870. Cette ambassade itinérante – en fait un coup d'épée dans l'eau qui n'a suscité que du scepticisme voire des sarcasmes – s'achève à Pékin en novembre 1870, lors du retour en Chine de ses membres.



## LA CHINE SOUS TUTELLE OCCIDENTALE VIT DES HEURES TRÈS SOMBRES

Avec le demi-siècle qui succède à l'offensive occidentale et à la mise à sac du Palais d'Été s'ouvre une des pages les plus sombres de l'histoire de la Chine. Elle subit une véritable mise sous tutelle administrative dont le symbole est la réorganisation de l'administration douanière par les Britanniques, sous l'égide de l'Irlandais Robert Hart (1835-1911), nommé en 1863 inspecteur général des douanes maritimes de l'empire du Milieu. Pendant près d'un demi-siècle, sous le nom de « Diable Blanc du Céleste empire », ce personnage ayant rang de ministre et qui bénéficie, en raison de sa profonde honnêteté, de la confiance des autorités chinoises, devient l'un des oracles les plus consultés par les diplomates occidentaux en poste à Pékin et à Shanghai.

### 真 Un pays à genoux et humilié

À partir de la fin 1860, la Chine n'est plus qu'un pays à genoux et humilié, encerclé de toutes parts et convoité par ses puissants voisins.

À l'ouest, la Russie a profité des guerres de l'opium pour mettre la main sur une partie du Turkestan chinois ainsi que sur la rive droite du bassin inférieur du fleuve Amour, une zone que les Chinois occupaient depuis le XIII^e siècle. Le Mandchou *Chonghou* est envoyé à Saint-Pétersbourg par l'impératrice douairière *Cixi*, au nom de l'empereur *Guangxu*, pour réclamer la restitution de ces territoires illégalement occupés (1879). Il faut toute la force de persuasion du diplomate pour que le tsar daigne accéder – du bout des lèvres – à la demande chinoise, tout en obtenant au passage le versement d'une compensation d'un montant de 50 millions de roubles. À l'est, le Japon s'est déjà empressé d'annexer (1874) les îles Ryûkyû, jusqu'alors contrôlées par les *Qing*, avant d'imposer à la Corée (1876) un « traité inégal », du même type que celui extorqué à la Chine par les puissances occidentales. Au sud, les Français mènent campagne au Vietnam où ils ont pris pied à partir de 1862 avant d'obtenir, en 1874, des autorités chinoises un nouveau « traité inégal » qui leur laisse les mains libres au Tonkin ainsi que dans toute la péninsule indochinoise. Mais ils se heurtent, à partir de 1882, à une vive résistance de la part des Vietnamiens épaulés par d'anciens membres des *Taiping* réfugiés dans ce pays. Défaits à *Langson* en mars 1885 (cette mésaventure cause la chute du cabinet de Jules Ferry le 30 du même mois), les Français se rabattent sur l'attaque des côtes chinoises et font le siège de

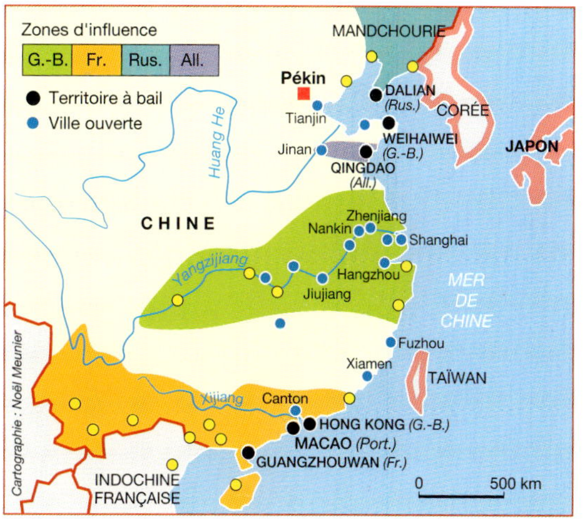

*Ningbo*, avant d'imposer in extremis à la Chine, le 9 juin 1885, un traité leur reconnaissant le droit d'instituer un protectorat au Vietnam.

### 真 Une économie exsangue et désorganisée

En raison de l'affaiblissement durable du pouvoir central, auquel il convient d'ajouter la déliquescence de ses ramifications économiques et l'insécurité qui règne dans les campagnes et dans les grands centres manufacturiers urbains, tous les secteurs de l'économie chinoise se trouvent peu à peu désorganisés : les cultures vivrières, qui en ont toujours été le moteur essentiel, sont peu à peu abandonnées au profit des cultures industrielles comme le thé et le coton, mais également de l'opium, dont la consommation fait des ravages dans la population ; en raison des traités inégaux, les activités portuaires sont confisquées par les puissances occidentales qui s'approprient également la batellerie puisque leurs navires ont toute latitude pour naviguer sur le réseau fluvial chinois ; tout son commerce international échappe ainsi à l'empire du Milieu, pourtant une nation de commerçants...

Outre les conséquences sur son économie de ce qu'il faut bien appeler une mise en coupe réglée du pays de la part des puissances occidentales, l'humiliation de la Chine entraîne, tant de la part de ses élites que de son peuple, un rejet sans précédent des pays envahisseurs. Les autorités suprêmes traitent longtemps ces derniers par le mépris, comme si elles refusaient de voir le danger constitué par l'offensive franco-anglaise.

Face à un régime mandchou aveugle et sourd, les Occidentaux ont décidé de ne plus faire aucun quartier. Le temps paraît bien loin où les ambassades étrangères devaient user de mille précautions et respecter à la lettre le protocole mandarinal pour être autorisées à se présenter devant l'empereur de Chine les bras chargés de cadeaux. Aux yeux des puissances occidentales, persuadées de leur bon droit au nom de la supériorité de l'homme blanc, l'empire du Milieu, auquel Voltaire et Leibniz, au siècle précédent, vouaient une admiration sans bornes, apparaît désormais comme un vaste pays arriéré tout juste bon à acheter des marchandises européennes.

## 真 L'ultime échec de la tentative de modernisation de la société

Face à l'impérialisme occidental, le régime mandchou continue de s'essayer tant bien que mal à la réforme. De l'autre côté de la mer de Chine, le Japon est le seul pays asiatique à réussir une modernisation qui le met à l'abri de l'impérialisme des puissances occidentales. Mais les tentatives louables de l'impératrice *Cixi* et de ses principaux conseillers visant à faire emprunter à la société chinoise une voie à la « japonaise » s'avèrent sans lendemain : le contexte économique et social du pays est bien trop catastrophique. Les leviers de commande ne répondent plus car l'armature administrative mandarinale qui a survécu depuis des millénaires à tous les changements de régime est minée par la corruption. La loi du plus fort s'installe, en lieu et place des codes rituels qui constituaient pourtant le socle de la vie sociale depuis les temps archaïques.

L'État impérial, au sommet duquel se débat *Cixi*, une femme rouée et manœuvrière confrontée à une situation impossible, n'est plus que l'ombre de lui-même.

Ballottées entre des tendances « pacifistes » prêtes à passer toutes sortes de compromis avec les pays occidentaux et les pulsions « nationalistes » qui refusent cette politique de la main tendue, les autorités ne donnent jamais vraiment raison aux unes contre les autres. La guerre franco-chinoise de 1884-1885 fait définitivement pencher la balance en faveur des partisans de la rupture avec les Occidentaux.

En 1894, le soulèvement de Tonghak en Corée déclenche les hostilités entre la Chine et le Japon ; le conflit – qui verra la chute de Port-Arthur (24 octobre 1894) où les Japonais massacrent près de 3 000 Chinois – s'achève à l'avantage

### La revanche des missions catholiques

Profitant de la défaite de la Chine, l'Église catholique française, dont les missionnaires ont été décimés et œuvrent dans la clandestinité, obtient la libre circulation pour ses prêtres (essentiellement les Pères des Missions étrangères de la rue du Bac qui enverront en Chine jusqu'à vingt prêtres chaque année), à condition qu'ils disposent d'un passeport. Ce privilège concerne aussi les Italiens, les Belges, les Espagnols puis les Allemands et les Suisses. En 1870, le nombre de Chinois officiellement convertis au catholicisme atteignait 400 000 et l'on ne comptait pas moins de 700 missionnaires étrangers et 600 prêtres chinois dans l'empire du Milieu. Entre-temps, au mois d'octobre 1866, une expédition punitive française en Corée, en réponse à une série de massacres de prêtres catholiques perpétrés au printemps de la même année, a forcé le pays du « matin calme », jusqu'alors totalement fermé au monde extérieur, à ouvrir ses portes aux puissances occidentales.



de ce dernier qui obtient, avec le traité de Shimonoseki (17 avril 1895) la souveraineté sur *Taïwan* et sur les îles Pescadores (*Penghu*), en même temps qu'une indemnité de guerre d'un montant de 200 millions de pièces d'argent. Ce conflit entre la Chine et le Japon ouvre entre les deux pays une longue période d'hostilités.

Du 11 juin au 21 septembre 1898, appelés au pouvoir par le jeune empereur *Guangxu*, les « réformistes » – à la tête desquels se trouve le grand lettré cantonais et admirateur du tsar éclairé Pierre le Grand, *Kang Youwei* (1858-1927) – tentent une ultime fois de remettre la Chine sur ses rails par une série de mesures censées améliorer le fonctionnement de l'État : création d'un ministère de l'Économie ; établissement d'un budget de l'État en bonne et due forme ; énième réforme des concours administratifs etc. Lâchés in extremis par le chef de guerre conservateur *Yuan Shikai*, les acteurs des « Cent Jours de Pékin » (voir p. 312) sont sommés par *Cixi* de quitter la scène politique.

Entre 1896 et 1902, les puissances occidentales qui bénéficient de la « clause de la nation la plus favorisée » exigent de la Chine l'octroi des mêmes avantages que ceux consentis au Japon. Chacun se taille un fief : les Russes

### Le massacre des Français à *Tianjin* (1870)

La sourde hostilité du peuple chinois vis-à-vis des « barbares envahisseurs » qui lui ont imposé les traités inégaux se traduit par une série de massacres. Le plus grave a lieu à *Tianjin* en juin 1870, et prend pour cible les Français, nombreux à être installés dans le port. La rumeur ayant couru, au sein de la population, que les sœurs de Saint-Vincent-de-Paul se livrent au trafic d'enfants, les exactions commencent vers la mi-juin. Le 21, le consul de France et son adjoint sont massacrés par la foule en colère ; quelques heures plus tard, elle pille et incendie la maison des lazaristes. Le soir même, de la paille est entassée dans la cathédrale à l'intérieur de laquelle ont été enfermés de nombreux chrétiens. Si les victimes de ce massacre (auquel n'ont pas hésité à participer les pompiers chinois censés éteindre les incendies allumés par les séditieux) sont surtout des Français, la colonie russe de *Tianjin* souffre également de nombreuses pertes. Le massacre de *Tianjin* donne lieu à une vigoureuse protestation des représentants des nations occidentales auprès du prince *Kong*, lequel accepte de verser 250 000 taels aux victimes.

Quelques mois plus tard, la Chine envoie en France le mandarin-diplomate *Chong Hou* afin de présenter ses excuses au gouvernement. Mais lorsque le plénipotentiaire chinois débarque à Marseille, en compagnie de deux fonctionnaires français de l'administration des douanes chinoises, la France a été envahie par l'Allemagne et le gouvernement de la Défense nationale a d'autres préoccupations que le sort des victimes du massacre de *Tianjin*.

en Mandchourie, après en avoir écarté le Japon (1896) ; les Allemands au *Shandong* (d'où le nom de la plus célèbre marque de bière chinoise *Qingdao*, du nom du grand port de cette péninsule) ; le bassin moyen du fleuve Bleu voit s'installer les Anglais ; quant aux Français, profitant de leur maîtrise du Tonkin, ils s'installent dans les trois provinces du Sud-Ouest.

À la fin du XIX^e siècle, le pays, exsangue et au bord du gouffre, amorce une longue dérive qui va durer près d'un demi-siècle et au cours de laquelle son peuple connaîtra, hélas, d'immenses souffrances.

### La réaction antioccidentale de la société secrète des « Boxeurs »

Avec l'abdication forcée de *Guangxu* (janvier 1900), coupable d'avoir laissé déraper la situation pendant les Cent Jours de Pékin, et la désignation de *Puyi* comme prince héritier, s'ouvre la dernière page de la période impériale



**Comment le trône échut à l'empereur *Guangxu***

L'empereur *Tongzhi* étant mort (12 janvier 1875) sans enfants, emporté par la petite vérole à 19 ans, soit deux ans à peine après son accession au trône, les candidats à sa succession ne manquaient pas, poussés par les divers clans qui souhaitaient placer leurs pions sur le trône impérial. C'est le septième fils de *Dao Guang*, lequel avait épousé une sœur de *Cixi*, qui fut choisi le 13 janvier 1875, entraînant les vives protestations des partisans de la tradition selon lesquels le trône aurait dû revenir à l'un des descendants de *Mian Kai*, troisième fils de l'empereur *Jianjing* et l'un des frères de l'empereur *Dao Guang*. En raison de son jeune âge (il était né le 14 août 1871), le nouvel empereur *Guangxu* avait besoin d'une régence, que le Grand Tribunal des Rites conféra à *Ci'an* (l'impératrice de l'Est) et à *Cixi* (l'impératrice de l'Ouest). Quand on sait ce qu'il advint de la première des régentes (voir p. 311), comment ne pas voir la main de l'impératrice *Cixi* dans le choix de l'avant-dernier empereur de Chine ?

### *Cixi*, l'habile manœuvrière et inamovible impératrice douairière

Décrite comme cantonaise de naissance par l'entourage de l'empereur, *Cixi* (1835-1908) est en réalité issue d'une noble famille mandchoue. Entrée à la cour de Chine à l'âge de 16 ans, elle devient l'une des concubines de l'empereur *Xianfeng* (1832 -1861), dont elle a un enfant (le futur empereur *Tongzhi*). À la mort suspecte de ce dernier, elle est appelée à exercer la régence de l'empire en compagnie de *Ci'an*, l'épouse légitime du défunt souverain. Au mépris des règles normales du droit successoral, *Cixi* fait en sorte que *Guangxu*, son neveu âgé de 4 ans à peine, soit désigné en tant qu'héritier impérial. En 1881, le brutal décès de *Ci'an* permet à *Cixi* d'exercer enfin seule la régence.

Entourée d'eunuques, sachant jouer de son (et parfois même de ses) charme(s), manœuvrant habilement entre le clan des modernistes et celui des conservateurs (aristocrates mandchous et hauts fonctionnaires chinois soucieux de garder leurs privilèges), *Cixi* exerce à nouveau la régence en 1898, en lieu et place de *Guangxu*, déclaré incapable de régner. Le 21 juin 1900, confortée par le soutien des « Boxeurs », elle déclare la guerre aux puissances occidentales, sans avoir vraiment évalué le rapport des forces. Dès le mois d'août, les armées occidentales sont aux portes de Pékin qu'elle doit quitter, déguisée en paysanne. Pour y revenir (1902), elle est contrainte de faire de très lourdes concessions aux puissances occidentales.

Soucieuse d'éviter que *Guangxu* ne remonte un jour sur le trône, elle fait désigner *Puyi*, l'un des neveux (âgé de 3 ans !) de l'empereur, en tant que Prince héritier. Il sera le « dernier empereur de Chine », que le cinéaste italien Bertolucci immortalisa à l'écran et qui finira sa vie comme balayeur, lors de la Révolution culturelle.

Elle meurt le 15 novembre 1908, le lendemain du décès de *Guangxu*.

Sur cette femme qui fut la dernière à régner sur la Chine pèsent de graves soupçons : quel rôle joua-t-elle dans la mort de sa rivale *Ci'an*, ainsi que dans celle de l'empereur *Guangxu* (certains prétendent même qu'elle favorisa la vie dissolue de ce dernier… et qu'il fut emporté par la petite vérole) ? Le simple fait de poser la question vaut probablement réponse…

en Chine. Celle-ci est caractérisée par la montée des sentiments xénophobes. À partir de 1900, le nationalisme et la haine de l'étranger – exacerbés par la défaite infligée par le Japon à la Chine en 1895 – prennent le pas sur la légendaire tolérance des Chinois.

Les promoteurs de cette nouvelle violence se recrutent prioritairement parmi les membres des nombreuses sociétés secrètes et autres Triades qui pullulent, telles celle des « Frères aînés » ou encore celle du « Grand Sabre »,

**Les « Cent Jours de Pékin »**

Du 10 juin au 20 septembre 1898, la Chine connut une intense période de réformes, désignée par les historiens sous le nom des « Cent Jours de Pékin ». Sous l'égide de *Kang Youwei*, l'un des chefs du parti de la Réforme, un gouvernement voit le jour, dont l'empereur *Guangxu* appuie solennellement la Constitution. Le souverain n'est pas avare de son soutien aux réformistes des Cent Jours. Chaque jour, il fait publier des décrets destinés à approuver leur action et à les traduire en actes juridiques. C'est ainsi que voient le jour (9 septembre) l'Université de Pékin et son École de médecine, dirigées par un recteur et un doyen, sur le modèle occidental ; la Bibliothèque Publique et le bureau de Traduction des Livres Occidentaux ; la ligne de chemin de fer Pékin-*Hangzhou*. D'autres décrets firent tomber en disgrâce les mandarins, considérés comme peu favorables aux réformes à commencer par le très puissant *Xiu Yinkui*, président du Ministère des Rites.

Mais ces réformes ont été mises en œuvre bien trop rapidement au goût de l'impératrice douairière *Cixi* qui ordonne la séquestration de *Guangxu* le 20 septembre 1898, sur une petite île du parc du palais impérial. Le lendemain, l'empereur est déchu et quelques jours plus tard un décret signé par la régente de la Chine met fin aux « Cent Jours de Pékin » dont la plupart des acteurs sont condamnés à mort par décapitation ou contraints – comme *Kang Youwei* – à la fuite.

créée en réaction contre la corruption de l'administration et la contrebande de l'opium et du sel, mais aussi à la suite de terribles inondations du fleuve Jaune (mauvais présage du Ciel) au sud-ouest du *Shandong* qui avaient enseveli des milliers de villages. C'est du « Grand Sabre » que sont issues les « Milices de Justice et de Concorde » (*Yihequan*) connues sous le nom de Boxeurs. Elles apparaissent rapidement comme le principal foyer de violence et de xénophobie exacerbée.

Le 4 décembre 1899 éclate une émeute dans le nord du *Shandong* dont le mot d'ordre est « protéger la dynastie, exterminer les étrangers ». Ses promoteurs pratiquent volontiers la boxe et se présentent sous l'appellation du « Poing de l'Harmonie Publique » qui leur vaudra le surnom de « Boxeurs » par les observateurs occidentaux. Nourris aux préceptes de la très ancienne secte du Lotus Blanc, les Boxeurs ne tardent pas à faire régner la terreur dans tout le *Shandong*, où la situation des campagnes est catastrophique, en se livrant au pillage systématique des usines et des magasins de produits étrangers ; ils s'en prennent aussi bien aux chemins de fer qu'aux Chinois convertis au christianisme. La population, fascinée par les pratiques magiques et la récitation de charmes, ne ménage plus son soutien à ces nationalistes violemment antichrétiens.

Très vite, les Boxeurs n'hésitent plus à s'attaquer ouvertement aux étrangers (au cours de la seule année 1900, pas moins de 5 évêques et de 30 prêtres occidentaux sont massacrés). Face à cet activisme, l'inertie du pouvoir fera dire à certains que *Cixi* soutenait en secret le mouvement nationaliste. Elle va en tout cas permettre au mouvement de se développer sans rencontrer le moindre obstacle.

Au *Shandong*, les Boxeurs reçoivent même l'appui (1898) du gouverneur *Li Bingheng* avant d'en être chassés par le dictateur *Yuan Shikai* (1900) appelé à la rescousse par les autorités désormais quelque peu inquiètes des proportions prises par le mouvement qui menace dangereusement les plus grandes villes côtières. Malgré la pression exercée par les puissances occidentales qui exigent du régime mandchou (janvier 1900) la publication d'un édit interdisant la société

**_Kang Youwei,_ le réformateur contraint à l'exil**

Passionné par la révolution industrielle qui avait fait de la Grande-Bretagne la première puissance économique occidentale, le Cantonais *Kang Youwei* (1868-1927), qui haïssait l'impératrice douairière *Cixi,* symbole à ses yeux de tous les maux de la Chine, faisait partie des intellectuels chinois désireux de faire entrer leur pays dans l'ère des réformes. Après l'échec des Cent Jours de Pékin, pendant lesquels il fut le conseiller le plus proche de l'empereur *Guangxu,* il réussit à s'exiler dans la colonie anglaise de Singapour et ne fut gracié que le 30 octobre 1911, au moment de la première Révolution chinoise.



secrète, les nationalistes se rabattent sur le *Hebei* et le *Shanxi* où ils prennent pied sans difficulté avant de marcher sur *Tianjin* puis de fondre sur Pékin, l'ultime étape vers la conquête du pouvoir.

## 真 Les Boxeurs à Pékin, la fuite de *Cixi*

Face au danger, les marines anglaise, américaine et française se préparent à intervenir (mars 1900). Le 20 mai, les premiers massacres d'étrangers sont signalés à Pékin. Six jours plus tard, un convoi ferroviaire est attaqué à *Tianjin*, tandis que les alliés qui ont envoyé une colonne de près de trois cents hommes de troupe vers Pékin essuient des tirs nourris de la part des Boxeurs fermement décidés à leur barrer la route.

Pendant tout le mois de juin 1900, la violence des Boxeurs, largement infiltrés dans la capitale, s'acharne sur les étrangers. Les Occidentaux ne sont pas seuls visés. Le premier assassinat vise le Chancelier de la légation du Japon (11 juin). Ensuite, ce sont des églises et des missions étrangères qui sont mises à sac puis incendiées. Le 20 juin, les Boxeurs exécutent le chef de la mission diplomatique allemande Ketteler, venu protester auprès des autorités mandchoues contre leur attitude jugée trop passive. Une série d'édits impériaux justifient désormais la position des nationalistes dont les actions redoublent d'intensité. Les légations étrangères, à l'intérieur desquelles restent terrés les diplomates et leurs familles, sont assiégées. Pendant près de deux mois, l'Europe retient son souffle.

Dans le camp chinois, divisé entre les soutiens aux Boxeurs et les partisans de la temporisation avec les Occidentaux, ce sont ces derniers – vivement encouragés par Robert Hart – qui ont désormais l'ascendant. La réaction des puissances étrangères est à la hauteur du risque subi par leurs ressortissants ; leurs armées reprennent le contrôle de *Tianjin* avant d'encercler Pékin dont le siège, sous le commandement du général allemand von Waldersee, dure un peu plus de 50 jours (les fameux « 55 jours de Pékin »). Le 14 août 1900, les légations sont délivrées et l'impératrice douairière *Cixi* s'enfuit à *Xi'an*. Son premier geste consiste à promulguer des décrets visant à se concilier à nouveau l'appui des puissances étrangères. Les Boxeurs sont défaits et leurs principaux chefs exterminés.



### 真 Le retour de *Cixi* dans la capitale

Le retour de *Cixi* dans la capitale (6 janvier 1902) s'accompagne du versement par la Chine d'une faramineuse indemnité de guerre d'un montant de 450 millions de dollars d'argent : tout acte contraire aux intérêts étrangers est désormais strictement interdit aux Chinois, auxquels est également imposé le démantèlement des forts de *Dagu*, ainsi que l'envoi dans les grandes capitales européennes d'ambassades expiatoires : jamais le pays n'aura été à ce point humilié ! Les assassinats d'étrangers se poursuivent, bien que plus sporadiquement, au cours de la première décennie du XX^e^ siècle. Pour tenter de consolider son pouvoir et dans l'espoir de créer les conditions d'un sursaut national, l'impératrice douairière va jusqu'à promettre – dans un délai de neuf ans – l'octroi au peuple chinois d'une constitution sur le modèle occidental (édits d'avril 1905). Prenant pour modèle le Japon, les Mandchous échafaudent une réforme institutionnelle prévoyant des assemblées régionales élues au suffrage universel dont les délégués auraient constitué une véritable « Assemblée nationale consultative ». Mais au même moment, le pouvoir central est si affaibli qu'il assiste passivement à l'affrontement sur son territoire de la Russie et du Japon. Les deux pays se livrent sur les mers et sur la terre une terrible guerre à laquelle le président américain Roosevelt les somme de mettre fin. Exsangues, les deux puissances rivales finissent par se partager la Mandchourie, le Japon étendant sa « zone d'influence » autour de Port-Arthur (traité de Portsmouth – New Hampshire du 25 août 1905). Puis le Japon – qui est en fait sorti vainqueur des combats contre la Russie – annexe la Corée, sur laquelle il lorgne depuis des lustres, et en fait un protectorat. La Chine se voit ainsi privée de zones entières dont elle revendiquait jusque-là la souveraineté.

### 真 La mort de *Cixi* et de *Guangxu*

En mai 1908, *Cixi* subit un accident vasculaire cérébral dont elle parvient à se remettre. *Guangxu* meurt le 14 novembre de la même année. Cela fait plus d'un an que l'empereur déchu, très malade, vivait reclus dans son palais. Le



### L'entrée en scène des Républicains de *Sun Yat-sen*

En 1905, de plus en plus choqué par les diktats des puissances étrangères, *Sun Yat-sen*, un Cantonais qui avait lancé en 1894 une petite association républicaine (la Société pour la Renaissance de la Chine), s'est associé avec d'autres mouvements antimandchous pour créer (1905) à Tokyo le parti *Tongmenghui* qui deviendra l'ancêtre du *Guomindang*. Il s'agit de mettre en avant « 3 principes pour le peuple » : son « indépendance » (lutte contre le pouvoir manchou), sa « souveraineté » (instauration de la République) et son « bien-être » (diverses mesures redistributives comme la réforme agraire).

Faiblement organisés, les soulèvements du *Tongmenghui* (1906-1911) – la plupart du temps relayés par les sociétés secrètes nationalistes – sont de cuisants échecs, à l'exception de celui opéré à Canton le 27 avril 1911 qui fit 72 victimes (les fameux « 72 martyrs de Canton »).

**L'armée de l'« océan du Nord »**

La réorganisation de l'armée chinoise sur le modèle occidental, grâce à des instructeurs japonais et à du matériel d'armement acheté à prix d'or aux puissances européennes donne lieu à ce qu'on appela « l'armée du *Beihang* » (armée de l'océan du *Nord*) qui joue un rôle essentiel lors de la première révolution chinoise de 1911, en refusant de prêter main-forte à la dynastie finissante et en se rangeant derrière la bannière de *Yuan Shikai.*

jour même, l'impératrice douairière fait désigner *Puyi* comme empereur, sans oublier toutefois de se faire proclamer impératrice Grand'Douairière, laissant le titre de Douairière à *Longyu*, la veuve de *Guangxu*. Le lendemain, *Cixi* tombe en syncope et meurt à son tour, face au sud, selon la légende.



En 1909, au lendemain de la mort de *Cixi* et de *Guangxu*, *Puyi* devient empereur sous le nom de *Xuantong*. Le Régent Impérial *Caifong* tente de contrôler la situation. Ses relations exécrables avec *Yuan Shikai* le conduisent (janvier 1909) à éloigner du pouvoir le seul individu capable d'aider les Mandchous à s'y maintenir.

## 真 La première Révolution chinoise est en marche

Le pouvoir mandchou instaure enfin les institutions promises par la défunte impératrice douairière. Un Sénat provisoire, sous le nom de Cour Suprême de Contrôle administratif et constitutionnel, est mis en place, à l'instigation des délégués issus des provinces. Il s'agit d'une assemblée destinée à servir de réceptacle aux potentats et aux seigneurs de la guerre désireux de contrôler de près ces changements institutionnels a priori dangereux pour leurs positions acquises. Les élections à ce Sénat ont lieu au printemps 1910, ce qui n'empêche pas les partisans de la convocation d'une Assemblée nationale constituante, censée se substituer au Grand Conseil, de faire à leur tour entendre leurs voix.

Le *Sichuan* entre en révolte, prenant pour prétexte une série d'emprunts émis par l'État auprès des puissances occidentales ; avec cet argent, les Mandchous comptent construire deux lignes de chemin de fer et mettre en œuvre la réforme monétaire. Pour les partisans de la République, c'est une soumission de plus et le signe que l'État ruiné ne peut plus rien. Le 7 septembre 1911 à *Chengdu*, le palais du vice-roi du *Sichuan* est attaqué par les manifestants. Les émeutes s'étendent à toutes les grandes villes. Le 4 novembre, c'est au tour de *Shanghai* de tomber aux mains des rebelles. Quelques jours plus tôt (24 octobre), la République a été proclamée au *Hunan*. Canton se soulève à son tour, entraînant dans son sillage toute la Chine du Sud.



*Puyi*, trop jeune, ne contrôle plus rien et les réformes produisent l'effet inverse de celui recherché, en confortant les innombrables mouvements d'opposition au régime mandchou. Les luttes intestines décuplent de violence. *Yuan Shikai*, entré en disgrâce après la mort de *Guangxu*, est appelé à la rescousse depuis le *Henan* où il s'est retiré. De l'empire mandchou, il ne reste plus qu'un tout jeune souverain sans expérience et incapable de faire face à l'accélération de l'histoire. Le 16 décembre 1911 se réunissent à Nankin les délégués chargés de fixer les termes d'une Constitution républicaine provisoire prévoyant l'élection d'un président de la République par les représentants des généraux en chef de toutes les provinces.

La première Révolution chinoise est en marche.

## *Yuan Shikai* (1859-1916), le chef de guerre qui deviendra dictateur

Originaire du *Henan* où son père était mandarin, *Yuan Shikai* opte pour la fonction militaire qu'il commence à exercer en Corée, à l'époque du conflit sino-japonais. Son énergie et son courage l'ayant distingué au cours du conflit coréen marqué par la défaite de la Chine (1895), il est appelé à Pékin pour se voir confier un rôle de conseil en modernisation de l'armée chinoise sur le modèle européen. Il prend le parti des opposants aux « Cent Jours de Pékin », ce qui lui vaut l'estime et la confiance de *Cixi*, mais c'est par son action contre les « Boxeurs », dont il écrase la révolte (1900), qu'il est nommé (1901) commissaire chargé des questions militaires et diplomatiques en Chine du Nord, un véritable poste de proconsul. Là, non content de mettre sur pied une armée moderne, il s'attache à réorganiser le système d'enseignement et à mettre en place des structures industrielles efficaces. Malgré la mort de *Cixi*, il réussit à garder toute son influence liée à son prestige de chef de guerre moderniste mais partisan de l'ordre.

Appelé à mater les révolutionnaires après la rébellion républicaine du 10 octobre 1911, il obtient du pouvoir mandchou des contreparties non négligeables : formation d'une Assemblée nationale, autorisation des partis politiques, amnistie pour les révolutionnaires, sans oublier, au passage, de se faire conférer les pleins pouvoirs. Malgré sa tentative de négociation secrète avec Sun Yat-sen, il ne réussit pas à empêcher celui-ci de proclamer la République à Nankin (29 décembre 1911). Quelques mois plus tard (février 1912), quoique privé de l'exercice de ses « prérogatives », *Yuan Shikai* obtient le retrait du gouvernement républicain (auquel il a réussi à faire croire qu'il allait adhérer au *Guomindang*) avant de se faire élire à la présidence de la République (12 mars 1912).

En mars 1916, la mort subite du dictateur (devenu entre-temps président à vie, puis empereur de Chine !) met fin à un régime autoritaire que la sécession de nombreuses provinces du sud de la Chine a déjà sérieusement mis à mal.

# La République de Chine (1912-1949)

L'empereur *Puyi* ayant abdiqué (octobre 1911), *Sun Yat-sen*, arrivé d'Amérique à Nankin pour participer aux travaux de l'Assemblée constituante, se fait élire président de la République de Chine le 1er janvier 1912 à Canton. Un nouveau drapeau est adopté, composé de cinq bandes horizontales : rouge, jaune, bleue, blanche et noire, représentant les « peuples » de la Chine : Chinois, Mandchous, Mongols, Tibétains et musulmans.



## LA DICTATURE DU GÉNÉRAL *YUAN SHIKAI* ET L'AVÈNEMENT DES SEIGNEURS DE LA GUERRE

Le mandat présidentiel de *Sun Yat-sen* ne dure pas plus d'un mois et demi. Le 14 février 1912 l'éphémère président de la République de Chine est remplacé par le chef de guerre *Yuan Shikai* dont la première mesure d'envergure consiste à transférer à Pékin l'ensemble du gouvernement. Le 6 octobre 1913, il se fait élire président de la République et obtient immédiatement la reconnaissance des principales puissances occidentales et du Japon. Le 5 novembre suivant, il accepte de signer avec la Russie un traité reconnaissant la souveraineté de ce pays sur la Mongolie. Le dictateur qui sommeille en lui ne tarde pas à se réveiller : en 1914, il dissout le Parlement, d'où il s'est empressé d'exclure les membres du *Guomindang* et s'octroie les pleins pouvoirs… avant de rétablir purement et simplement l'empire à son profit (11 décembre 1915), au grand dam des potentats provinciaux de la Chine du Sud et du centre qui entrent en rébellion. Les émissaires envoyés sur le terrain par le nouvel « empereur de Chine », qui a pris le nom de *Hongxian*, pour mater les séditieux, ne s'avèrent pas plus fiables. Entre-temps, pour faire face à la crise des finances de l'État, *Yuan Shikai* a endetté la Chine d'environ 25 millions de livres sterling auprès d'un consortium de grandes banques occidentales (le remboursement de cette dette, s'il avait été mené jusqu'à son terme – prévu en 1960 – aurait largement dépassé 65 millions de livres…).

Un malheur n'arrivant jamais seul, en janvier 1916, le Japon présente à *Yuan Shikai* un mémorandum visant à faire de la Chine un protectorat nippon. Sommé de rétablir la République par les puissances occidentales, le dictateur ne peut faire autrement que d'obtempérer (26 février) avant de mourir subitement (6 juin).



### ***Sun Yat-sen*, républicain, opportuniste et déraciné**

Né près de Macao, élevé à Honolulu (il parlait parfaitement l'anglais) et étudiant en médecine à Hongkong, *Sun Yat-sen* (1866-1925), dont le nom se prononce en mandarin *Sun Zhongshan*, reste le type même du révolutionnaire déraciné cherchant à l'étranger les subsides nécessaires à une action politique qu'il lui sera impossible de mener jusqu'à son terme.

Intellectuel répugnant à se « salir les mains », malgré l'appui des puissances occidentales, il ne réussira jamais à donner à la Chine des institutions stables. Élu une première fois président de la République en 1912, puis réélu en 1921, il meurt à l'âge de 50 ans, laissant le champ libre à son beau-frère, le général *Chiang Kai-shek*.

### La Chine des « Warlords » (Seigneurs de la guerre)

Après la mort du dictateur, le Japon, qui a déjà annexé le *Shandong*, la Mongolie et la Mandchourie, s'empare des principaux sites industriels chinois. Le pouvoir central s'effondre, laissant la voie libre aux « Warlords » (Seigneurs de la guerre), ainsi que les qualifie la presse anglo-saxonne. Ces gouverneurs militaires (*dujun*) dotés des pleins pouvoirs règnent sans partage sur leurs fiefs, de façon aussi despotique que les souverains des Royaumes Combattants, quelque deux mille cinq cents ans plus tôt. Ils disposent d'armements modernes et d'une capacité de déplacement rapide qui leur permettent de vivre grassement sur le dos de la paysannerie. Ils contrôlent la culture de l'opium dont ils tirent un grand profit mais qui déstabilise l'équilibre très fragile d'une agriculture désorganisée et exsangue.

Pendant cinq ans (1916-1921), la Grande Chine, livrée au pillage et à la désolation, est coupée en « zones d'influence » (le Nord et le Centre sous celle du Japon, le bassin du fleuve Bleu et le Sud sous celle de la Grande-Bretagne).

### *Sun Yat-sen* et les intellectuels chinois

Exilé de nouveau au Japon (1913), *Sun Yat-sen* retourne à *Shanghai* après la mort de *Yuan Shikai* et s'emploie à fédérer les intellectuels chinois qui protestent contre les conséquences de la conférence de Paris accordant au Japon tous les droits acquis en Chine par les Allemands après leur défaite. Ce qu'on appellera le « Mouvement du 4 mai 1919 » (*Wusi Yundong*) rencontre un vif succès auprès des élites du pays qui prônent désormais l'abandon de la langue classique (*wenyan*) au profit de la langue parlée (*baihua*). Le 5 mai 1921, à Canton, fort de l'appui de ce courant intellectuel à la fois moderniste et nationaliste, *Sun Yat-sen* se fait élire pour la seconde fois président de la République contre la volonté des Anglais qui feront tout pour l'empêcher de mener à bien ses entreprises. À la fin de 1921, la conférence de Washington, en imposant au Japon un retrait des territoires qu'il occupe en Asie, laisse à nouveau le champ libre à *Sun Yat-sen*, considéré par les Occidentaux comme un interlocuteur valable. En 1923, il trouve un nouvel allié en la personne du régime soviétique qui lui envoie des renforts à Canton. Il réorganise le *Guomindang* sur le modèle communiste et centralisé, ce qui ne l'empêche pas, quelques mois plus tard, de se rendre à Pékin à la recherche d'une alliance avec le nouveau maître de la Chine du Nord, le général chrétien *Feng Yuxiang*. C'est là qu'il meurt, le 1er mars 1925.

### La naissance du Parti communiste chinois

C'est le 1er juillet 1921 et dans la plus totale clandestinité que se tient à *Shanghai* le congrès fondateur du Parti communiste chinois. Il ne compte

#### Le général chrétien *Feng Yuxiang* (1882-1948)

Fils d'un gradé de haut rang de l'armée impériale mandchoue, *Feng Yuxiang*, à l'instar de nombreux jeunes et brillants militaires chinois, rejoint l'armée de *Yuan Shikai* en même temps qu'il se convertit au christianisme (1914). Devenu à son tour Seigneur de la guerre, *Feng* met en œuvre un mode de gouvernement paternaliste et autoritaire mâtiné de socialisme chrétien. Dans les années 1920, il ne cache pas son admiration pour l'Union soviétique. En 1924, à l'issue d'une offensive militaire où son héroïsme le fait entrer dans la légende, il se retrouve à la tête de la région de Pékin. C'est là que *Sun Yat-sen*, venu le convaincre de s'allier avec lui, meurt subitement. En 1929, il tente en vain de résister à *Chiang Kai-shek* qui, depuis Nankin, a lancé ses troupes à ses trousses. De 1937 à 1945, il apporte son soutien au *Guomindang* avant de devoir s'exiler aux États-Unis où il ne se prive pas de critiquer son ancien allié *Chiang Kai-shek*, ce qui lui vaut, après sa mort accidentelle à bord d'un bateau faisant route vers l'Union soviétique, d'être enterré en Chine continentale avec les honneurs militaires.

alors que cinquante-sept membres, dont la plupart appartiennent au *Guomindang* et parmi lesquels se trouve un certain *Mao Zedong*, fils de paysans devenu étudiant puis surveillant à l'École normale du *Hunan,* avant d'occuper un modeste emploi de commis à la Bibliothèque nationale de Pékin.

Au départ, le Parti communiste chinois est animé par des intellectuels issus des villes et dont le modèle est le communisme prolétarien ouvrier soviétique, comme *Li Dazhao* (1889-1927), un officier formé au Japon qui sera condamné à mort par les Seigneurs de la guerre de Pékin ou *Chen Duxiu* (1880-1942), qui a étudié au Japon et en France. Mais il est progressivement pris en main (1927) par des cadres qui n'ont jamais mis les pieds à l'étranger et souhaitent adopter à la réalité chinoise (essentiellement rurale) la théorie léniniste du prolétariat ouvrier en tant qu'avant-garde révolutionnaire. Parmi ces hommes, où détonne la figure de *Zhou Enlai* (qui a séjourné au Japon, en France et en Allemagne), il faut citer, outre *Mao*, *Zhu De*, issu d'une famille de fermiers du *Sichuan*, *Chen Yi*, *Liu Shaoqi* et *Lin Biao*.

## LA « DÉCENNIE DE NANKIN » (1927-1937)

À la faveur du « coup du 20 mars 1926 », par lequel il élimine tous ses rivaux à l'occasion de la réunion du Comité central du Parti, *Chiang Kai-shek* prend la direction du Guomindang. Allié aux Seigneurs de la guerre qu'il a finalement soumis à son contrôle, le général *Chiang Kai-shek* utilise l'armée du *Guomindang* (forte d'environ 100 000 soldats et 6 000 officiers triés sur le volet) pour asseoir son emprise. À partir de Canton qui lui sert de base logistique, il lance une série d'offensives militaires vers la vallée du fleuve Bleu et parvient à prendre le contrôle de sa partie méridionale (printemps 1927). Il réussit aussi à juguler la rébellion populaire des Shanghaïens, bien décidés pourtant à défendre leur ville, ainsi que celle des Cantonais qui ont commencé à transformer la ville portuaire en commune populaire. Au même moment, les militants du *Guomindang* qui étaient également membres du Parti communiste, sont sommés de choisir : la double appartenance, jusque-là monnaie courante, est proscrite.

### *Chiang Kai-shek*, le général autoritaire fasciné par le Japon

Né à Canton en 1887, *Chiang Kai-shek* est un jeune officier tout juste sorti de l'Académie militaire lorsqu'il est envoyé au Japon pour achever sa formation d'artilleur. En octobre 1923, l'armée du *Guomindang* (où il sert comme lieutenant) l'expédie à Moscou pour effectuer un stage dans l'Armée rouge. Parallèlement, les Soviétiques envoient à Canton un conseiller militaire (Golen) et un conseiller politique (Borodine) pour aider le *Guomindang* à créer l'Académie militaire de *Huangpu* (Whampoa) qui fournira le gros des officiers de l'armée du « Parti du Peuple et de la Nation ». À la mort de *Sun Yat-sen* (mai 1925), le général *Chiang*, qui est entre-temps devenu son beau- frère, profite du prestige dont il jouit auprès des soldats du *Guomindang* pour opérer un renversement d'alliance en rompant avec la fraction prosoviétique de ce parti qui s'est installée à *Wuhan*. Le 12 avril 1927, à *Shanghai*, il noie dans le sang la manifestation qui s'oppose à l'entrée du *Guomindang* dans la ville avant d'instaurer, six jours plus tard, un nouveau régime à Nankin.

Très vite, son anticommunisme et sa proximité avec la grande bourgeoisie d'affaires en font l'adversaire principal des militants communistes qui commencent à implanter des cellules dans les campagnes. En juillet 1937, l'invasion de la Chine par le Japon, dont *Chiang Kai-shek* est un admirateur, scelle le déclin du régime nationaliste replié à *Chongqing*. En octobre 1949, après des années de guerre civile contre les communistes, *Chiang* est contraint de partir à *Taïwan* où il meurt le 5 avril 1975.

### La rupture entre le Guomindang et le Parti communiste

Le 18 avril 1927, le nouveau maître de la Chine instaure à Nankin un régime avec parti unique dont il prend la tête. Cette « république autoritaire » s'éteint en 1937, au moment de l'invasion de la Chine par le Japon, d'où son nom de « Décennie de Nankin ».

Le 15 juillet 1927, les instances dirigeantes du *Guomindang*, faisant suite aux décisions du Ve Congrès du Parti communiste prônant une action indépendante de celle des nationalistes, prononcent l'expulsion des communistes : le divorce entre les deux partis est consommé. Entre *Wuhan*, siège du gouvernement communiste, et Nankin, où est installé celui qu'on surnomme déjà le « généralissime *Chiang Kai-shek* », c'est une guerre implacable qui commence.



**La défaite des communistes à Shanghai et à Canton (1925-1927)**

Rendue célèbre par les deux romans d'André Malraux, *Les Conquérants* et *La Condition humaine*, la terrible guerre civile qui oppose les insurgés communistes aux armées nationalistes du *Guomindang* et s'achève par la victoire (éphémère) de celles-ci cause des centaines de milliers de morts dans la population civile. Les militants révolutionnaires surpris à distribuer des tracts sur la voie publique sont décapités sur-le-champ. Certains finissent même engloutis dans les chaudières des locomotives à vapeur. Ces années terribles, qui préfigurent les contradictions de l'URSS stalinienne (et ses alliances improbables comme le pacte germano-soviétique), provoquent une irrémédiable rupture entre les communistes et les nationalistes. Donné pour exterminé, non seulement le mouvement communiste chinois survit et renaît de ses cendres, mais il s'impose rapidement comme la principale force populaire du pays. Dans un livre demeuré célèbre et intitulé *La Tragédie de la Révolution chinoise* (édité une première fois en 1938 avec une préface de Trotski), l'Américain Harold Isaacs, témoin direct de ces tragiques événements, a raconté cette période particulièrement sombre de l'histoire de la Chine.

Le retour de l'ordre public est la priorité de *Chiang Kai-shek*. Pour ce faire, sous le regard plutôt bienveillant des puissances occidentales, il impose au pays une organisation politique ultracentralisée. Les « Warlords » qui n'acceptent pas sa tutelle sont mis au pas par les armées modernes du *Guomindang*, lesquelles bénéficient des conseils d'officiers soviétiques envoyés par le Komintern pour prêter main-forte au « parti frère » même si, rapidement, *Chiang Kai-shek* prend ses distances avec les communistes soviétiques.

### Le « Mouvement de la Vie Nouvelle »

L'attirance de *Chiang Kai-shek* pour les régimes fascistes qui prennent pied dans la vieille Europe lui fait définitivement tourner le dos aux Soviétiques. Pour se concilier les faveurs de l'intelligentsia chinoise – il bénéficie déjà de celles de la grande bourgeoisie d'affaires (familles *Song*, *Kong* et *Chen*) et des nombreuses banques qui se sont créées en Chine, à partir des années 1920 – *Chiang* lance le « Mouvement de la Vie Nouvelle » (*Xinshenghuo Yundong*), un mélange (plutôt hasardeux) de néo-confucianisme et de culte du chef. Formées dans les universités européennes et américaines, les élites financières et industrielles du pays s'associent avec le régime républicain de Nankin pour constituer une sorte de capitalisme d'État et suppléer au manque de ressources de celui-ci. La nationalisation de tout le système bancaire intervenue le 3 novembre 1935, suite à la faillite de nombreux établissements financiers due à des achats massifs d'argent par les États-Unis, contribue à stabiliser quelque peu la situation économique du pays.

### La guerre entre nationalistes et communistes

Le 1er août 1927, le Parti communiste chinois rompt officiellement avec le *Guomindang* qui a sauvagement réprimé (12 avril 1927) un début d'insurrection syndicale à *Shanghai* avant de s'en prendre à la première « commune » révolutionnaire de Canton (décembre 1927). La guerre est déclarée entre les « nationalistes » et les « communistes ». Depuis son bastion situé aux confins du

*Hunan* et du *Jiangxi*, *Mao Zedong* prépare la contre-offensive en entraînant militairement et en éduquant les paysans des districts montagneux où le Parti a réussi, vaille que vaille, à s'implanter.

En novembre 1931, les bases rurales du Parti communiste se regroupent pour fonder la « République soviétique chinoise » dont *Mao Zedong* est élu président. Assiégé de toutes parts pendant trois ans, le jeune État est contraint de se replier au cours de la célèbre « Longue Marche » (*Changzheng*).

L'invasion japonaise réconcilie provisoirement nationalistes et communistes dans un front commun destiné à faire face aux armées nipponnes. Pour les milices du Parti communiste assiégées dans leur ultime bastion de *Yenan* par des forces nationalistes beaucoup mieux équipées, il s'agit là d'un répit inespéré.



### Les Japonais envahissent à nouveau la Mandchourie...

À la fin de 1931, le Japon s'est emparé à nouveau de la Mandchourie dont les « Seigneurs de la guerre » leur sont acquis dans la mesure où les capitaux japonais y sont déjà omniprésents, tant dans l'industrie que dans le commerce.

Tout à sa lutte contre les « bandits communistes », *Chiang Kai-shek* laisse les armées nipponnes prendre possession d'un territoire de plus de 40 millions d'habitants largement industrialisé et ouvert sur la mer grâce à ses nombreux ports en eaux profondes et dont le réseau ferroviaire est déjà le plus dense de toute l'Asie. La Chine se trouve amputée d'une large partie de son potentiel économique.

### ... avant d'attaquer la Chine

En juin 1937, le Japon envahit la Chine et bombarde *Shanghai* sans préavis, ce qui oblige le gouvernement du *Guomindang* à se replier sur *Hangzhou* puis sur *Chongqing* où il essuie les très

**La « Longue Marche » des partisans de *Mao Zedong***

Initiée en octobre 1934, la « Longue Marche », terme par lequel l'hagiographie maoïste désigne l'épopée de *Mao Zedong* et de ses partisans pour échapper à la traque de *Chiang Kai-shek*, est devenue le symbole du « long chemin » accompli par les communistes chinois pour arriver au pouvoir. Cette fuite de près de 12 000 kilomètres à travers les montagnes du *Sichuan* occidental et du nord du *Shaanxi*, jusqu'à la petite ville de *Yenan* dans la boucle du fleuve Jaune, fut particulièrement meurtrière : sur les 130 000 participants présents au départ, moins de 30 000 arrivèrent à bon port un an plus tard, les autres étant morts de faim ou ayant succombé aux blessures infligées par les armées du *Feng Yushian.* Au cours de cette épopée des fondateurs de la Chine communiste, *Mao*, après avoir éliminé tous ses rivaux, devint le chef incontesté du Parti en se faisant élire président de son Comité central.



violents bombardements de l'aviation japonaise. La guerre sino-japonaise est l'une des plus cruelles pour la population chinoise où elle fera des millions de victimes. Toutes les provinces situées au nord du fleuve Jaune, mais également celles de la vallée inférieure du fleuve Bleu jusqu'au lac *Donting,* sont occupées par les envahisseurs. Le gouvernement chinois, qui a perdu peu à peu le contrôle de tout le territoire, se trouve réduit au seul commandement d'une armée aussi pléthorique (*Chiang* prétendait qu'elle comptait 2,4 millions de soldats, mais ce chiffre paraît exagéré) que coûteuse. Malgré le soutien de l'URSS (qui ne reconnaîtra réellement le mouvement communiste paysan qu'au moment de sa victoire en 1949) et des grands pays européens, le régime nationaliste chinois peine à contenir les avancées des divisions japonaises, d'autant qu'il doit également faire face, sur le front intérieur, à la montée en puissance des partisans de la petite République soviétique chinoise du *Jiangxi*. Il faudra l'attaque japonaise sur Pearl Harbor le 7 décembre 1941, qui

vaut à *Chiang Kai-shek* le soutien des États-Unis, pour que commence le lent repli des troupes japonaises hors du territoire chinois.

Mais pour les nationalistes, le répit est de courte durée. Le nouvel ennemi a le visage du Parti communiste chinois dont la pénétration au sein de la population des campagnes menace dangereusement le pouvoir de *Chiang Kai-shek*.

## LA TERRIBLE GUERRE CIVILE DE 1946-1949 ENTRE COMMUNISTES ET NATIONALISTES



La capitulation du Japon (août 1945) rompt la trêve précaire entre les nationalistes chinois, qui se voient reconnaître par les Alliés le statut de puissance victorieuse, et les communistes.

Les jeux, au départ, paraissent faits. Fort de l'appui (y compris financier) des États-Unis, *Chiang Kai-shek*, lorsqu'il relance les hostilités contre les partisans de *Mao Zedong*, est persuadé qu'il n'en fera qu'une bouchée.

Mais preuve s'il en est que l'issue n'est pas aussi évidente, une terrible guerre civile s'installe pendant trois ans et s'achève par l'incontestable victoire des communistes. Il s'agit d'un des conflits les plus tragiques qu'ait connu la Chine, au cours duquel les deux camps s'affrontent sans merci. L'adhésion de la population fait défaut aux nationalistes, dont la supériorité en armement est pourtant écrasante en 1946. Au cours des années suivantes, le soutien actif de l'URSS à « l'Armée rouge » permet toutefois à celle-ci de compenser cette carence. En juin 1947, l'armée communiste reprend l'offensive dans le Nord-Est, obligeant les troupes du *Guomindang* à se replier vers le sud. En 1948, *Chiang Kai-shek* abandonne aux partisans communistes les villes de *Kaifeng* et de *Luoyang* ; puis c'est au tour de *Jinan* au *Shandong* de passer sous contrôle maoïste. Le nombre de déserteurs des armées du *Guomindang* qui rejoignent l'Armée rouge avec armes et bagages ne cesse de croître. Au cours de l'hiver 1948-1949 a lieu au *Jiangsu* l'affrontement décisif : plus de 500 000 soldats nationalistes sont mis hors de combat.

### La victoire des communistes

En quelques mois, toutes les grandes villes chinoises sont conquises par les troupes communistes. Le 23 janvier 1949, Pékin tombe entre leurs mains. La reddition de la ville est signée entre le général nationaliste *Fu Ziyi*, un militaire réputé pour sa probité, et *Lin Biao,* le redoutable commandant de la célèbre IVe Armée de campagne. Les opérations militaires sont supervisées par *Mao Zedong* en personne, tout comme celles ayant abouti, quelques mois plus tôt, à la prise de contrôle de la Mandchourie.

Le 1er octobre 1949, à Pékin, les communistes proclament la République populaire de Chine, tandis que *Chiang Kai-shek* et ce qui reste des membres dirigeants du *Guomindang* s'exilent à *Taïwan* dont ils proclament *Taipei*, la principale ville, capitale de la « République de Chine ».



**Le déménagement à Taïwan des trésors de la Cité interdite**

Dans leur fuite à Taïwan, juste avant l'entrée à Pékin des communistes de Mao, les « nationalistes » emportent des milliers de caisses d'objets d'art provenant des collections impériales amassées depuis des siècles par les empereurs dans la Cité interdite. Le « retour dans la mère patrie » de ces trésors archéologiques et picturaux, actuellement exposés à *Taipei* dans le « Musée du Palais », est périodiquement réclamé par Pékin, au point que les autorités taïwanaises, qui n'hésitaient pas à prêter à l'étranger certaines pièces de cette extraordinaire collection (on a pu la voir notamment à Paris, à Washington et à Londres), s'abstiennent désormais de la faire voyager.

# La Chine communiste jusqu'à la mort de *Mao Zedong*

C'est un pays exsangue et une société épuisée par des décennies de désordres et de cataclysmes qui émergent de la guerre civile meurtrière entre nationalistes et communistes. Tout est à reconstruire, à commencer par l'État lui-même, puisque la République de *Sun Yat-sen*, comme on l'a vu, n'a jamais vraiment réussi à remplacer l'Empire mandchou.

Les nouveaux dirigeants du régime, même s'ils professent une idéologie spécifiquement adaptée au caractère rural de la société chinoise, n'en prennent pas moins modèle sur les institutions soviétiques.

### 美 La construction d'un État communiste : priorité au politique, l'économie suivra...

Le rôle de l'État et celui du parti communiste (et unique) sont totalement confondus. Ils ont un chef commun : *Mao Zedong*, lequel s'installe aux commandes du pays, entouré par le noyau dur de ceux qui ont participé aux longues années de lutte nécessaires à la conquête du pouvoir.

## *Mao Zedong*, le dernier empereur de Chine

Né le 26 décembre 1893 au *Hunan* de parents issus de la paysannerie, *Mao Zedong* effectue de solides études de lettres à l'École normale de sa province d'origine avant de devenir commis adjoint à la bibliothèque universitaire de Pékin. Fasciné par le marxisme qu'il a étudié à Pékin, il se rend à *Shanghai* pour participer au congrès fondateur du Parti communiste chinois (1921). Deux ans après, il en est élu membre du Comité central. Pendant la première guerre civile, au cours de laquelle le Parti communiste et le *Guomindang* font alliance, il dirige l'Institut de Formation des Masses Paysannes du Parti nationaliste, avant de gagner le *Hunan* quand l'alliance se rompt. Passé dans la clandestinité, entre 1931 et 1934, il contribue à la fondation de l'éphémère République chinoise soviétique dont il devient président et d'où il est chassé par les armées de *Chiang Kai-shek*, ce qui l'amène à prendre la tête de la « Longue Marche » au cours de laquelle il est élu chef du Parti communiste.

Avec l'Armée rouge, il prend une part décisive à la réaction des patriotes chinois contre l'offensive japonaise de 1937. Pendant huit ans, jusqu'en 1945 (capitulation du Japon) il ne cesse de marquer des points à la fois contre l'envahisseur et contre les troupes nationalistes. De 1945 jusqu'au 1er octobre 1949, date de la fondation de la République populaire de Chine, son rôle idéologique et son rôle militaire sont strictement confondus.

Très vite, le culte de la personnalité va faire de *Mao*, qui dirige la Chine d'une poigne de fer depuis sa résidence avec piscine privée située à quelques pas de la Cité interdite, n'apparaissant au peuple qu'avec parcimonie, à la tribune officielle de la place *Tian Anmen*, le dernier empereur de Chine. Sa façon de vivre (les observateurs ont noté son grand appétit sexuel et l'omniprésence, à ses côtés, d'une astrologue) demeure taboue, comme celle des souverains de la Chine immémoriale. Il mourut le 9 septembre 1976.

La priorité est au politique et à l'idéologie nouvelle. Le nouveau régime entend imprimer sa marque idéologique par la propagande et par la diffusion de mots d'ordre auprès d'une population sommée de les appliquer sans discussion. Il s'agit de jeter les bases d'une société égalitaire, dépourvue de toute notion de classe sociale mais également de propriété privée, dont « l'avant-garde prolétarienne » est constituée par le Parti communiste. Après quelques années de tolérance à l'égard de la bourgeoisie d'affaires désireuse de coopérer avec le régime, l'interdiction de toute activité économique et commerciale individuelle ou privée et la nationalisation complète des terres et des moyens de production (à partir de 1952) sont évidemment ce qui est le plus difficile à imposer quand on connaît le penchant des Chinois pour les activités commerciales.



Dès cette époque, un débat – qui ne sera clos que pendant les années 1990 avec l'ouverture de la Chine à l'économie de marché – oppose les tenants du volontarisme politique, à commencer par *Mao Zedong* lui-même, « le Grand Timonier » (selon lesquels tout est possible, à condition que le Parti le décide), à ceux du pragmatisme économique, pour qui la seule façon de permettre aux individus d'accéder à des conditions de vie meilleures est de leur permettre d'exercer des activités économiques autonomes.

### 美 L'éphémère « Mouvement des Cent Fleurs »

À partir de 1955, le malaise engendré par la collectivisation massive des terres dans les campagnes – qui se traduit par une importante baisse de la production agricole – oblige les autorités à lâcher du lest. La population, y compris les intellectuels, est invitée par *Mao Zedong* en personne (son discours fera date, avec son fameux mot d'ordre *Que Cent Fleurs s'épanouissent* ! plus poétique que politique...) à faire valoir ses doléances et à dire ce qu'elle pense du régime. Les partisans du pragmatisme économique militent pour une autorisation du marché libre. Des forums étudiants naissent un peu partout, condamnant

## *Zhou Enlai* le pragmatique

Né le 5 mars 1898 dans la province du *Jiangsu* dans une famille de fonctionnaires lettrés, *Zhou Enlai*, suite à la mort de ses parents, est élevé en Mandchourie (1910) avant de réussir le concours d'entrée au célèbre collège *Nankai* de *Tianjin* d'où il décide de partir pour Tokyo. Revenu en Chine, il participe au « Mouvement du 4 mai 1919 » et devient l'un des chefs du mouvement syndical étudiant de *Tianjin*. À ce titre, il est envoyé en France (1921) pour rallier les jeunes intellectuels chinois qui séjournent à Paris. En 1924, de retour en Chine, il est élu membre du Comité central du Parti communiste chinois et devient l'un des agitateurs les plus en vue à *Shanghai*, à l'époque où le grand port franc est occupé par le *Guomindang*, allié aux Seigneurs de la guerre. Au cours de la « Longue Marche », *Mao* lui confie des missions diplomatiques qui lui valent d'être nommé Premier ministre et ministre des Affaires étrangères de la République populaire de Chine dès la fondation de celle-ci.

C'est lui qui installe la Chine à la tête du camp des pays « non alignés » (tant sur la ligne américaine que sur la ligne soviétique). Foncièrement modéré et pragmatique, il arrive à *Zhou Enlai* de se heurter aux agissements du clan des doctrinaires boutefeux qui entourent *Mao Zedong*. Il échappe de peu à la disgrâce pendant la Révolution culturelle. Artisan du spectaculaire rapprochement entre les États-Unis et la Chine Populaire, il accueille à Pékin en 1972 le président Nixon. Lorsqu'il mourut le 8 janvier 1976, on dit que *Mao Zedong*, ce qu'il ne faisait jamais, pleura.



l'absence de liberté des élites du pays et l'omniprésence du Parti. Du coup, ce dernier ne tarde pas à voir dans l'éphémère Mouvement des Cent Fleurs les germes d'une contestation déstabilisatrice à laquelle il décide de mettre fin au cours de l'été de 1957, suite à de graves émeutes survenues à *Wuhan*.

## L'ÉCHEC DU « GRAND BOND EN AVANT »

Soucieux de reprendre en main une société dont il sent qu'elle est traversée par de multiples tensions, *Mao* lance une vaste campagne collective de mobilisation des forces sociales et économiques du pays (1958-1959). Il s'agit de prendre acte du divorce naissant avec l'URSS, mais surtout d'accélérer le passage de la Chine à une société véritablement communiste où les besoins de chacun sont satisfaits.

C'est le « Grand Bond en avant ». Les communes populaires qui regroupent de 2 000 à 20 000 familles remplacent les kolkhozes de type soviétique. Dirigées par les membres du Parti, elles sont censées disposer d'une autonomie totale, y compris en matière de défense et de police. Mais en imposant par le haut une vaste industrialisation des campagnes, les autorités contribuent à désorganiser un peu plus celles-ci. La médiocrité de la récolte de l'année 1959 en témoigne, qui voit le spectre de la famine se profiler dans les provinces où sévit une sécheresse endémique.



En 1960 et 1961, suite à des récoltes catastrophiques, plus de 10 millions de paysans chinois meurent de faim et le « Grand Bond en avant », réduit à un slogan idéologique, s'avère un cuisant échec pour le régime.

### 美 La République populaire de Chine rompt avec l'URSS

La concurrence idéologique a toujours été évidente entre la Chine et l'URSS, les deux principaux pays communistes de la planète. L'histoire, par ailleurs, ne plaide pas pour l'apaisement, la Russie des tsars ayant toujours été en conflit avec l'empire mandchou. Moscou se méfie de plus en plus de ce grand voisin imprévisible, dont il fustige volontiers l'orgueil nationaliste, et qui prend toutes sortes de libertés avec l'idéologie marxiste-léniniste.

Le conflit éclate au grand jour en juin 1959, lorsque Moscou fait part à Pékin de la dénonciation de l'accord de coopération militaire (intervenu secrè-

tement dès le 15 octobre 1957) par lequel l'URSS s'est engagée à livrer à la Chine les moyens nécessaires à la fabrication d'une arme nucléaire. Des tensions militaires vont même se faire jour, émaillées d'innombrables incidents sur le plan frontalier entre les deux géants du communisme, sur fond de concurrence idéologique, la Chine n'hésitant plus à empiéter, en Asie du Sud-Est ou en Afrique, sur ce que l'URSS considère comme ses plates-bandes exclusives...

### *Mao Zedong* est écarté, puis revient aux affaires

En avril 1959, payant l'échec du « Grand Bond en avant », qualifié de « politique aventuriste » par ses adversaires, *Mao Zedong* perd son poste de président de la République au profit de *Liu Shaoqi*. Malgré sa mise à l'écart, *Mao* conserve son prestige. Son compère *Lin Biao* s'attache à diffuser la pensée de *Mao* au sein de l'armée populaire chinoise érigée en modèle, au détriment de l'administration civile pointée du doigt comme manquant singulièrement d'acuité révolutionnaire. Les partisans du dirigeant mis à l'écart sont persuadés que seule une radicalisation idéologique peut les ramener au pouvoir.



**Le « bon élève modèle » : la brigade de *Dazhai* au *Shanxi***

Conscient de la nécessité de disposer d'une vitrine révolutionnaire présentable aux médias internationaux, le pouvoir maoïste subventionne de 1964 à 1971 la célèbre brigade *Dazhai* au *Shanxi*, dont les habitants sont pourtant censés assurer entièrement leur subsistance par leur seul travail. De nombreux reportages écrits et audiovisuels sont consacrés à cette « héroïque brigade révolutionnaire ». Diffusés en Occident, ils sont pour beaucoup dans l'engouement des milieux intellectuels de gauche pour le maoïsme.

## LA « RÉVOLUTION CULTURELLE PROLÉTARIENNE »

En novembre 1965, ils lancent la « Grande Révolution culturelle prolétarienne », un vaste mouvement de surenchère idéologique dont la cible principale est d'abord des hauts fonctionnaires et des intellectuels, puis d'une façon générale, tous les « révisionnistes ». Au bout de quelques mois, les deux principaux dirigeants du pays, *Liu Shaoqi* et *Deng Xiaoping*, sont à leur tour visés par la campagne idéologique en cours. Lors du XIe Plénum du Parti (août 1966) au cours duquel *Lin Biao*, le chef des armées, est présenté comme le dauphin de *Mao Zedong,* ce dernier reçoit l'hommage de plus de deux millions de Gardes rouges venus de tout le pays pour défiler place *Tian Anmen.* L'objec-

**_Liu Shaoqi_ le « révisionniste », principale victime de la Révolution Culturelle**

Né au Hunan en 1898 dans une famille de paysans riches, *Liu Shaoqi* a fait ses études supérieures en Union soviétique avant de militer au Parti communiste chinois au *Hubei* et à *Shanghai* puis de rejoindre la Longue Marche. En 1943, il devient numéro 2 du Parti, juste derrière *Mao Zedong* qu'il remplace à la tête de l'État chinois à la suite de l'échec du Grand Bond en avant. Pendant la Révolution culturelle, *Mao*, dont il est devenu le principal rival, le fait dénoncer comme « Khrouchtchev chinois révisionniste » et « suppôt du capitalisme ». Arrêté en 1967, cet ami de *Deng Xiaoping*, passionné par les questions économiques et adepte du pragmatisme, meurt en 1969, sans qu'il soit possible de connaître les circonstances exactes de sa mort dans une cellule d'isolement de la prison de *Kaifeng* (les autorités tentèrent d'accréditer l'idée d'une crise mortelle de diabète). Officiellement réhabilité en 1980, *Liu Shaoqi* aura ainsi été la principale « victime officielle » de la Révolution culturelle.



tif du vieux leader, en lançant le mot d'ordre de mobilisation de ces jeunes gens qui, pour l'essentiel, sont issus des milieux prolétaires, est de déclencher une surenchère idéologique destinée à mettre en difficulté les adversaires « révisionnistes » (dont *Peng Zhen*, le maire de Pékin, promptement destitué) qui ont failli arriver à leurs fins en l'écartant.

### 美 Des « stages de réacclimatation »

Rapidement, la Révolution culturelle s'étend à l'ensemble du pays. Les jeunes membres du Parti, souvent incultes et issus des campagnes, prennent le pouvoir, occupent les bâtiments officiels et fustigent tous ceux – professeurs d'université, magistrats, cadres supérieurs de l'administration – coupables, à leurs yeux, de manquer d'ardeur révolutionnaire. Les intéressés, dénoncés par les journaux muraux (*dazibaos*) qui fleurissent un peu partout sur les murs des bâtiments officiels, sont envoyés à la campagne en stage de « ré-acclimatation idéologique », en réalité le plus souvent des travaux forcés et des mesures humiliantes et privatives de liberté. Le « Petit Livre rouge », recueil des pensées choisies de *Mao Zedong*, est diffusé dans tout le pays (mais également sur l'ensemble de la planète) à des dizaines de millions d'exemplaires.

**Le Petit Livre rouge, « drapeau des maoïstes »**

Compilé par les soins de *Lin Biao*, le livre de petit format, sous couverture plastifiée rouge, contenant les pensées et les slogans utilisés par Mao dans ses discours les plus importants et baptisé « Petit Livre rouge » par ses promoteurs, devient très vite l'arme idéologique des maoïstes en Chine mais également dans le reste du monde (il est traduit en pas moins de trente langues) où il est le principal symbole révolutionnaire des années 1960-1970. Au cours des grands défilés sur la place *Tian Anmen*, les centaines de milliers de jeunes communistes le brandissaient comme un drapeau lorsqu'ils tournaient la tête vers le « Grand Timonier » pour le saluer.



### Une implacable guerre sociale

Mais les choses vont aller bien trop vite et trop loin. Persuadés du bien fondé de leur action révolutionnaire (si fortement encouragée par *Mao*), les Gardes rouges se lancent dans une implacable guerre sociale qui plonge le pays dans le chaos, en faisant dangereusement tanguer le grand vaisseau chinois. Pressentant le danger, les maoïstes mettent en place des « comités révolutionnaires de triple alliance » rassemblant des cadres communistes « anciens et nouveaux » et des militaires.

### L'activisme de la « Bande des Quatre »

De 1967 à 1969, au mépris des textes censés régir le fonctionnement du Parti et des institutions chinoises, la « Bande des Quatre » réussit à faire écran entre *Mao* et son peuple, profitant de l'affaiblissement physique et intellectuel du vieux dirigeant… Ce surnom sera attribué après la mort de Mao à *Wang Hongwen*, vice-président du Parti communiste, *Zhang Chunqiao* et *Yao Wenyan*, membres du comité permanent du Bureau politique ainsi qu'à *Jiang Qing*, la propre épouse de Mao qui, au titre de ses fonctions de « Directrice des affaires culturelles du Parti », est l'une des figures de proue de la Révolution culturelle.

*Mao*, quoique officiellement maître absolu de la Chine, paraît de moins en moins libre de ses mouvements en raison de l'activisme de la « Bande des Quatre ». Pendant plusieurs années, la Chine est ainsi dirigée par ce quatuor implacable et aux agissements coupables. Ils cherchent à éliminer tous ceux qui, tels *Zhou Enlai* et surtout *Deng Xiaoping*, considèrent que la Révolution culturelle va beaucoup trop loin et fait courir de très graves dangers au pays.



### La fin de la Révolution culturelle

En octobre 1968, le XII^e^ Plénum du Parti, contrôlé par les membres de l'Armée chinoise populaire de libération (APL), consacre la destitution officielle de *Liu Shaoqi* et la désignation du « maréchal *Lin Biao* » en tant que successeur officiel de *Mao*. L'année suivante, le IX^e^ Congrès du Parti officialise la fin de la Révolution culturelle et permet à *Zhou Enlai* de revenir en force en marginalisant… *Lin Biao*.

### Les conséquences de la Révolution culturelle

Les conséquences de la Révolution culturelle, outre qu'elle a engendré de nombreuses victimes, sont nombreuses : désorganisation sociale et cultu-

**La génération perdue des Gardes rouges**

Les autorités maoïstes donnèrent le nom de « Gardes rouges » (par référence aux « Gardes écarlates », ces jeunes militants issus de *Shanghai* qui avaient envoyé en 1966 une adresse au *Quotidien du Peuple* pour fustiger le comportement néo-bourgeois de leurs cadres dirigeants) aux jeunes gens et aux jeunes femmes fanatisés qu'ils envoyèrent à l'assaut des universités, des usines ou des administrations. Le plus souvent venus de la campagne et ne possédant du marxisme léninisme que les rudiments du « Petit Livre rouge », ils furent opportunément manipulés par les cadres du Parti triés sur le volet. Aujourd'hui, les anciens Gardes rouges, qui n'ont pas loin d'avoir soixante ans, vivent le plus souvent dans des difficultés extrêmes lorsqu'ils n'ont pas la chance d'avoir des enfants qui ont réussi. On peut sans exagérer assimiler les jeunes Chinois qui avaient vingt ans au début de la Révolution culturelle à une - génération perdue, qu'ils en aient été les promoteurs en tant que Gardes rouges ou les victimes, en tant qu'enfants de « bourgeois révisionnistes » obligés d'abandonner durablement leurs études.



relle ; déperdition d'énergie et de professionnalisme (autant il est facile de transformer d'autorité un professeur d'université en balayeur, autant l'inverse est impossible) ; échec de la réinsertion des Gardes rouges dans la société chinoise lorsque les autorités décident, à partir de 1968, de siffler brutalement (y compris par la répression) « la fin de la partie », en mettant un terme officiel à ce mouvement profondément destructeur et stérile. Son principal objectif aura été d'éliminer les « modérés » rivaux potentiels du clan des maoïstes, et surtout d'éviter que la population ne finisse par critiquer les ratés économiques et sociaux d'un système qui rend sa vie de plus en plus difficile.

C'est une Chine considérablement affaiblie – et notamment sur le plan économique – qui sort de la Révolution culturelle, où les traumatismes sont nombreux, qu'il s'agisse des multiples « victimes » des Gardes rouges (les professeurs d'université et les grands intellectuels ou chercheurs envoyés à la campagne pour y être « rééduqués » se compteront par milliers), ou des Gardes rouges eux-mêmes, une fois mis au pas et désavoués par les autorités.

## LE CRÉPUSCULE DU PRÉSIDENT MAO : CULTE DE LA PERSONNALITÉ ET ISOLEMENT DU LEADER

Les dernières années de *Mao* (1969-1976) sont marquées par l'inexorable montée du culte de sa personnalité. Le « Petit Livre rouge » devient une véritable Bible de la religion dont *Mao* est le prophète. L'effigie du Grand Timonier atteint le statut d'icône.



En 1973, de nombreux dirigeants exilés à la campagne au cours de la Révolution culturelle reviennent aux avant-postes. Priorité est à nouveau donnée au développement économique. Mais dès l'année suivante se développe

**Le refuge de « l'hôpital 301 »**

Au plus fort de la Révolution culturelle, selon plusieurs témoignages probants, *Zhou Enlai* proposa à certaines grandes figures des lettres et des sciences, ainsi qu'à des dignitaires du régime particulièrement menacés par les mots d'ordres des Gardes rouges, de les faire interner pour dépression ou pour troubles du comportement à « l'hôpital 301 », l'un des centres de traitement des maladies psychiatriques, ce qui permettait de les soustraire aux opérations visant à les « rééduquer ». « L'hôpital psychiatrique 301 » de Pékin vit ainsi arriver des « patients » de haut vol qui n'avaient de « malades » que le nom et auxquels cet étrange et improbable « refuge » permit d'échapper au pire.

### *Jiang Qing*, l'égérie rouge de *Mao*

Née en 1914 au *Shandong*, *Jiang Qing* est déjà actrice lorsqu'elle entre au Parti communiste en 1937. Présentée à Mao en 1939, elle l'épouse quelques mois plus tard. Après de longues années passées au ministère de la Culture, elle devient « Directrice adjointe de la Révolution culturelle » et, à partir de cette date, le principal pilier de la « Bande des Quatre », ce qui lui permet d'être élue au Bureau politique. Ses cibles principales sont *Liu Shaoqi* et *Deng Xiaoping*. Connue pour son radicalisme idéologique et ses foucades, cette femme de pouvoir cruelle et opportuniste (elle n'hésite pas à condamner *Lin Biao* après la mort de celui-ci alors qu'ils furent, des années durant, sur la même ligne) est arrêtée en 1976 et condamnée à mort avant de voir sa peine commuée en emprisonnement. Libérée pour raisons médicales en 1991, elle se suicide quelques jours après sa sortie de prison.



une campagne dont le thème est la « critique de Confucius » et la cible principale *Zhou Enlai*, lequel riposte (1975) en relançant, un an avant sa mort (1976), le slogan des « Quatre Modernisations » (armée, agriculture, éducation et recherche) qu'il avait déjà présenté, mais sans succès, en 1964. L'histoire paraît se répéter...

Face à ces tensions, *Mao Zedong*, très affaibli par la maladie, semble déjà absent.

*Zhou Enlai* réinstalle la Chine sur la scène internationale. Il rencontre secrètement Kissinger, le conseiller à la sécurité de Nixon, à Pékin en 1971. La même année, la Chine revient à l'ONU et reprend au Conseil de sécurité le siège détenu jusque-là par *Taïwan*. En 1972, la Chine communiste est officiellement reconnue par les États-Unis. En 1974, en l'absence de *Zhou Enlai*, rongé par un cancer, *Deng Xiaoping* peut exposer devant l'Assemblée générale de l'ONU la vision des « trois mondes » qui est celle de la politique étrangère chinoise : celui des deux grandes superpuissances (URSS et États-Unis), celui des nations développées et celui du tiers-monde, dont la Chine entend prendre définitivement le leadership.

### *Lin Biao* et sa mort bizarre

Né en 1907 à *Wuhan* (*Hebei*), *Lin Biao* est le fils d'un petit propriétaire terrien. En 1925, il rejoint la Ligue des Jeunesses socialistes avant d'entrer à l'Académie Militaire *Whampoa* du *Guomindang* où il devient le protégé de *Zhou Enlai*. Il a atteint le grade de colonel dans l'armée républicaine lorsqu'il part (1927) au *Jiangxi* pour se mettre au service de *Mao Zedong* dont il devient l'un des brillants adjoints militaires. Ses hauts faits d'armes contre les armées nationalistes, notamment au cours de la « Longue Marche » (1934-1937), et une grave blessure (1938) l'amènent à occuper le poste stratégique de commandant de l'Académie Militaire Communiste avant d'aller se faire soigner en URSS (1939-1942). Pendant la guerre civile contre les nationalistes, il commande les régiments de l'Armée rouge qui s'emparent de la Mandchourie, ce qui lui vaut, après l'instauration du régime communiste, d'être élevé à la dignité de maréchal (1955). Devenu à partir de 1958 l'un des membres influents du Bureau politique du Parti communiste chinois, il est l'un des instigateurs de la Révolution culturelle et le rédacteur principal du « Petit Livre Rouge ». Après l'éviction de *Liu Shaoqi* (1969), *Lin Biao*, devenu le numéro deux du régime, est l'artisan d'une modification constitutionnelle qui lui assure d'être le « successeur spécial » de Mao à la mort de ce dernier.

Le 12 septembre 1971, les dépêches de l'agence Chine Nouvelle annoncent la mort accidentelle de *Lin Biao*, l'ex-dauphin officiel de *Mao Zedong*, dont l'avion s'est écrasé en Mongolie-Extérieure.

Le mystère demeure sur les circonstances de cette mort bizarre, mais il y a tout lieu de penser qu'elle fut commanditée par le « Grand Timonier » en personne, son entourage ayant probablement pris conscience que *Lin Biao* préparait un coup d'État.

Coca-Cola
NEC

# La Chine d'aujourd'hui et de demain

## DE 1976 À NOS JOURS, LA DÉMAOÏSATION DU RÉGIME ET L'AVÈNEMENT DU CAPITALISME EN CHINE

La mort de *Mao* marque une vraie rupture dans l'histoire de la Chine. Une page se tourne. Le dernier empereur parti, chacun sait qu'il ne sera plus remplacé en tant que tel. Dans les années 1980, la Chine paraît hésiter entre deux voies, celle de l'idéologie révolutionnaire et celle du pragmatisme économique, dont les partisans, à défaut d'arbitre suprême, s'affrontent désormais au grand jour. Après 1990, le pays opte pour le capitalisme économique tout en conservant ses institutions politiques. Jusqu'à quand ?

| -5000 | -221 | 220 | 589 | 960 | 1206 |
|---|---|---|---|---|---|
| La Chine archaïque | Le Premier Empire et la dynastie des *Han* | Le Moyen Âge chinois : la Chine divisée | Un âge d'or : l'empire des *Sui* et des *Tang* | L'empire mandarinal des *Song* | Le pre mor |

### 看 À la mort de *Mao Zedong*, le pays, en proie aux luttes d'influence, est profondément déstabilisé

À la mort de *Mao* (9 septembre 1976), la Chine est un pays déstabilisé qui se cherche un nouveau leader. Sur le plan politique, le Parti est miné par les luttes d'influence entre les radicaux et les réformateurs ; sur le plan économique et social, la croissance stagne depuis des années et le niveau de vie des paysans a considérablement baissé depuis le début de la Révolution culturelle, suite à la profonde désorganisation du pays.

Après une phase de tâtonnements apparaît *Hua Guofeng*, un dirigeant pratiquement inconnu du public, qui sonne la charge contre les radicaux de la « Bande des Quatre » considérés comme les responsables des excès de la Révolution culturelle et de ses désordres consécutifs.

Rapidement, les « pragmatiques », avec *Deng Xiaoping* à leur tête, reviennent en force sur le devant de la scène (1978). Le vieux compagnon d'armes de *Mao Zedong* dispose de nombreux relais au sein de l'armée. Leur politique consiste à remettre en cause le principe des communes populaires, à faire sortir des campagnes où ils étaient toujours cantonnés les quelque 18 millions de jeunes instruits qui y avaient été envoyés à la fin de la Révolution culturelle (un grand nombre d'entre eux, frustrés à jamais, ne réussiront pas à trouver un emploi) et surtout à rétablir dans les fermes chinoises le droit d'exploitation familiale et individuelle.

Après quelques années de flottement, ce sont les partisans du pragmatisme économique qui finissent par l'emporter. En 1980, *Hua Guofeng* cède sa place de Premier ministre à *Zhao Ziyang*, un proche de *Deng*, en même temps que s'ouvre le procès de *Jiang Qing*, l'épouse de *Mao*, et de *Cheng Boda*, l'un des généraux félons de la « clique *Lin Biao* ». En septembre 1982, la promotion de *Hu Yaobang* au poste de secrétaire général du Parti communiste illustre l'arrivée au pouvoir d'une nouvelle génération de dirigeants mieux formés à l'exercice du pouvoir d'État.

## 看 La Chine s'ouvre au monde

En 1984 une série d'importantes mesures économiques et financières (décollectivisation des terres, autonomie de gestion des entreprises industrielles et commerciales, libération des prix de plus de la moitié des denrées en vente, création de zones à statut économique assoupli au *Guangdong* et au *Fujian*, possibilité pour quatorze grandes villes côtières de recevoir des investissements étrangers, substitution des prêts bancaires aux subventions publiques) contribuent à l'ouverture du pays vers l'extérieur. Un afflux de capitaux provenant des Chinois d'outre-mer rend possibles des investissements industriels et immobiliers dans des villes comme *Xiamen* et surtout *Shenzhen*.



En l'espace de quelques années, l'évolution économique décidée par les dirigeants chinois transforme le pays. Insensiblement, le pouvoir – précédemment exclusivement réuni entre les mains du chef de section locale du Parti – se déplace vers les dirigeants des entreprises et ceux des fermes collectives, c'est-à-dire de la sphère politique vers la sphère économique.

À partir du début des années 1980, la progression du nombre des téléviseurs et la possibilité pour les Chinois de percevoir des images venues de l'étranger capitaliste sont pour beaucoup dans l'évolution en profondeur de la société où la soif de consommer et la volonté d'ouverture vont peu à peu l'emporter sur toute autre considération idéologique. De cette époque date la divergence des trajectoires entre la société civile, de plus en plus occidentalisée, et le système politique, demeuré identique à celui de la création de l'État communiste en 1949.

## 看 La décollectivisation des terres

Avec la décollectivisation des terres saute le premier verrou qui empêchait le pays de s'adonner à l'économie de marché. C'est au *Sichuan* dès 1979 que les autorités testent les premières mesures tendant à rendre la terre aux paysans. En 1984, les 55 000 communes populaires sont abolies et remplacées par 90 000 cantons. L'année suivante, l'État laisse aux paysans la possibilité de mettre sur le marché la moitié de leur récolte sans fixation autoritaire des prix. Dès lors, il ne reste plus qu'à libéraliser le commerce urbain, ce qui est fait à la fin des années 1980, pour que la Chine s'oriente vers l'économie de marché. Si les autorités chinoises n'avaient pas commencé par donner aux paysans le goût d'entreprendre, nul doute que l'économie chinoise ne se serait pas aussi facilement transformée.

### 看 La révolte étudiante et les manifestations de la place *Tian Anmen*

À la fin des années 1980, le décalage est manifestement trop grand entre les nécessités de l'ouverture économique et l'archaïsme des méthodes de gouvernement telles que le Parti communiste continue à les mettre en œuvre. Ce dernier est obligé de lâcher du lest dans la gestion des entreprises publiques dont la tutelle est désormais assurée par les municipalités. Le système de fixation des prix « à deux voies », prix contrôlés et prix libres pour les produits fabriqués en sus des quotas fixés par la planification, se révèle de plus en plus complexe à mettre en œuvre en raison des abus et de la fraude



#### *Hua Guofeng*, l'apparatchik maoïste choisi par le Parti pour démaoïser le régime

Né en 1921 au *Shanxi*, *Hua Guofeng* est l'archétype du militant communiste (il est entré au Parti en 1937) ayant gravi tous les échelons. Il en est devenu le principal responsable (grâce à ses fonctions de ministre de l'Intérieur qui en ont fait le chef suprême de la police chinoise) après la mort de *Mao Zedong* (1976) au grand dam de *Jiang Qing*, la veuve de celui-ci, qu'il réussit à éliminer avec ses trois compères de la Bande des Quatre. En 1980, il doit laisser sa place à *Zhao Ziyang*, un protégé de *Deng Xiaoping*, et n'exerce plus aucune fonction politique depuis 2002.

### *Deng Xiaoping*, l'héritier spirituel de *Zhou Enlai* qui ouvrit la Chine au capitalisme

Né en 1905 au *Sichuan*, *Deng Xiaoping* fit partie des dirigeants que le Parti communiste chinois avait envoyés en France à l'instar de *Zhou Enlai* dont il peut être considéré à la fois comme l'allié le plus proche et l'héritier spirituel. Devenu secrétaire général du Parti, il joua un rôle de premier plan à l'issue du malheureux « Grand Bond en avant » voulu par *Mao* et qui déstabilisa profondément l'économie chinoise (1959). Écarté du pouvoir pendant la Révolution culturelle, *Deng* refit surface en 1976, malgré la mort de *Zhou Enlai*. En 1978, sa virulente critique de la Révolution culturelle lui permit d'accéder à son tour au pouvoir suprême. Il y mit en œuvre le mot d'ordre (déjà élaboré par *Zhou Enlai*) des « Quatre Modernisations » (agriculture, industrie, sciences et techniques, armée) et développa le concept d'« économie de marché socialiste », celui-là même qui est aujourd'hui appliqué par le pays et qui lui vaut son extraordinaire croissance économique.

Pragmatique sur le plan économique, *Deng* n'en resta pas moins fidèle à ses principes politiques en ordonnant à l'armée de mater les étudiants mutins lors des manifestations de la place *Tian Anmen*.



qu'il suscite. En 1987 le plan central ne concerne que 70 produits contre 120 en 1980, et 55 % de la production industrielle sont désormais écoulés vers le secteur marchand.

Accusé par les vieux hiérarques de tourner le dos au socialisme en libéralisant l'économie à outrance, *Hu Yaobang* doit quitter son poste en janvier 1987. Il est remplacé par le Premier ministre *Zhao Ziyang*. La surchauffe économique se traduit par une inflation des prix de 20 à 30 % entre 1983 et 1988, qui engendre un mécontentement au sein des couches populaires.

Mais c'est une agitation étudiante sans précédent depuis la Révolution culturelle qui prend de court les dirigeants politiques, à commencer par *Deng*

*Xiaoping*. Elle atteint son point culminant dans la nuit du 3 au 4 juin 1989, avec une gigantesque manifestation sur la place *Tian Anmen*, un lieu où le régime n'a jamais toléré que les manifestations patriotiques et commémoratives officielles. La réaction de *Deng* ne tarde pas. Il charge le nouveau Premier ministre *Li Peng* de la reprise en main. Fort de la loi martiale qui a été votée le 19 mai précédent, celui-ci ordonne aux forces de sécurité présentes de tirer sur la foule. Le nombre des morts, jamais officialisé, a sans doute

### La politique de l'enfant unique

Instaurée officiellement en 1979 par *Deng Xiaoping* en lieu et place du timide contrôle des naissances initié quelques années plus tôt par *Zhou Enlai*, et destinée à contenir un emballement démographique qui aurait conduit la Chine à plus de 2 milliards d'habitants en 2030, la politique de l'enfant unique, qui oblige les couples mariés à ne pas avoir plus d'un enfant a été un incontestable succès. Le taux de croissance démographique qui était de 2,6 % en 1970 est tombé à moins de 1 % aujourd'hui. Cette mesure draconienne est plus facilement suivie dans les villes que dans les campagnes. L'acceptation d'une contrainte aussi forte pour les familles témoigne du poids décisif de l'État sur les comportements individuels et de la pression sociale qui continue à s'exercer sur les citoyens. Les parents qui refusent de se plier à la règle de l'enfant unique s'exposent non seulement à des amendes et à l'impossibilité de scolariser le reste de leur progéniture mais surtout à la condamnation de leur comportement par les autres. Les conséquences de l'enfant unique sur les comportements familiaux ne sont pas que démographiques. Sur les épaules de celui-ci, choyé par ses parents comme jamais, reposent tous les espoirs (et la pression…) d'une génération qui rêve pour lui d'un monde meilleur.

Mais cette politique est nécessairement provisoire. À partir de 2050, la Chine n'assurant pas le renouvellement de sa population, le pays vieillira dangereusement, et il faudra bien revenir à une pratique plus dynamique en termes de démographie…

dépassé cette nuit-là le millier et les images d'un étudiant essayant d'arrêter un char ont fait le tour du monde.

## LA CHINE D'AUJOURD'HUI ET DE DEMAIN

Le Grand Dragon qui somnolait au bord de la mer du capitalisme mondialisé s'est enfin réveillé… Jusqu'où ira-t-il, à présent qu'il est entré dans l'eau à son tour ?



L'une des caractéristiques du XXI$^{e}$ siècle est l'arrivée des Chinois à la table du banquet auquel ne participaient jusque-là que les pays les plus riches. Comme il paraît loin le temps où l'Occident pouvait humilier la Chine en toute impunité en lui imposant les traités inégaux sans que le colosse aux pieds d'argile et miné par la corruption, dirigé par des empereurs aveugles et sourds, ait la force de réagir. Désormais, l'actualité est pleine d'événements (augmentation du prix mondial de l'acier et du pétrole en raison de la pression de la demande chinoise, explosion des exportations chinoises dans les domaines du textile et de la chaussure, rachat du plus grand distributeur de parfums européen, Marionnaud, et de la division « hardware » d'IBM par des groupes chinois, etc.) montrant au contraire que le rapport de force entre la Chine et l'Occident est bel et bien en train de s'inverser.

### 看 Dans la Chine d'aujourd'hui, le communisme côtoie désormais l'hyper-capitalisme

Contrairement aux répressions précédentes, caractéristiques des « stop and go » auxquels sont habitués les régimes totalitaires, où les périodes d'ouverture et de fermeture se succèdent, la répression de *Tian Anmen* n'a pas été le début d'une période récessive ; elle marque plutôt un tournant dans la conduite des affaires du pays dont les dirigeants sont conscients qu'il leur faut lâcher du lest sur le plan économique. L'accession, voulue par *Deng Xiaoping*, au poste suprême du modéré *Jiang Zemin*, secrétaire général du Parti à *Shanghai*, témoigne de la volonté des autorités de ne pas abandonner les réformes. Toujours aussi pragmatique, le vieux leader a sans doute mesuré l'impact de la chute du mur de Berlin sur les pays du bloc de l'Est.

En mars 1990, le IV^e^ Plénum du Comité central du Parti place la modernisation de l'administration au centre de la politique. Deux ans plus tard, *Deng Xiaoping*, alors âgé de 88 ans, fait officiellement avaliser par le XIV^e^ Congrès du Parti communiste (octobre 1992) le concept d'« économie socialiste de marché ».

### 看 Les institutions chinoises n'ont pas changé depuis 1949, l'appareil du Parti communiste et celui de l'État y restent confondus



Malgré les radicales transformations économiques et sociales de la Chine, rien n'y a changé sur le plan institutionnel depuis la création de la République populaire de Chine en 1949. Le Parti communiste, toujours parti unique, est

#### Que reste-t-il de l'Armée rouge ?

Forte de plus de deux millions de membres (leur nombre étant un des secrets d'État les mieux gardés), l'Armée rouge (qui est propriétaire de vastes complexes miniers ou d'unités industrielles particulièrement performantes… et pas simplement dans le domaine de l'industrie d'armement) ne sort plus beaucoup de ses casernes. Elle pèse toutefois d'un poids très important dans la vie politique chinoise, même si, aux yeux des Chinois, les fonctions militaires sont beaucoup moins prestigieuses qu'elles ne l'étaient avant l'ouverture de la Chine au capitalisme.

dirigée par un Comité central dont le Bureau politique et son « comité permanent » de 25 membres sont l'émanation. Les structures provinciales du Parti sont le calque des structures nationales. Toutes les décisions politiques (y compris celles ayant des incidences économiques et sociales) sont prises au niveau du Parti. La gestion opérationnelle du pays relève du Conseil des Affaires de l'État qui est placé sous le contrôle du Parti. Le Premier ministre, ses adjoints (vice-Premiers ministres) et les ministres (environ une cinquantaine) sont obligatoirement des membres de sa direction. L'Assemblée populaire nationale, émanation des Assemblées provinciales, joue essentiellement un rôle de représentation et d'enregistrement des décisions prises par le Bureau politique.

Paradoxalement, cet immobilisme politique n'a nui en rien à la transformation de l'économie et de la société chinoises. C'est même du Parti que sont venus les mots d'ordre qui incitèrent les Chinois à s'engager dans la voie du capitalisme !



### Le statut de Hongkong et l'application de la théorie « un pays deux systèmes »

Rendu à la Chine en 1997 en vertu de l'accord sino-britannique de 1984, Hongkong, possession britannique depuis le traité de Nankin (1842), est l'illustration de la théorie « un pays deux systèmes » développée avec pragmatisme par les autorités chinoises et destinée à garder à l'ancienne colonie anglaise tous ses attraits économiques et financiers. Une « Loi fondamentale » opportunément promulguée par Pékin permet à Hongkong de bénéficier d'un large statut d'autonomie ; l'existence des partis y est tolérée même si les opposants à Pékin sont en butte à de multiples tracasseries qui les empêchent de faire valoir leurs droits et de peser sur l'avenir de ce qui reste – notamment grâce à sa très florissante Bourse – le principal poumon financier de la Chine continentale.

### *Taïwan*, l'épine dans le pied de la diplomatie chinoise

Depuis 1949 la Chine refuse de considérer *Taïwan* comme un État à part entière, estimant qu'il s'agit d'une province chinoise. Inversement, le *Guomindang*, qui exerça le pouvoir à *Taïwan* jusqu'en 2001, proclamait son droit à gouverner la Chine continentale, estimant illégale la prise du pouvoir par les communistes. Longtemps soutenu à bout de bras par les États-Unis, mais isolé sur le plan international au fur et à mesure que la Chine communiste était diplomatiquement reconnue par son protecteur ainsi que par la plupart des nations du monde (à l'exception du Vatican), *Taïwan* n'a pu faire autrement que de se rapprocher du « grand frère » sur le plan économique. Nombreux sont les habitants de l'île à se rendre sur le continent, où ils ont bien souvent de la famille. Une liaison aérienne directe a d'ores et déjà été ouverte entre *Taipei* et Pékin et on ne compte plus les sociétés à capitaux taïwanais ayant leur siège à *Shanghai* ou à Canton. La capacité des autorités chinoises à gérer en douceur l'entrée de Hongkong dans le système communiste grâce à l'adage « un pays deux systèmes » semble avoir quelque peu rassuré la population, désormais beaucoup moins anticommuniste.

Le rapprochement qui s'est opéré, en 2005 entre le *Guomindang* et le Parti communiste chinois est-il le prélude à la réunification de la Chine ? Il est encore trop tôt pour le dire. En tout état de cause, l'intégration de *Taïwan* au continent chinois, objectif de tous les instants des autorités chinoises communistes, paraît désormais inéluctable.



## 看 Une économie proche de la surchauffe qui affiche des taux de croissance insolents

L'effondrement du régime soviétique n'a pas été sans effet sur les maîtres de la Chine, désormais décidés à se donner les moyens d'améliorer le bien-être de leur population.

Les vannes de l'économie de marché sont ouvertes, faisant glisser la Chine vers une situation unique en son genre où coexistent le capitalisme sauvage et le communisme d'État. Le rôle de celui-ci paraît cantonné à ses seules fonctions régaliennes (justice, police, défense), tout le reste lui échappant.

À la mort de *Deng* (1997), le XVe Congrès du Parti communiste officialise, sous la houlette de *Jiang Zemin*, le passage à l'économie de marché du secteur d'État. Il s'agit en fait d'une gigantesque privatisation qui n'ose dire son nom ; elle a pour but de rendre rentables des activités éparses et d'arrêter la gabegie qui les caractérisait. Chaque structure étatique – à commencer par l'armée – dispose désormais d'entités minières, industrielles et commerciales lui permettant d'assurer son fonctionnement.



Ce brusque passage d'un système où l'État assurait lui-même l'allocation des ressources au citoyen à celui où les individus doivent s'assumer eux-mêmes explique la quasi-absence de système de redistribution fiscal ou social en Chine, pays où la création de richesses est fort peu imposée (d'où la rapidité avec laquelle on peut y devenir très riche).

## 看 La Chine des villes et celle des campagnes

Les grandes villes chinoises connaissent depuis près de dix ans une évolution sans précédent. Il suffit de se promener à Pékin, *Shanghai*, *Chongqing*, *Chengdu* ou *Wuhan* pour constater l'irruption du principal phénomène qui caractérise la Chine d'aujourd'hui : celui de la construction et de la spéculation immobilière. Partout surgissent des immeubles d'habitation d'environ trente étages destinés au logement de la classe moyenne. En Chine, il n'est plus rare, pour un couple marié, de s'endetter sur une durée de trente ans pour accéder à l'appartement de ses rêves, lequel n'a rien à envier à celui des Européens moyens, tant en matière de surface habitable que de confort.

L'État, en accordant des bonifications d'intérêt aux banques, subventionne largement un système où les taux d'intérêt réels sont parmi les plus bas du monde. Sans les banques, l'économie du pays, qui est essentiellement tirée par la construction immobilière dont la bulle gonfle dangereusement, n'atteindrait jamais le taux de croissance à deux chiffres qu'elle affiche depuis près d'une décennie.

## FAUT-IL CRAINDRE, DEMAIN, LA CHINE ?

L'entrée de la Chine dans le IIIe millénaire correspond sans nul doute à un tournant de son histoire. Le pays a peu à peu abandonné les derniers oripeaux idéologiques qui gouvernaient jusque-là la société et l'économie. Seule la sphère politique reste sous l'influence d'un Parti communiste unique et toujours omniprésent. Mais le singulier rétrécissement du champ d'action de l'État réduit d'autant son influence. Très globalement, le pays s'est donc « dépolitisé ». Pour un jeune Chinois, l'appartenance au Parti communiste ne constitue plus ce qu'elle était hier : bien au-delà de la mise en œuvre d'un

### Il manque 30 à 40 millions de femmes à la population chinoise

Les statistiques sont là, particulièrement alarmantes dans certaines zones rurales : le déficit en femmes est tel que les mariages deviennent impossibles, obligeant les municipalités à procéder par la voie de petites annonces pour faire venir des représentantes du sexe féminin. Les causes du phénomène sont floues, mais il faut y voir la préférence ancestrale pour le garçon, aggravée par la politique de l'enfant unique qui fait dire à certains que la pratique barbare de l'infanticide des petites filles sévit encore de façon endémique dans certaines campagnes reculées.

idéal, un « passeport » vers la réussite sociale, car les critères de celle-ci sont devenus essentiellement économiques.

Aujourd'hui, la Chine est encore dans un entre-deux, dans une situation hybride, avec un pied dans le passé et l'autre dans la modernité de la mondialisation.

Qu'en sera-t-il lorsque la classe moyenne chinoise, celle qui, aujourd'hui, achète des appartements et des voitures, à l'instar de toutes les autres classes moyennes des pays développés, sera confrontée à des problématiques de redistribution, de financement des retraites, ou tout simplement à des stratégies de préservation de son pouvoir d'achat ?

Mais avant cela, il appartiendra à la Chine de construire une croissance économique durable fondée sur des bases saines. Celle-ci devra notamment être – encore plus qu'ailleurs vu le nombre des Chinois – soigneusement maîtrisée pour éviter tout risque de dérapage ou de rupture, tant en ce qui concerne l'énergie que les matières premières.

### 看 L'usine du monde

La Chine produit déjà un tiers des chaussettes des habitants de la planète, la moitié de leurs chaussures, les trois quarts de leurs stylos-bille, de leurs montres, de leurs boutons et fermetures Éclair ainsi que de leurs souris d'ordinateur. Dans certains secteurs, la supériorité de l'usine du monde est encore plus écrasante : 90 % du duvet des couettes et des oreillers provient de *Xiaoshan*, une ville moyenne (moins d'un million d'habitants !) de la province du *Zhejiang*.

Car la Chine se présente comme une gigantesque usine organisée en ateliers spécialisés par villes. Cette monoproduction sectorisée est le résultat d'un subtil mélange entre la volonté planificatrice de l'État et la pression du marché mondial. L'État fait le premier pas en décidant de spécialiser une ville dans un domaine particulier : *Shenzhou* pour les cravates, *Qiaotou* pour les boutons, *Wenzhou* pour les chaussures et les bri-

**Yiwu, le plus grand marché mondial du « made in China »**

Pour prendre la mesure du potentiel chinois en matière de fournitures en tous genres à l'usage des industriels du monde entier, il faut aller à *Yiwu*, une ville moyenne du *Zhejiang* (elle compte à peine un demi-million d'habitants). Des milliers d'entreprises y produisent des babioles « made in China » que les acheteurs découvrent dans les 40 000 boutiques regroupées au sein de trois immenses immeubles commerciaux. La ville, chaque année, reçoit près de 300 000 acheteurs étrangers et exporte le même nombre de conteneurs. Pragmatiques, les autorités y ont favorisé l'implantation de transitaires rompus aux procédures d'exportation et d'hôtels bon marché. Le gouvernement local a même été jusqu'à fonder la « China Commodity City », une société (5 000 salariés) chargée de tenir les marchés de la ville et que ses actionnaires ont pris soin de faire coter à la Bourse de *Shanghai*, ce qui lui a permis de se lancer dans la construction d'un centre commercial de 400 000 $m^2$, soit l'équivalent de dix hypermarchés Carrefour, le géant de la distribution dont l'implantation en Chine – initiée il y a une dizaine d'années – est déjà un grand succès.



quets (avec 430 millions de briquets par an, la Chine – pays où tout le monde fume énormément – assure plus de 90 % de la production mondiale) *Suzhou* pour les ordinateurs portables, etc. L'industrie manufacturière n'a plus ensuite qu'à démultiplier ses usines dans ces villes dont il faut préciser que la plupart sont situées sur la façade côtière du pays et réparties entre deux grands pôles, l'un autour de *Shanghai* et l'autre autour de *Guangzhou* (Canton)/ *Shenzhen*.

Jusqu'à présent sous-traitant pour des grandes marques mondiales (américaines et européennes), la Chine découvre peu à peu les avantages, une fois qu'on dispose de l'outil de production, à fabriquer des produits sous sa

## LES INVENTIONS DE LA CHINE

Comment les Chinois, qui ont pratiquement tout inventé avant les Occidentaux, n'en ont-ils pas davantage tiré profit ?

Le célèbre historien et sinologue anglais Joseph Needham, dans son ouvrage *Science et civilisation en Chine*, dont il commença la rédaction en 1948, fut le premier Occidental à recenser systématiquement les inventions des Chinois et à s'interroger sur leur relative incapacité à les transformer en atouts.

**De multiples inventions**

De fait, à l'époque où l'Europe en était encore aux balbutiements de l'Antiquité tardive et du Moyen Âge, la Chine avait déjà tout inventé – ou presque – avant les autres. Bien souvent, des inventions que nous croyons occidentales (ou parfois arabes) sont chinoises.

À commencer par l'imprimerie et le papier. Ce sont les Chinois, et non Gutenberg, qui inventèrent, on l'a vu, l'imprimerie mobile, laquelle apparaît dès le VIIe siècle apr. J.-C., et a été précédée par l'utilisation des sceaux à cacheter et des estampages sur pierre. On pense que le premier vrai livre imprimé en Chine fut le Sûtra du Diamant dont le colophon porte la date 868.

On citera également l'étrier, sans lequel il n'existerait pas de cavalerie digne de ce nom, dont on trouve en Chine des exemplaires fondus en métal dès le IIIe siècle apr. J.-C. De même, les harnais à trait et à collier, inventés quelque mille ans avant leur première utilisation en Europe, ou la brouette, qui existait déjà au Ier siècle de notre ère, et que la légende attribue à *Guo Yu*, un adepte taoïste, alors que les bâtisseurs des cathédrales ne l'utilisèrent en Europe que bien après l'an mil. Au nombre des matières inventées par les Chinois, on citera, bien sûr, la soie, mais également la porcelaine, dès le IIIe siècle apr. J.-C., qui atteint un degré de raffinement considérable sous les *Song* (960-1279) puis est produite de façon industrielle à partir des *Ming* (1368-1644).

Le système décimal, si essentiel pour la science moderne, trouve également ses origines en Chine dès le XIVe siècle av. J.-C., de même que le système du boulier, autre invention chinoise et ancêtre des machines à calculer.

Dans le domaine des armes, la Chine est à l'origine de l'arbalète, inventée vers le IV^e^ siècle av. J.-C., et de la poudre explosive vers le IX^e^ siècle apr. J.-C.

Mais on peut citer aussi le cerf-volant, le moulinet de canne à pêche, les feux d'artifice et les fusées éclairantes, le pont suspendu, l'astrolabe équatorial, les horloges mécaniques, les bateaux à aubes et même l'écluse à sas, laquelle fut inventée vers l'an mil.

**Une leçon profitable**

Comment un pays qui, avant l'an mil, était sans nul doute le plus riche de la planète a-t-il pu en arriver à être ce colosse aux pieds d'argile qui se laissa infliger les infamies de deux guerres de l'Opium ?

Cette question cruciale revient à déchiffrer une partie de l'énigme chinoise, et il y faudrait probablement des centaines de pages. Elle est la conséquence de facteurs multiples, qui tiennent à la fois à la langue chinoise, incontestable facteur d'isolement, au « complexe de supériorité » et à un certain aveuglement des dirigeants du « Pays du Centre » (*Zhongguo*). L'omniprésence du Rituel et du Code dans la civilisation et la pensée chinoises aura sûrement été un puissant facteur régressif : respecter les Rites c'est, d'une certaine façon, refuser l'invention. Il y a aussi les structures politiques et sociales du pays, où les élites se confondent avec les lettrés et les fonctionnaires, alors que les commerçants et les ingénieurs sont moins bien considérés ; le respect dû au passé et à la tradition est un facteur supplémentaire d'immobilisme. À ces caractéristiques sociologiques et culturelles on peut ajouter la façon dont les classes laborieuses ont toujours, et avant tout, été considérées en Chine comme des pourvoyeuses de bras pour les armées et d'impôts pour l'État : autant de facteurs qui n'encourageaient pas la diffusion des inventions à l'ensemble du corps social et reléguèrent au second plan l'usage qui peut en être fait pour améliorer le potentiel économique ou militaire du pays…

Nombreux furent les legs de la Chine aux Arabes, aux Portugais, aux Espagnols et aux Anglais, dont ces nations se sont approprié à tort l'invention. Mais la leçon a été profitable. Et la Chine d'aujourd'hui – qui encourage par des incitations financières et fiscales ses chercheurs et ses ingénieurs formés à l'étranger à revenir au pays –, consciente des atouts que constitue l'innovation technologique, ne commettra plus les erreurs d'hier…

propre marque. Il y a donc fort à parier que, dans moins de cinq ans, la Chine exportera ses propres briquets jetables.

## La Chine à la conquête du monde

La Chine est entrée en fanfare, le 11 décembre 2001, dans l'Organisation mondiale du commerce (OMC), une date considérée par les économistes comme plus importante que celle du 11 septembre 2001... Elle assure désormais 8 % du commerce mondial, chiffre qui a plus que doublé depuis 2000, sachant que les exportations chinoises auraient augmenté de plus de 40 % en 2004 par rapport à 2003...

Les conséquences de cette situation nouvelle sont considérables et d'effet bien plus immédiat qu'on ne l'imagine, tant la Chine paraît encore (bien à tort !) un pays lointain.



C'est ainsi que, due à l'intense activité de construction d'immeubles en Chine, la flambée du prix de l'acier constatée en 2003- 2004 a eu des conséquences immédiates en France sur l'indice du coût de la construction, c'est-à-dire sur le montant des loyers payés par les locataires... De même, la hausse actuelle du prix du pétrole est due pour partie à la demande chinoise, la Chine disposant de très peu de réserves pétrolière minérales. Quelques mois à peine après la levée des quotas d'exportations textiles de la Chine en janvier 2005, les marchés occidentaux – où de nombreux produits vestimentaires en provenaient déjà – ont été littéralement inondés de marchandises produites à bas prix dans les usines de *Shenzhen* ou de *Shanghai*.

## Bientôt, le laboratoire du monde...

D'ores et déjà, la Chine peut être considérée comme la troisième puissance scientifique du monde avec 50 milliards de dollars de dépenses de recherche-développement en 2004.

La Chine est appelée à devenir un des gros laboratoires du monde bien plus vite qu'on ne le pense généralement. Les conséquences en seront redoutables, notamment pour l'Europe, laquelle aurait donc intérêt à augmenter de façon très sensible ses investissements publics et privés dans ce domaine...

### Quels sont les vrais chiffres de la croissance économique chinoise ?

La croissance économique chinoise est sûrement plus importante que les chiffres officiels le prétendent.

Pour qui se rend en Chine régulièrement et découvre les changements qui s'opèrent en moins de six mois, tant par l'urbanisation effrénée des grandes villes que pour la construction des centres commerciaux et l'explosion du nombre des voitures en circulation, avec son lot d'embouteillages apocalyptiques, il est évident que les statistiques officielles ne veulent pas dire grand-chose. Il y a tout lieu de penser que le Produit intérieur brut (PIB) de la Chine (qui place le pays au 7$^{e}$ rang mondial, juste derrière le Royaume-Uni) est en réalité bien plus important.

Tout d'abord, la collecte des informations micro-économiques, dont la modélisation permet de déterminer les grands agrégats macro-économiques, ne dispose pas d'outil fiable. La Chine demeure un pays communiste et il n'est pas difficile d'imaginer les difficultés de l'administration chinoise à analyser les paramètres de l'économie de marché. À cet égard, les statistiques fournies par le secteur bancaire sont sûrement plus fiables que celles du ministère chinois de l'Économie.

Les autorités, soucieuses de ne pas trop éveiller l'inquiétude des pays occidentaux – surtout depuis l'entrée de la Chine dans l'Organisation mondiale du commerce – ont plutôt tendance à minorer les statistiques relatives à la croissance de l'économie (probablement plus proche de 13 à 15 % par an que de 9 à 10 %, comme le prétend Pékin) ainsi qu'aux exportations du pays vers l'Europe et les États-Unis (en 2004, la seule chaîne américaine de supermarchés Walmart a importé pour plus de 18 milliards de dollars de marchandises provenant de Chine…). La force de frappe commerciale du pays à l'exportation est soigneusement occultée par les autorités chinoises. L'atelier du monde travaille à plein régime, à la plus grande satisfaction du consommateur occidental et au plus grand dam des salariés des entreprises industrielles contraintes de délocaliser leur production… en Chine.

Il y a deux ans, la Chine a réussi à placer sur orbite un spationaute. Ce type d'exploit, réservé aux nations qui disposent de capacités technologiques importantes, a fait entrer le pays dans le club très fermé des grandes puissances spatiales. Nul doute que le reste va suivre : construction aéronautique, centrales nucléaires, trains à grande vitesse, etc. Le plus grand marché du monde n'aura pas grand mal à convaincre ses clients, s'ils veulent conserver leurs parts de marché, à lui transférer tout ou partie de leur technologie. On peut imaginer, par exemple, que dans moins de dix ans les Chinois exigeront qu'une partie des Airbus soient assemblés en Chine et non plus uniquement à Toulouse et à Hambourg… C'est déjà le cas pour les trois quarts des téléphones portables vendus en Chine (le nombre d'abonnés à China Telecom – la société qui a le plus grand nombre de clients au mond – dépassera bientôt 400 millions !).



Depuis son entrée à l'OMC, lors de la conférence ministérielle de Doha fin 2001, la Chine a accepté, en contrepartie de l'ouverture à ses produits de la plupart des grands marchés occidentaux, le principe du respect des brevets.

### « Multicarte » en Chine, ou comment il n'est pas rare d'exercer plusieurs métiers à la fois

Il est de plus en plus fréquent de rencontrer en Chine une espèce émergente, celle des « multicartes », capables d'être à la fois businessmen et profs d'économie à la fac, architectes (sans avoir de diplôme d'architecte délivré par l'État) ou encore propriétaires de boîtes de nuit et importateurs de grands crus français… Faire l'artiste conceptuel la nuit et vendre des ordinateurs portables le jour ne choque plus personne. Le temps des mutants capables de vivre plusieurs vies à la fois paraît venu. Les conséquences de l'émergence de ces individus à cheval sur des territoires fort éloignés les uns des autres sont difficiles à évaluer aujourd'hui. Nul doute qu'elles seront socialement très importantes.

## Les milliardaires chinois d'aujourd'hui

*Li Kashing*, le tycoon de Hongkong dont la fortune a pour origine l'effarante hausse des prix de l'immobilier dans l'ancienne colonie britannique, a été rejoint dans le haut du classement établi annuellement par l'hebdomadaire américain *Fortune* qui sélectionne les hommes les plus riches du monde. En 2003, ce magazine ne mentionnait que *William Ding Lei* (32 ans), le créateur du portail d'accès à Internet Net Ease dont la fortune était alors estimée à 1 milliard de dollars. L'année suivante, trois nouveaux entrants pèsent plus lourd que leur précurseur : *Chen Tianqiao* (31 ans), fondateur de *Shanda* Interactive, une entreprise de jeux en ligne (les Chinois sont des joueurs invétérés !) qui pèserait 1,5 milliard de dollars ; *Huang Guanyu*, initiateur de la première chaîne de magasins électroniques chinois (1,4 milliard de dollars) ; les frères *Tang* (*Wanjing* et *Wanli*), dont le holding détient de participations juteuses dans des secteurs aussi variés que la tomate et l'aéronautique.

Le même *Fortune* a publié un classement qui fait apparaître qu'en 2004, parmi les 500 plus puissantes entreprises du monde, 11 étaient chinoises… impressionnant, pour un pays où, il y a quinze ans, l'entreprise privée était encore proscrite !

De ces fortunes chinoises, souvent montées trop haut et trop vite, certaines ne résisteront pas au choc de l'endettement financier – la fragilité du système bancaire chinois est bien connue –, mais d'autres naîtront car la Chine est un pays où de plus en plus de femmes et d'hommes de talent ont le goût d'entreprendre. Et dans dix ans, on peut parier que le nombre des Chinois milliardaires en dollars aura largement dépassé celui des Français…

À ces fortunes « continentales » il convient d'ajouter celles, bien plus discrètes mais également très puissantes, des Chinois d'outre-mer, dont la « force de frappe » représente environ chaque année 80 milliards de dollars.

## 看 Une société en pleine transformation : la Chine à deux vitesses

Le passage sans transition du système communiste à celui de l'économie de marché a rendu caduques les catégories sociales qui servent encore de référence aux sociétés occidentales (et vieillissantes).

La notion de « métier », auquel on dédie sa vie de manière univoque et irréversible, n'a plus grand sens dans la Chine d'aujourd'hui. Dans ce pays pragmatique par excellence, tout devient, par conséquent, « possible ». Plus rien ou presque ne choque. Paradoxalement, au pays des rites immuables et du respect presque religieux de la tradition, les codes sociaux traditionnels volent en éclats sous la poussée des nouveaux besoins économiques.

Face à de telles transformations sociales et économiques effectuées en un si court laps de temps, les risques de rupture ne sont pas exclus.

D'abord, l'écart s'accroît entre les plus riches et les plus pauvres, même si le niveau de vie général de la population augmente. Nombre de ruraux sont obligés d'aller vendre en ville leur force de travail, pour subvenir aux besoins de leur famille restée à la campagne. Mais faut-il pour autant s'attendre à des tensions sociales dues à l'accroissement du décalage entre le niveau de vie des villes et celui des campagnes ? La volonté de réussir par son travail (et l'espoir que c'est possible) est telle, en Chine, que l'éventualité de mouvements révolutionnaires qui remettraient en cause le capitalisme à la chinoise, rend fort peu crédible, du moins à court terme, une nouvelle révolution, le rêve des plus pauvres étant de se hisser au niveau de ceux qui se sont enrichis. La classe moyenne grossit et les couples n'hésitent pas à s'endetter fortement (signe qu'ils sont persuadés que demain sera, en tout état de cause, meilleur qu'aujourd'hui) pour acheter un logement ou encore payer les études de l'enfant unique dans une école privée où il sera mieux préparé aux examens d'entrée (très difficiles) dans l'enseignement supérieur.

# LES DANGERS DE RUPTURE DE DEMAIN

## La rupture énergétique

La croissance économique exponentielle de la Chine a évidemment son revers de la médaille. Les risques de ruptures physiques (c'est-à-dire essentiellement énergétiques, financières et écologiques) sont réels. Parmi les plus plausibles (et sans tomber dans la fiction-catastrophe) figure la paralysie du pays suite à une gigantesque panne électrique... À en juger par le nombre des appareils à climatiser l'air installés désormais dans tous les locaux neufs, la puissance fournie par le secteur de l'électricité risque de se révéler rapidement insuffisante.



La pénurie d'essence consécutive à l'explosion du nombre des automobiles en circulation pourrait se traduire par l'interdiction de rouler avec sa voiture un jour sur deux. Quelle serait la réaction de la population, encouragée par ailleurs à consommer et à s'endetter pour acheter logement et voiture, si les autorités étaient amenées à restreindre par voie autoritaire la circulation des automobiles ou la consommation électrique des ménages ?

## La bulle immobilière

Un éclatement de la bulle immobilière fragilisée par une spéculation effrénée et un crédit bancaire trop laxiste est également possible. Bref, ce serait se voiler la face que de ne pas constater que la classe moyenne chinoise « vit dangereusement »...

À cet égard, la nature centralisée et autoritaire du régime serait plutôt, n'en déplaise à certains esprits peu au fait de la réalité chinoise, un atout. Mais l'administration communiste actuelle est par trop en déphasage avec la réalité économique du pays pour faire face dans de bonnes conditions aux immenses défis de la transformation aussi rapide de la société chinoise.

## 看 Une situation écologique inquiétante

L'écologie est balbutiante. Très peu de Chinois ont conscience des dégâts irrémédiables causés par la croissance économique du pays à son climat et à sa nature. En de nombreux endroits du territoire – et pas seulement dans les grandes villes – un ciel perpétuellement gris et bas cache le soleil tandis que les pluies acides ravagent chaque année des milliers d'hectares de forêt au *Yunnan* ou au *Sichuan*. Le fleuve Jaune, axe nourricier de la Chine ancestrale, est pratiquement à sec tellement il est pompé pour cause d'irrigation. Quant au fleuve Bleu, les ravages du titanesque chantier du barrage des « Trois Gorges » destiné à domestiquer son cours parfois très impétueux ont été largement commentés. Dans un pays où la population est si nombreuse, les zones peuplées ont toujours été très abîmées par l'homme, mais l'accession de la Chine au capitalisme et à la consommation de masse a plus qu'accéléré le processus.



Face à cet emballement, les autorités publiques (État, provinces et municipalités) paraissent singulièrement démunies. Les gigantesques embou-

### La France : pays du « romantisme »

Pour les Chinois, la France (qui est d'ailleurs la première destination touristique du pays) est le « pays du romantisme », c'est-à-dire celui du raffinement, de la culture, des bons vins et du luxe. La France y est associée à Versailles (connu en Chine depuis l'empereur *Kangxi* qui avait entretenu des rapports suivis avec Louis XIV) et au Louvre, à Paris et à la tour Eiffel. Certains déplorent que notre image soit toujours inspirée par de tels clichés. Ils ont bien tort : la France, si elle est admirée en Chine pour ce qu'elle est et pour son passé plus que pour sa technologie ou sa recherche, gardera longtemps son attrait pour les Chinois. Et il sera à cet égard très difficile de la copier.

### Sras et sida

Compte tenu du nombre de ses habitants, l'état sanitaire de la Chine pourrait être bien pire que ce qu'il est. En réalité coexistent deux secteurs de santé : l'un public, issu du système communiste manquant de moyens mais pas de praticiens (le niveau des études médicales est resté excellent en Chine), l'autre privé, accessible aux gens riches qui acceptent de payer cher pour être soignés.

L'épidémie de sras a démontré la capacité des autorités à imposer à la population des mesures drastiques pour éviter la propagation d'une affection virale, ce qui n'empêche pas les Cantonais de continuer à manger (même si c'est de façon plus discrète) de la civette, animal semble-t-il porteur du virus passé ensuite à l'homme.

Le sida a fait des ravages dans certaines zones reculées du *Henan*, du *Hebei*, du *Shanxi* et du *Jiangsu* où les autorités ont laissé se développer le commerce de sang humain, prélevé pendant des années sans aucune précaution sur une population particulièrement démunie. La drogue, la prostitution et d'une façon générale la misère sexuelle qui favorise les rapports non protégés ont fait exploser le nombre des Chinois potentiellement contaminés par le VIH (selon certains experts, près de 8 millions de Chinois seraient séropositifs). Jusqu'en 2002, l'épidémie de sida est demeurée un sujet tabou pour les autorités sanitaires du pays. Depuis cette date, il semble que le gouvernement ait enfin pris la mesure du danger constitué par ce terrible fléau et commence à en parler ouvertement (depuis 2003 des spots publicitaires préconisant l'usage du préservatif sont diffusés par la télévision chinoise).



teillages dans toutes les villes chinoises (qu'elles soient grandes ou moyennes) témoignent de l'inadaptation du réseau routier à la croissance exponentielle de la circulation automobile sans que les transports publics soient en mesure d'y suppléer.

### 看 Qui dirige aujourd'hui la Chine ?

Depuis mars 2003, *Hu Jintao* a remplacé *Jiang Zemin* – dont il était le vice-président – à la tête de l'État chinois. Sauf imprévu, c'est l'actuel vice-président *Zeng Qinghong*, qui est appelé à lui succéder. À la même date, *Wen Jiabao* est devenu Premier ministre.

Sur les épaules de ces trois hommes repose la direction politique du pays. Quant à sa direction économique, nul ne peut dire aujourd'hui quels en sont les hommes forts. L'économie chinoise est devenue bien trop autonome et dynamique pour être contrôlable de façon bureaucratique comme c'était le cas avant sa libéralisation.

### 看 La Chine, puissance dominante de demain ?



Face à ces enjeux et à ces risques, une nouvelle donne mondiale est-elle possible ? La Chine sera-t-elle le troisième acteur de la pièce qui va se jouer entre les États-Unis, l'Europe et demain l'Inde, éventuellement appelée à occuper le quatrième rôle ?

Réciproquement, comment évoluera la Chine, lorsque le pays aura pleinement pris conscience (ce qui n'est pas encore le cas en raison de la nature même de son régime politique très marqué par le marxisme) de son poids énorme dans l'économie mondiale ? Ne sera-t-elle pas tentée, en cas de graves tensions internes, nées par exemple de ruptures énergétiques ou financières, de passer à une posture bien moins souple et accommodante, pour ne pas dire impérialiste, conforme à celle d'une « superpuissance » ?

Ce sont là autant de questions cruciales pour l'avenir. Une Chine à la fois dominante et fragile sur le plan économique mais impérialiste sur un plan diplomatique est une évolution possible, mais dont les conséquences sont, à l'heure actuelle, difficiles à évaluer. Dans ce cas, la Chine commencerait par asseoir sa domination dans la région : la Corée et le Japon seraient alors les premiers à subir la nouvelle posture de leur voisin

**La peine de mort toujours en vigueur**

La tradition légiste qui prévoyait déjà la peine capitale pour les atteintes les plus graves à la loi a toujours cours, au point que de nombreuses organisations abolitionnistes accusent la Chine d'exécuter chaque année plus de personnes que le reste du monde. On estime à plusieurs milliers le nombre d'exécutions annuel, sans qu'il soit possible de connaître le chiffre exact. Largement médiatisées et toujours publiques, elles sont conçues (comme c'était déjà le cas du temps de la Chine impériale) pour avoir un effet dissuasif et concernent les crimes de sang tout autant que les délits économiques (corruption, vol de carte de crédit) ou encore les atteintes à la sûreté de l'État. D'une façon générale, les tribunaux ruraux sont les plus sévères et le Chinois moyen considère la sentence capitale comme la juste réponse à l'ampleur de la faute commise. Force est de constater qu'à cet égard les points de vue du Chinois n'ont pas grand-chose à voir avec les nôtres…

Les condamnés sont fusillés et les balles qui les ont tués sont facturées à leurs familles.



géant. Avec le Japon, les relations politiques sont toujours empreintes de méfiance (on l'a vu réçemment avec l'épisode des manuels scolaires japonais qui donna lieu à des manifestations monstres à *Shanghai* et à Canton), Pékin accusant Tokyo de passer sous silence les horreurs de sa guerre d'occupation.

### 看 Et si l'envie venait à la Chine de prendre sa revanche…

On notera que la Chine n'a jamais fait payer à l'Occident sa conduite coloniale passée (et plus particulièrement la guerre de l'Opium et le sac du Palais d'Été). Ce sont certes des faits qui relèvent, pour employer le jargon des autorités, « d'un passé révolu où la Chine était un pays aliéné dans lequel le pouvoir avait été confisqué au peuple par une clique impériale » ; mais tout de

même, quand on connaît la volonté des dirigeants chinois de situer leur action dans une perspective historique, on se dit que la Chine a fait preuve d'une grande mansuétude à l'égard de ceux qui lui imposèrent les fameux « traités Inégaux »... Que se passerait-il si l'envie venait à la Chine de prendre sa revanche sur l'Occident ?

Le souhait de participer au banquet de la société de consommation est aujourd'hui bien plus fort que le reste. Totalement « apolitisée » (la politique intérieure chinoise passionne de moins en moins les foules, si tant est que ce fût le cas un jour...), la population chinoise produit, consomme, achète et vend. La classe moyenne ne cherche pas à se donner un destin mais tout simplement, à force de travail, et grâce à son inépuisable énergie, à se hisser au niveau de la table du festin devenu planétaire.



Mais qu'adviendrait-il, si ses mets – dont nous autres, Occidentaux, nous gavons sans vergogne depuis un bon demi-siècle – venaient brusquement à manquer ?

La Chine ne serait-t-elle pas tentée, alors, de rendre la pareille à ces nations qui l'humilièrent il y a cent cinquante ans en lui imposant des clauses si injustes ?

Et si ce jour arrivait, quelle sorte de « traité inégal » la Chine souhaitera-t-elle imposer à son tour aux États-Unis et à l'Europe ? Acceptera-t-elle, par exemple, de continuer à financer une partie du déficit budgétaire américain grâce à ses achats massifs en dollars ? Le *yuan*, aujourd'hui notoirement sous-évalué, le restera-t-il le jour où la facture pétrolière de la Chine atteindra un niveau insupportable ? Ce jour-là, certes, les T-shirts chinois vaudront deux euros au lieu d'un... mais la Chine aura aussi les moyens de se payer les plus grandes entreprises mondiales, surtout si elle en est devenue le principal débouché commercial.

À moins que, devant l'impasse économique, la politique ne ressurgisse, scénario peu crédible à court terme mais plus plausible à moyen terme et dans ce cas, assurément, lourd de menaces pour l'équilibre du monde.

Quoi qu'il en soit, de ce que sera la Chine dans vingt ans dépend pour une très large part notre avenir, ainsi que celui de toute la planète...

## LA PEINTURE CHINOISE

Alors qu'on ne disposait jusqu'alors d'aucune trace tangible de représentations de paysages ou de scènes animées peintes avant la dynastie des *Han*, des découvertes archéologiques récentes ont permis de mettre au jour de telles peintures remontant à l'époque des Royaumes Combattants (VIe-IIIe siècle av. J.-C.). Certains textes anciens, à commencer par celui qui décrit le tombeau du Premier Empereur, font état de l'admiration suscitée par des réalisations picturales de grande ampleur dont les auteurs étaient capables de faire revivre la nature dans ses moindres détails ou encore des scènes de guerre et de cour.

Artisanale jusqu'à la fin des *Han*, même si on trouve dès cette époque des bannières peintes à usage taoïste comportant des scènes divines, c'est à partir du IVe siècle apr. J.-C. qu'apparaissent les premiers noms d'artistes peintres chinois dont le plus célèbre est *Gu Kaizhi*. Leurs œuvres – extrêmement fragiles car réalisées sur des rouleaux de soie – ont disparu, mais elles étaient suffisamment étonnantes de réalisme et de subtilité pour que le nom de leurs auteurs passe à la postérité. Il s'agit encore de peintures dont la figure humaine constitue le principal sujet (le plus souvent des scènes de cour). Ce n'est qu'un peu plus tard, à partir du VIIe siècle (dynastie des *Tang*), que la représentation du paysage deviendra la quintessence de l'art pictural en Chine. Elle atteint son plein épanouissement sous les Cinq Dynasties et au début des *Song*. À partir de cette époque, les artistes utilisent la technique du lavis à l'encre monochrome qui permet aux artistes de rendre une extraordinaire impression d'immensité et de mystère à des paysages de montagnes et de cascades au milieu desquels l'homme figure toujours de façon minuscule ; à cette représentation du macrocosme naturel fait rapidement pendant celle de son microcosme : alors, c'est le détail d'une plante, d'une aile d'oiseau ou d'une fleur qu'il s'agit de reproduire, à l'aide de quelques traits colorés subtilement déposés sur une feuille immaculée.

Dans la peinture chinoise, qui ignore l'usage de la peinture à l'huile jusque sous les *Qing*, il y a toujours très peu de matière colorée.

À cette économie de moyens si caractéristique, il faut ajouter l'importance du trait : le peintre est surtout dessinateur et « calligraphe de la scène représentée ». La peinture chinoise traditionnelle est donc une peinture graphique.

D'une façon générale, les peintures chinoises, lorsqu'elles ne sont pas murales, sont des rouleaux destinés à être pendus (*guafu*) ou posés sur une table (*shoujuan*). Elles sont faites pour être contemplées un temps puis rangées dans un étui gainé de soie. Les peintures et les calligraphies font l'objet d'un montage savant (encollage sur un papier plus solide et de plus grandes dimensions, lui-même renforcé par des bandes de tissu) qui permet de mieux les protéger une fois roulées.

Avec la diffusion du bouddhisme, on assiste à la naissance de deux nouveaux types de peintures. La première concerne la représentation (réaliste) du panthéon bouddhique sur les murs des monastères et des salles de prière des pagodes (les représentations sculptées – qui étaient peintes de couleurs vives, à l'instar des façades de nos cathédrales – étant généralement réservées aux murs extérieurs et aux façades) et sur les bannières votives. La seconde concerne la peinture de style *Chan* (*Zen* en japonais) où seule compte la fulgurance du trait à l'encre noire sur la feuille blanche, acte essentiellement spirituel pour le peintre « méditant » ou « illuminé » dont la figure majeure est sans conteste *Muqi* (actif entre 1240 et 1270).

Dès lors, c'est avec la même diversité des genres (peinture de paysage grandiose, peinture de détails de la nature, scènes de cour et portraits impériaux, peinture votive bouddhique et peinture *Chan*) que la peinture chinoise va traverser l'histoire.

Si le style des peintres évolue au cours des siècles, c'est de façon quasi imperceptible, comme si l'important était, à l'inverse de ce qui se passe en Occident, de bannir toute rupture stylistique. Tous les peintres chinois – y compris les plus « fous » comme *Shitao* ou encore *Su Renshan* – eurent ainsi à cœur de s'inscrire dans la continuité stylistique de leurs illustres prédécesseurs.

La peinture traditionnelle est un art ritualisé à l'extrême.

C'est d'ailleurs la raison pour laquelle aujourd'hui encore, dans les écoles d'art, elle continue à être enseignée de façon immuable, comme elle l'était déjà sous les *Song*, à l'Académie impériale de peinture...

BIBLIOGRAPHIE

Pour le lecteur qui souhaiterait approfondir les sujets traités dans ce livre, nous conseillons :


A. Cheng, *Histoire de la pensée chinoise*, Seuil, 1997.

R. Dawson, *The Legacy of China*, Oxford, 1964.

P. Demiéville, *Anthologie de la poésie chinoise classique*, Gallimard, 1962.

D. Elisséeff, *Histoire de la Chine*, Éditions du Rocher, 2002.

C.P. Fitzgerald, *China, a short cultural history*, The Cresset Press (éd. poche 1965).

J. Gernet, *Le Monde chinois*, Armand Colin, 2003 (réédition).

M. Granet, *Danses et légendes de la Chine ancienne*, P.U.F, 1959.

R. Grousset, *Histoire de la Chine*, Payot , 2000 (réédition)

C. Larre, *Les Chinois*, Philippe Auzou, 1998.

J. Needham, *Science and civilisation in China*, Cambridge, 1956-1998 (20 volumes).

J. Rawson, *The Chinese Art*, British Museum, 1992.

I. Robinet, *Histoire du taoïsme des origines au XIVe siècle*, Le Cerf, 1991.

K. Schipper, *Le Corps taoïste*, Fayard, 1982.

W. Willets, *Chinese Art*, Penguin, 1964.

**L'auteur remercie**
Valérie-Anne Giscard d'Estaing, pour ses idées et son apport,
Bernard Fixot sans lequel ce livre n'aurait pas vu le jour,
et Caroline Lépée pour son travail et sa patience.

**Crédits photographiques :**
P. 226-227 : Richard T. Nowitz/Corbis
P. 270-271 : Photo12 / Ullstein Bild
P. 320-321 ; 334-335 : Photo12 / Oasis
P. 10-11 ; 60-61 ; 74-75 ; 104-105 ; 138-139 ; 164-165 ; 198-199 ; 242-243 ;
350-351 : Photo12 / Panorama Stock

Dépôt légal : octobre 2005

Imprimé en France par CLERC S.A.S. à Saint-Amand-Montrond
N° d'imprimeur : 9062